政治學概論

全球化下的政治發展

藍玉春 著

三民書局

Politics

｜自 序｜

　　這本書寫給所有關心公共事務、又想要培養寬廣國際觀的好奇的讀者。常聽人說臺灣很小。是的，臺灣很小，但仔細思量，臺灣其實並不小。臺灣人口相當於民主、均富的北歐四國（芬蘭、挪威、瑞典、丹麥）加起來的總人口，但也相當於戰亂頻仍的敘利亞或伊拉克總人口，人口素質才是關鍵。臺灣地理位置上承東北亞、下接東南亞，介於中美之間，經貿又與世界高度連結，所以很難自願性遺世獨立。時時觀照自身所處的內在環境真實狀態，放諸外在全球政經座標位置，對臺灣而言，顯得格外重要。

　　另一方面，或許是地球表面溫度越來越高，人心也更加浮動焦躁。過去十幾年來，各種抗爭運動此起彼落。在臺灣，以及許多已開發國家，公民社會運動方興未艾，在暴力衝突邊緣積極爭取的，不再是政治上的自由權利，而是各種經濟社會的公平正義。時序進展到二十一世紀，人類在物質上過得比過去任何時代要充裕，大多數的普通平民都可以像太陽王路易十四那樣噴香水、擺姿勢拍照；可以像乾隆皇享受美食、把玩藝術品；可以像楊貴妃吃到當季的荔枝、櫻桃。但現今人類的權利意識大開，還是有許多不滿意要抗爭。對現狀的不滿意，始終是推動歷史的第一因。

　　拙書最後校稿完成時，國際間正上演英國脫歐的公投大戲。老牌民主大國英國的政治與政府運行一直是政治學教科書的民主模型與典範，不容質疑。然而，這次英國脫歐的歷史性決定卻浮現許多問題，公民投票具高度正當性、合法性，但也具危險性。選舉期間的民粹政客搧動、多數選民不清楚歐盟為何物，投下情緒性選票後又後悔，連署要求重新投票、年輕人的未來由中老年決定、選完各政黨主

要領袖紛紛辭職，公投解決問題的同時，也製造出更多問題，凡此皆令人拍案驚奇又感慨萬千。當然，更大的訊息是，全球化的美好允諾帶來許多失落，選票成為全球化反對者及失落者的最後反制利器。

最後，回想拙書整個寫作過程中，每每寫到政治弊端與民主缺失，心中總是迴盪著《易經‧革卦》：「見群龍無首，吉」。如果每個人具備龍一般理性自持的品質，沒有領袖及政黨，社會大吉祥，才是最高妙的政治境界，但《易經》這首吉卦無疑是天方夜譚，歷史向前邁進，不回頭也不停止。本書也就這麼在欣喜遠眺未來又懷思尚古的氛圍中，停筆完成。

藍玉春
序於　圓滿園
2016 年 10 月 27 日

政治學概論：全球化下的政治發展

目次

第一章

導論：政治、國家、權力

第一節　政治的多重定義

托瑪斯曼曾說：「政治雖然是少數人的事，卻影響每個人的生活」，這位流亡美國的猶太裔文學家這樣深深地感慨。那什麼是政治呢？政治可以是：

1. 恢宏集理想的治理整體事務；
2. 包羅萬象的集體資源的分配及再分配；
3. 巨大抽象的價值形塑、解構與再建構；
4. 具體綿密的公共政策；
5. 微妙的權力行使之藝術。

政治在古代，比較強調應然面。古希臘時代，政治主要是指對城邦理想典章制度建構的研究，所以有柏拉圖 (Plato) 的《共和國》(*On the Republic*)、亞里斯多德 (Aristotle) 追尋「哲學家皇帝」(philosopher king)。影響中國典章制度最深的孔子，一車兩馬、達達馬蹄，也在尋找「仁人君子」。老莊嚮往小國寡民「無為而治」、「治大國若烹小鮮」；《易經》寫下：「群龍無首，大吉」；墨家講求「兼愛、非攻」；《禮記》〈禮運大同篇〉的理想國度是禹之前「天下為公」的大同世界。

政治在現代，則強調實然面與具體實踐。誠如亞里斯多德的那句名言：「人本質上是政治動物」(Men is by nature a political animal.)，幾乎每個成人都不同程度地涉及政治。在二十一世紀的今天，政治無所不在，個體與群體高度互動、關係網絡相互連結往來。「帝力于我何有哉」的悠然生活方式已不復多見，「歲月無驚、時日靜好」的生命期待也很容易就被干擾。因為，政治行使的範圍幾乎涵蓋（或進入）我們所有生活領域，從巨觀國與國的國際關係之處理，到微觀人與人的人際關係之安排。諸如：

（一）對外關係

涉及國家整體利益的政府與政府之間的正式交往，以及參與國際組織。諸如：建立外交關係、派駐使節與代表、官方互動、和平與商務談判、締結條約、促進民間交流（經貿、文化、社會、教育等）等。

（二）國家安全

國家領土的完整與防禦外力入侵，諸如：國防戰略、戰爭啟動、三軍部隊、武器購買與販售、與他國軍事合作與結盟。

（三）經濟發展

促進經濟成長、創造就業機會、吸引外國資金投資、產業升級等，以創造富裕繁榮的社會。

（四）交通與電信網路

現代化發展的重要指標，為基礎設施及公共建設以利各項物流、人員、資金及訊息的快速往來。

（五）賦　稅

國家收入主要來源，法制面的社會責任與資源再分配，以解決貧富不均問題以及支應所有政策落實的經費及人事支出。

（六）司法與治安

司法與警察體系執行公平正義的社會期待、民眾安居樂業的根本條件。

（七）文化與藝術

人民的生活方式與國家優質國力之培養與展現。

（八）教育與青年職訓

國家優質人力的培養與永續經營。

（九）農漁畜牧業

本土產業精緻化與勞力的永續經營。

（十）健康衛生保險

醫療體系、健保制度、對弱勢族群之照料養護（老人、單親家庭、殘障者、原住民、低收入戶）。

（十一）環境保護

當代人類安全的要求與不定時爆發的潛在危機。

（十二）食品安全與消費者保護

當代人類安全的要求與不定時爆發的潛在危機。

　　上列 12 項集體生活內涵，國家透過政府制訂公共政策與執行機關來落實完成。以臺灣而言，每一項重大公共政策與執行機關的優缺良窳，皆影響著每位臺灣人民。諸如：臺灣政府於 2000 年至 2012 年以來，無論是以將近 3,000 億臺幣興建核四廠、8 年 800 億治理水患、5 年 500 億挹注頂尖大學、6,100 億對美軍購、二次金改打消 1 兆 2 千億銀行呆帳、健保虧損逾 500 億及二代健保的實施、2,000 億臺幣的農業再生基金、故宮南院在嘉義縣太保市經歷 12 年 （2003 年至 2015）延宕及爭議，終於 2016 年 4 月正式營運。還有證所稅開徵、美國瘦肉精牛肉開放進口、十二年國教提升學生素質但每年將增加 300 億高中職免學費支出。

　　財政部自 2010 年起，每個月都會公布「最新國債訊息」資料，亦即俗稱的「國債鐘」。2010 年 11 月底，中央政府債務未償餘額：4 兆 5,568 億元。平均每人負擔 19.7 萬元。截至 2016 年 3 月止，國債鐘顯示中央政府 1 年以上債務未償餘額 5 兆 3,698 億元，短期債務未償餘額 2,673 億元，平均每人負擔債務 24 萬元。從趨勢看來，國債水位持續升高。

　　而解除戒嚴後廢警備總部，改成立海巡署及移民署、在調查局及

特偵組之外成立專責肅貪機構廉政署、提升文化建設委員會為文化部，都是臺灣政府對時代變遷的調整與回應。最新臺灣政府與時俱進的變革是衛生署名稱於 2013 年 7 月改名為衛生福利部並調整組織機關，以因應臺灣人口結構改變、新型態社會與政府政策，納進內政部社會司、兒童局、家庭暴力及性侵害防治委員會、國民年金監理會，零階級全方位覆蓋 (universal coverage) 臺灣人民生理及心理的健康與福利。另外也可參考表 1–1 臺灣 2013 年政府組織新舊部門對照表，詳列行政院各部會。

表 1–1　行政院組織改造新舊機關對照表

項次	新機關名稱	原機關	組織改造生效日期
1	內政部	內政部	
2	外交部	外交部	2012-09-01
3	國防部	國防部	2013-01-01
4	財政部	財政部、內政部、工程會	2013-01-01
5	教育部	教育部、體委會、青輔會	2013-01-01
6	法務部	法務部	2012-01-01
7	經濟及能源部	經濟部、青輔會	
8	交通及建設部	交通部、內政部、工程會	
9	勞動部	勞委會、青輔會	2014-02-17
10	農業部	農委會	
11	衛生福利部	衛生署、內政部	2013-07-23
12	環境資源部	環保署、內政部、經濟部、交通部、農委會	
13	文化部	文建會、教育部、新聞局	2012-05-20
14	科技部	國科會（行政院科技顧問組）	2014-03-03
15	國家發展委員會	研考會、經建會、工程會、主計處	2014-01-22
16	大陸委員會	陸委會、蒙藏會	
17	金融監督管理委員會	金管會	2012-07-01
18	海洋委員會	研考會（行政院海洋事務推動小組幕僚機關）、海巡署	

19	僑務委員會	僑委會	2012-09-01
20	國軍退除役官兵輔導委員會	退輔會	2013-11-01
21	原住民族委員會	原民會	2014-03-26
22	客家委員會	客委會	2012-01-01
23	行政院主計總處	主計處	2012-02-06
24	行政院人事行政總處	人事局	2012-02-06
25	中央銀行	中央銀行	2012-01-01
26	國立故宮博物院	故宮	2012-01-01
27	中央選舉委員會	中選會	2012-01-01
28	公平交易委員會	公平會	2012-02-06
29	國家通訊傳播委員會	通傳會	2012-08-01
30	行政院院本部	行政院祕書處、內政部、新聞局、消保會	2012-01-01

資料來源：http://g2e.nat.gov.tw/Organ。

　　另一方面，以宏觀的時間軸而言，推動人類集體政治生活向前邁進的是一波波沛然難禦的政治理念。千百年來，政治由專制體制、絕對王朝的少數統治階級所掌握與壟斷。近 300 年，幾個面向啟動人類快速朝民主政治發展：

1. 工業革命－物質：工業革命帶來物質昌盛，並創造出廣大具權利意識的中產階級；
2. 啟蒙運動－思想：思想革命所揭櫫的理性、科學、自由、憲政主義、尊重個體特殊性與選擇權，使人類不再甘願當獨裁專制政權的順民；
3. 美國獨立與法國大革命－行動：美國獨立向世人宣告「人人有追求幸福的權利」及法國大革命所揭櫫的「人人有抵抗暴政的權利」，被統治者以全面反撲方式企圖主宰自我的命運。

　　如此「物質－思想－行動」三合一動力引領人類走向現代政治秩序解構與重整之路，既深且廣，在各國各民族發酵，容或有時序差

別，但均朝此方向前進。一波波的政治理念皆指向壟斷政治權力的專制王朝與獨裁政權。十九世紀上半葉，先是自由主義與民族主義這對啟蒙運動的孿生兄弟共同衝垮絕對主義的封建制度；十九世紀下半葉，自由主義與民族主義分道揚鑣，相互為敵、各有所獲；至二十世紀上半葉自由主義暫時獲勝；二十世紀前後出現工業革命的反悖變異──共產主義，自由主義再戰（如孫中山的三民主義便同時包含民族主義、自由主義、共產主義）。二十世紀下半葉自由主義與共產主義對峙的同時，民族主義復活，被賦予創造新國家的使命，許多弱小民族紛紛獨立，地球出現約 190 個國家；最終，自由主義擊敗共產主義，大獲全勝。

　　概言之，人類 300 年來的近代史是一部激昂的被排除族群的奮鬥史。一齣齣恢宏的民主自由大戲輪番上演，不論種族、階級、宗教、弱勢者、乃至女性等，贏得完整的公民權，以自由意志參與社會，（企圖）掌控政府機關組成與自身命運。至二十一世紀初，許多學者樂觀地預言自由主義鐵三角──政治民主、市場經濟、社會多元──終於取得完全勝利，歷史因而終結，人類從此過著幸福、繁榮、和平的日子。但自由主義鐵三角是否成為人類普遍接受的共同價值，並全心往此方向前進？本書結論將做進一步探索。

第二節　國家與國家的失敗

一、國家的組成要素與功能

　　人類基於集體情感的召喚（小我的延伸）、安全的需求與歷史沿續下來的習慣，由部落、宗族、城邦、地緣、民族逐漸組成共同生存範圍，彼此賦予權利及義務，名之為國家。德國思想巨擘馬克斯韋伯 (Max Weber) 將國家定義為擁有「合法使用暴力的壟斷地位」的實體。具有當代意義的國家組成有 6 項要素：

（一）土地（空間）

為已存在的具體且具有疆界的自然地理位置。諸如：同樣是流浪民族，同樣被納粹大屠殺，猶太人建國的神聖要求便是返回「上帝允諾的奶與蜜流經的迦南地」，而吉普賽人仍然四散在歐陸遊蕩，沒有土地，無法成立國家。俄羅斯、中國、美國的領土遼闊，不僅資源豐富，也強化戰略縱深，是全球 3 個天生大國。

（二）人民（基本單位）

是國家主體也是被統治者。諸如：馬爾他騎士團（全稱為「耶路撒冷、羅德島及馬爾他聖若望獨立軍事醫院騎士團」，Sovrano Militare Ordine Ospedaliero di San Giovanni di Gerusalemme），有首都、有政府機關、享有國際法主權主體 (sovereign subject of international law) 與外交權，但是沒有國民，所以不是國家。梵蒂岡人口不到 800 人，是世界人口最少的國家。中華民國的邦交國吐瓦魯，人口不到 1 萬人，相當於澎湖白沙鄉，是世界人口第二少的國家。

除了人民的數量之外，人民的品質也決定一個國家的存在性，如美國開國元老湯瑪斯傑佛遜 (Thomas Jefferson) 所說：「一個國家蒙昧無知而又能獨立自主，在文明世界中，過去從未有過，未來也不可能。」非洲的史瓦濟蘭人口約 100 萬人，人民平均壽命只有 29 歲，是愛滋病最嚴重的國家，全國有近一半人口感染愛滋病或是帶原者，國不成國。索馬利亞也是，全國成人的識字率為 19%，連年動亂、饑荒與赤貧，「索馬利亞」這 4 個字幾乎只是地理名詞。

（三）政　府

具壟斷性權威的組織，負責公共事務之制訂與執行，並對外代表國家。政府的英文為 "government"，字根是 "govern"，意為「掌舵」。新加坡政府是舉世讚譽廉能有效率的政府，而庫德族人口近 2 千 5 百萬，雖然有建立國家的訴求卻無法建立單一一致的政府體制。尤有甚者，當今有許多失敗的政府無法承擔整體公共事務之治理，長期下來陷入無政府狀態 (anarchy) 的結構性災難，使國家「存在的理由」

(raison d'être) 失去正當性，形成失敗的國家，尤其是在非洲，下一小節將討論這個嚴重現象。

此外，許多分裂國家常面臨哪個政府代表該國的重大國際問題，諸如：賽普勒斯，目前各國（除了土耳其之外）承認的是南賽希臘裔的政府代表整個賽普勒斯，並與之交往，而不是北賽土耳其裔組成的政府。巴勒斯坦自治政府也只是國中國的半個政府，其上還有一個不願讓渡主權的太上政府以色列。

（四）主　權

主權是一種抽象概念，排他式的政治權力，對內最高、對外絕對。國家在領土範圍內的各種社會關係安排中，沒有其他更高位階的權威，也不受制於國家之外的其他權威，擁有在自己領土內完全且獨占的權力。諸如：加拿大的魁北克省、美國的波多黎各、法國的科西加島、英國的蘇格蘭、荷蘭的佛郎德斯區等，雖然都具備高度自治地位，並自外於中央政府，但仍然未享有主權。

巴勒斯坦有土地：加薩走廊、約旦河西岸、戈蘭高地；有千百年來居住在該地的阿拉伯人；有人民選舉產生的政府，但以色列仍掌握巴勒斯坦的主權。傳統政治學認為主權是一個國家存在的必要條件，但主權的神聖性已遭受全球化的挑戰與侵蝕。

（五）對外與他國交往的意願與能力

與他國正式交往與否並非一個國家存在的必要條件，而是充分條件。有些國家採取鎖國政策、孤立主義或消極與他國交往，並不妨礙其國家的存在。諸如：幕府時期的日本、明朝中期的海禁至康熙、雍正已降的清朝、1978 年以前的中華人民共和國、寮國、不丹、緬甸、北韓。有些國家甚至將對外正式交往的權力讓渡給他國代辦，諸如：安道耳之於西班牙、摩納哥之於法國、列支敦斯登之於瑞士、聖馬利諾之於義大利。也有一些國家是被孤立，諸如種族隔離時期的南非遭聯合國，即絕大多數國家制裁、曾被美國禁止交往的古巴、北韓、越南、伊朗、伊拉克等，但都無損這些國家的國家地位 (statehood)。

（六）聯合國會員國身分

　　是否加入聯合國並非作為一個國家的必要條件，但卻是充分條件。瑞士就曾於 1986 年透過公民投票，以 75% 的壓倒性多數否決加入聯合國，此舉絲毫不減損瑞士作為許多國際組織與非政府組織 (NGO) 的總部所在地，直至 2002 年再度公民投票通過才加入聯合國。梵蒂岡並非聯合國會員國，但普遍受到全世界承認並與之締結外交關係正式交往。聯合國會籍是許多自母國或大國獨立的新國家誕生取得國家地位的身分證。諸如：東帝汶在多年武裝抗爭後於 2002 年加入聯合國，正式脫離印尼統治成為新國家、前南斯拉夫共和國自 1990 年至 2006 年解體，聯合國先後總共接納了斯洛維尼亞、克羅埃西亞、波士尼亞、馬其頓、塞爾維亞、蒙特內哥羅六國；至於科索沃雖然宣布自塞爾維亞獨立，但迄今未獲准加人聯合國，其「國家地位」仍有爭議。最新獲得聯合國承認的是南蘇丹。宣布脫離喬治亞獨立的南奧塞地亞、阿布哈西亞二邦，以及中華民國、西撒哈拉也面臨同樣地位不明的情況。具備前幾項國家組成要素但國家地位未明的國家通常被稱為「政治實體」(political entity)。

　　過去的半個世紀是國家數量暴增的時期，聯合國在 1945 年創立時僅 51 個會員國，1960 年代隨著非洲去殖民主義運動脫離殖民帝國建立的新國家，聯合國驟增至 162 個會員國。1991 至 1992 年，接受南北韓同時加入及蘇聯解體後 14 個東歐及中亞的加盟共和國，是聯合國也是當時的國際政治大事件。至 2015 年，聯合國已有 193 個會員國。

大哉問一 **臺灣是一個國家嗎？**

　　臺灣擁有上述前五個條件，是個國家，正式國名叫中華民國。
臺灣有明確管轄範圍的領土、有中型國家規模的人口、有效治理
的民選政府。雖然承認臺灣的邦交國僅 22 國左右，而且大多是貧
窮小國（22 國人口數全部總和都不及臺灣的人口），但臺灣於世界
設有近 100 個代表處，也接受他國包含美、英、德、法、日等大
國及歐盟設的半官方代表處或官方商務辦事處。臺灣也有積極（非
常積極）參與國際社會的意願與能力、擁有自己的網路功能辨識
代號、國際電話國碼。有爭議的是臺灣對外正式名稱問題及與中
華人民共和國未來的關係定位。在整個國家地位拼圖裡，中華民
國－臺灣獨缺聯合國會員這個身分。

二、失敗的國家

　　國家「存在的理由」不外乎讓人民有個安居樂業生活的幸福圈，
然而，人類到了二十一世紀，仍然有許多「失敗的國家」。2010 至
2011 年，東北非饑荒逾 1 千萬人，原來，風調雨順、國泰民安是這麼
難達成。美國智庫和平基金會 (The Fund for Peace) 和《外交政策》
(*Foreign Policy*) 期刊自 2005 年以來，每年公布全球 177 個國家中失
敗國家 (failed states) 指數列表。失敗國家綜合評定指標的構成要素分
社會、經濟、政治三大面向，這三大面向相互交錯影響、互為因果，
不是單獨的現象，包括：

1. 上升的人口壓力 (Mounting demographic pressure)；
2. 造成緊急人道危機的大量流離失所的難民 (Massive displacement of refugees, creating severe humanitarian emergencies)；
3. 族群團體間的大規模報復 (Widespread vengeance-seeking group grievance)；

4. 人力長期流失與貧窮區的貧民窟 (Chronic and sustained human flight and slum creation in poor areas)；

5. 不平均發展 (Uneven development)；

6. 嚴重的經濟衰退 (Severe economic decline)；

7. 國家犯罪化及失去正當性 (Criminalization and/or delegitimization of the state)；

8. 公共服務惡化 (Deterioration of public services)；

9. 缺乏法治與廣泛侵犯人權 (Suspension or arbitrary application of law; widespread human rights abuses)；

10. 各自為政的安全機制 (Security apparatus operating as a "state within a state")；

11. 菁英派系化興盛 (Rise of factionalized elite)；

12. 外來政治勢力干預 (Intervention of external political agents)。

　　這些指標很值得作為評判一國治理良窳的具體細項，非洲國家每年幾乎占《外交政策》評比中失敗國家的七成。2012 年失敗國家的榜首是連年居冠的索馬利亞，索馬利亞位於非洲之角 (Horn of Africa)，近年海盜猖獗、軍閥割據、長期呈現無政府狀態。這份名單前 20 名便有 15 個非洲國家上榜，包括：蘇丹、剛果民主共和國、查德、辛巴威、中非共和國、象牙海岸、幾內亞、奈及利亞、幾內亞比索、肯亞、衣索匹亞、蒲隆地、尼日和烏干達。這些國家不是長年內戰、看不到和解和平跡象，便是軍事政變頻仍、家園殘破、國土危殆。聯合國報告甚至稱非洲剛果民主共和國是「世界強暴之都」(rape capital of the world)，許多地區缺乏政府軍或員警保護控管，2009 年就有 1 萬 5 千名女性遭到強暴，集體強暴在剛果經常被用為作戰武器。

　　失敗國家的榜尾，也就是按上列指標評比最不失敗的 20 名國家當中，瑞典、丹麥、挪威等北歐國家恆常居冠，芬蘭蟬連榜首。瑞士、盧森堡、德國、法國、英國、美國都名列其中；亞洲的南韓及新加坡是擠進歐美不敗圈的唯二國家。

第三節　權力的定義與來源

一、權力的多重定義

政治的關切焦點是權力，賴以運作的也是權力。但什麼是權力？就如同第一節所言，綜合當代許多政治學學者的意見，權力有著多重定義：

1. 是一種做某件事或採取某個行動的能力；
2. 是拒絕做某件事或採取某個行動的能力，而且不擔心後果；
3. 是前述兩種能力的可能性，無外力可阻礙；
4. 是影響力，使另一個行為者做原先他不想做的事、或不做原先他想做的事；
5. 是可以獎賞或懲罰的強制支配力。不只是當代學者，戰國末期《韓非子》的「法、術、勢」及中世紀馬奇維利 (Nicola Machiavelli) 的《君王論》(*The Prince*)，都在密授掌權者權力的運作與控制。

綜合言之，權力的行使是一組決定與被決定的動態關係。諸如：權力的行使者：誰在決定？誰被決定？權力內涵：決定什麼？權力來源：誰賦予行使者決定權？權力結果：決定者權責是否相符？

以臺灣而言，臺灣歷任政治掌權者的決定讓臺灣人民的集體生活如洗 SPA 般承受極致衝擊。諸如：

（一）兩岸統獨議題方面

從三民主義統一中國、對中共三不政策、戒急用忍、一邊一國，到開放三通、簽訂 ECFA、江陳八會（2012 年）。

（二）在憲政改革與參政權方面

臺灣主要政黨從 1991 年到 2005 年針對中華民國憲法做出 7 次重大修改，平均 2 年一次，憲改議題成為臺灣全民政治運動（美國憲法制訂 225 年來僅做過一次大幅增修、17 次小幅修正）。2004 年臺灣

沸沸揚揚行使歷史性第一次公投，但投票率太低無效，選舉結果也僅是參考作用；1992 年第二次修憲時，決定省長由人民直接選出，1997年第四次修憲決定精簡省級政府組織（凍省），省長恢復官派。民選省長僅舉行一次就廢止。

（三）在教育方面

從齊頭平等的大學聯招到教改多元入學 （有推薦甄選、 繁星計畫、個人申請等各項管道）。

（四）在環保方面

全面禁用塑膠袋政策已頒布 10 年，完全不符合民眾生活習慣，臺灣家家戶戶仍天天使用塑膠袋。

（五）在公共建設方面

各縣市政府花費巨額公帑興建各項重大公共建設與設施，也因大多不符合民眾需求而遭閒置（媒體諷為蚊子館）。根據工程會 2011 年的統計資料，全臺有高達 163 處的「蚊子館」被列管，拆或不拆都是問題。以上僅是舉幾個有代表性的例子，從中可以一窺權力之行使對人民公共生活之支配程度。

二、政治權力的來源

既然掌有政治權力者在相當程度上決定了民眾的集體生活內涵，那麼，這些掌權者的權力從何而來？這涉及政治學的另一重要核心概念：legitimacy。中文的相關翻譯包括：正當性、合法性、正統（法統），正好可以說明這個概念的細微差別。

這一組三合一的概念包涵歷史、道德、法律及政治文化意義，不一定相吻合，甚至常相抵觸，政權易受質疑與挑戰，如果能兼具二、三者，則政權相當穩固。

（一）正當性

施政或存在本身獲得社會大眾擁護、具道德高度。諸如：中國共

產黨 1949 年建立政權當時普遍受到農民、勞工支持，但在 1989 年鎮
壓學生使其政權的正當性遭遇挑戰；雖然中共政權乃內部菁英授受傳
承，已經第五代接班，並非普遍選舉產生，但由於經濟改革開放有
成，建立小康社會，頗受大多數農勞工、中產階級、知識分子，甚至
資本家的支持，故至 2012 年其政權仍具正當性。1961 年美國中央情
報局 (Central Intelligence Agency, CIA) 曾策動豬灣入侵 (Bay of pigs
invasion)，以失敗告終，無法動搖古巴經由人民革命產生的卡斯楚
(Fidel Castro) 政權之正當性。2012 年 7 月莫斯科女子龐克樂團 Pussy
Riot 在救世主大教堂聖壇上高唱反普丁 (Vladimir Putin) 歌曲被逮捕
受審。此事件顯示，三次當選俄羅斯總統的正當性與合法性賦予普丁
政權龐大到近乎獨裁的權力。

（二）正統（法統）

為長期統治，依歷史、傳統衍生而來之統治權力。古時封建時期
君權神授的觀念強調君王統治權具有至高無上、順天應人的神聖性，
如明成祖朱棣靠「靖難之役」登上皇位違背倫理，為了鞏固皇位，大
肆宣揚君權神授，將供奉真武大帝的武當山道場闢建皇室家廟。國民
黨政權播遷來臺灣延續時，也運來故宮文物。故宮博物院典藏跨越 7
千年的中華歷史文化瑰寶，是最正統象徵。日本皇室萬世一系，可追
溯到西元前 660 年，明仁天皇是大和王朝第 125 代。千百年來日本臣
民視天皇為神之子，觀念牢不可破，即使二戰戰敗後，昭和天皇迫於
麥克亞瑟 (Douglas MacArthur) 的壓力，向全國公開發表《人間宣言》，
否定自己是人世間的神，但日本人集體仍視天皇為最高精神依歸，甘
做其臣民。

（三）合法性

權位乃依據法律程序而產生，這也是當代民主的基本要求。南非
少數白人殖民者以種族主義壓迫當地黑人居民 3 百多年，完全不合
法，未曾獲多數黑人被統治者同意。南非白人政府所頒布的多項種族
隔離法，雖然合法，卻不正當，1994 年黑人終於獲得參政權並逐步終

結白人政權。

　　李登輝於 1996 年經由臺灣人民直接選為總統,堪稱臺灣 3 百年、華人 3 千年來的歷史性時刻,也使得國民黨是外來政權、明示其政權的不正當性大幅減低。馬英九在政黨輪替後代表國民黨參選並且當選總統,自此,國民黨在臺灣行使政權的合法性不再受質疑。

　　俄羅斯總統普丁於 2000 年及 2004 年經全民直選當選總統,在社會及軍事情治單位有堅強實力,礙於憲法的連任限制,普丁於 2008 年轉任總理,2012 年不再受憲法限制又參選總統並高票當選,完全合憲,首開民主國家特例。

　　古今中外也有一些企圖同時擁有政治權力正當性、正統、合法性的執政者。諸如:拿破崙 (Napoleon) 在法國大革命動盪時期民眾及菁英擁戴下成為第一執政 (正當性),進一步舉行人類歷史上第一次公民投票而當選法蘭西皇帝 (合法性),之後又娶奧匈帝國的公主,強化貴族地位 (正統),三合一的權力來源使其政治能量達到頂峰,自歐陸恣意而為。

　　而中國女皇武則天的大周在史官筆下是「篡」李唐,不是「正統」政權。強烈主張臺灣獨立的陳水扁在 2000 年當選總統 (合法性),旋即赴忠烈祠祭拜 (正統),強調他是中華民國第十任總統。忠烈祠供奉國民革命烈士暨陣亡將士,是中華民國最正當的圖騰。伊朗總統即使由人民選出 (合法性),但仍須伊斯蘭長老領袖的支持 (正當性) 才能順利產生及就任。這與印尼總統在宣誓就職時,身後有伊斯蘭長老高舉《可蘭經》在其頭部上方,屬同樣的邏輯。

　　新加坡第一任總理和「建國之父」李光耀,任期從 1959 年持續到 1990 年,普受人民擁戴。李光耀卸任總理後,繼續擔任政府資政。直到 2011 年 5 月,李光耀自行宣布退出內閣,標誌著他逾半世紀家長式統治時代的終結。李光耀建國有功、治國有成。即使李光耀偶被批評為獨裁者、執政的人民行動黨被批評一黨獨大,但若將新加坡放大到更寬廣的歷史及社會脈絡來觀察,李光耀將新加坡由第三世界國家成功兌變成第一世界國家,其半個世紀的統治權力,既合法又正

當。

　　另外，十九世紀末至二十世紀初許多封建王朝被自由主義及民族主義推翻，有些王朝企圖復辟，大多失敗，因為違逆歷史向前邁進的潮流。中華民國初年的紛亂政局就是失去正統帝制下的政治真空。俄羅斯羅曼諾夫王朝 (House of Romanov)、德意志哈布斯堡王朝 (House of Habsburg) 都復辟失敗。英國都鐸王朝 (House of Tudor) 之後短暫出現克倫威爾共和統治 （1642 年至 1660 年），斯圖亞特王朝 (House of Stewart) 復位後，溫莎王朝 (House of Windsor) 伊莉莎白女王 (Elizabeth II) 統治至今日二十一世紀，這個最古老的民主國家目前國內要求共和制度的聲浪很低。1995 年時仍以英國女王為國家元首的澳洲，曾有高漲的共和體制要求，但公民投票結果仍保留英國女王在澳洲統治權的正統象徵。西班牙王室政權也與英國相同，阿爾豐索 (Alfonso) 王朝在 1931 年被推翻，經歷內戰 （1931 年至 1947 年） 及佛朗哥軍事獨裁統治至 1975 年後，阿爾豐索王朝復辟，由胡安卡洛斯 (Juan Carlos I) 登基國王統治西班牙至 2014 年。另外，泰國王室也普受人民愛戴。

　　綜觀各國政權的鞏固或脆弱，正當性是政權得以存在並有效行使的第一因。當代德國哲學家哈伯瑪斯 (Jurgen Habermas) 曾提出「正當性危機」(Legitimation Crisis) 現象，認為在資本主義發達的先進國家，人民期盼政府干預並成功創造民生樂利的環境，如果持續施政失敗，會銷磨掉其正當性，儘管是人民選出的政府，終將失去政權，政府更迭勢不可免。以當代價值而言，經過民主選舉獲得選民支持，各項政策仍須普遍獲得人民支持，不只是「民治」(by the people)，還必須是「民享」 (for the people)，同時具備高度合法性及正當性，政權最穩固。但就實然面而言，現今人民普遍對政治有高度的不信任感，對於政府執行能力與政治人物言行操守的不信任是當代政治，尤其在民主國家，相當普遍的現象，政權只能靠選票來維持。

第四節　國家的硬軟權力

從外在向度而言，一個國家與另一個國家的交往常常是權力政治 (realpolitik) 的交互運作。國家的權力構成要素，由下列幾個面向綜合組成：

（一）領　土

土地大小可以與國力成正比，除了豐富天然資源，還有戰略縱深，敵軍無法長期占領。諸如：中國、俄羅斯、美國、印度、巴西。俄羅斯是世界領土最大的國家，幅員遼闊曾讓拿破崙及希特勒 (Adolf Hitler) 大軍陷入泥淖。沙俄在 1867 年將天寒地凍的阿拉斯加賣給美國，售價僅 720 萬美元，當時被諷為無用的大冰箱，但隨後不僅發現金礦、石油及豐富魚群，後來成為航空樞紐補給燃料的機場，更是美國最大導彈防禦系統基地，部署先進雷達及衛星控制站，控制美軍太空飛彈攔截裝備。

國家如果領土小，但只要地理位置得當也可增加國家權力，諸如：新加坡控制占全球 60% 石油運輸量的麻六甲海峽，大幅增加國家權力槓桿。夏威夷是個芝麻小島，因位處太平洋十字路口中央，具重要戰略地位，一夕間變成美國領土。烏克蘭因為是俄羅斯能源管線輸往西歐的必經之路，成為籌碼，時常以斷路要脅德法等國取得即時金援。臺灣對美國也有戰略重要性，位於美國圍堵中國的太平洋第一島鏈正中央，上接東北亞、下承東南亞。有些小國地理位置不佳則難逃被強權宰制的命運，諸如：俄德之間的波蘭亡國過 6 次、喀什米爾至今仍由印巴瓜分、阿富汗則先後遭大英帝國、蘇聯及美國占領，號稱帝國的墳場。

（二）人　口

人口可以轉換成 4 種有效的權力：勞動力、軍力、腦力、消費力。但先決條件是餵得飽、教育程度高且投入職場，才能轉換成優質

人力資源。北歐國家人口皆僅數百萬，但卻是教育程度高的優質社會。號稱新伊甸園 (New Eden) 的美國，「成功的祕密」之一，便是吸引世界各國菁英移民貢獻腦力，造就美國成為世界最具權力的國家。阿拉伯世界正好相反，生育率雖然都很高，但絕大多數婦女未受教育，且勞動參與率偏低，使得阿拉伯加國家的國力普遍按人口數減半。而以色列男女皆兵，重視教育，儘管四周阿拉伯敵國敵意環伺，仍然屹立不搖。

（三）經　濟

GDP（Gross Domestic Production，國內生產總值）是一個國家經濟力量的具體指標，意指一個國家（或地區內）在特定時間裡，所有的生產要素（勞動力、資本和資源等）所生產的最終商品和服務的價值，包括農業產值、工業產值（製造業、營造業等）及服務業產值。按照 2015 年世界銀行 (World Bank) 公布的各國 GDP 排行（單位：億元），前 10 名分別是：美國 179,680、中國 113,850、日本 41,160、德國 33,710、法國 28,650、英國 24,230、印度 21,830、義大利 18,190、巴西 18,000、加拿大 15,730。南韓 2015 年 GDP 為 13,930 億元，位居排行榜的第 11 名，臺灣則以 5,190 億元居第 22 名，也是富裕國家。值得一提的是，美國的 GDP 超過中國加日本 GDP 總和，也超過第 4 至第 11 名國家 GDP 的總和，由此可看出美國國家整體的富裕程度。

若按照購買力平價 (Purchasing Power Parity, PPP) 計算的人均 GDP，前 10 名除了美國之外，皆是高度經貿自由化的小型國家及經濟體，諸如：盧森堡(1)、挪威(2)、澳門(3)、瑞士(5)、奧地利(6)、丹麥(7)、瑞典(8)、新加坡(9)、產油國卡達位居第 4。前面 GDP 大國的人均 GDP 排名表現不一，諸如：德國(17)、英國(19)、法國(23)、日本(27)、義大利(28)。中國 2015 年人均 GDP 為 8,280 美元，有明顯進步，進入小康社會，但低於世界平均值 10,721 美元。而另一個人口大國印度的 2015 年人均 GDP 為 1,688 美元，凸顯該國內社會與區域性嚴重的貧富差距現象。

此外，關乎經濟發展與社會持續進步的高科技及專用於科技的研發 (Research and development, R&D) 經費也是觀察國力的指標。科技創造產業競爭優勢、專利與智慧財產權、產品附加價值、現代化硬體設備。瑞士及以色列都是長期巨資投注高科技的大國、北歐各國政府的研發經費占 GDP 的比重始終名列前茅，經常超過 3% 的 GDP。臺灣的 R&D 支出平均高於經濟合作暨發展組織 (Organisation for Economic Co-operation and Development, OECD) 國家，2010 年臺灣政府研發經費占 2.87% 的 GDP，投入新興產業如：綠色能源、生物技術、醫療與製藥等。

（四）軍　事

軍事能力是一國權力最具體堅實的指標，包含武器、軍隊、士氣、整體戰略、執行安全與防衛功能，是實現國家政策的最後工具 (last resort)。如《孫子兵法》所言：「勿恃敵之不來，恃吾有以待之。」武器有陸海空傳統武器及大量毀滅性武器（生物、化學、核子武器、飛彈）。美國從多方面展現其為當今第一大軍事強權：

1. 擁有傳統及先進的大量毀滅性武器，均數倍於其他大國；
2. 軍事支出世界第一，數倍於其他大國的總和；
3. 全球武器軍售大國，全球武器市場市占率超過一半，也數倍於其他大國的總和；
4. 軍事基地遍布世界各區域，與許多地緣關鍵國家合作，也是其他大國望塵莫及。

在軍隊方面，中國擁有為數超過百萬的正規軍，世界第一，軍事現代化是中國邁向世界級強權的必要條件。北韓也有 120 萬人民軍。全世界約有 25 個在高山大海的小國沒有正規軍隊，防禦任務不是交由警察負責就是交給傳統政軍關係深厚的大國。中華民國在太平洋的邦交國帛琉、吐瓦魯、馬紹爾群島、所羅門群島、吉里巴斯、諾魯都沒有國防軍，如果與臺灣發生戰爭，大概派嘉義市消防局就可以將這六國殲滅。

在士氣方面，士氣是一股看不到卻能感受得到的力量。如《孫子兵法》所言：「令民與上同意者也；故可與之死，可與之生，民弗詭也。」 兩伊戰爭中，伊朗全國上下築起 「意志長城」 (Defense of will)，與外交及軍備皆具優勢的伊拉克鏖戰 8 年，未被擊敗，最後以和談收場。二十一世紀面對伊斯蘭挑戰，美國不斷強化愛國主義及英雄主義以提升軍民士氣。

在整體戰略方面，如《孫子兵法》所言：「上兵伐謀。」美國將全世界視為大棋盤，依區域地緣長期推演出數套全球大戰略版本，保持可以同時介入兩場戰爭的規模、有戰備儲油、CIA 滲入各國等，都是其他大國望塵莫及與效仿的對象。法國在一戰後的戰略則是失敗的例子，外交上嚴懲德國並在東疆建築「法式長城」——固若金湯的馬奇諾防線 (Maginot Line)。因《凡爾賽條約》(Treaty of Versailles) 被嚴懲的德國提供納粹興起有力訴求，後來直接從北方比利時平原進入法國，巴黎宣布是 「不設防城市」，法蘭西國土三分之二被占領，僅剩貝當 (Pétain) 政府與德國交涉。二戰後法國大幅調整「反德意志」百年大戰略，與德國和解合作，攜手建構歐洲共同體 (European Community)，共同重返（區域）強權地位。

（五）文 化

文化是一個國家或民族長時間的集體生活方式與行為習慣，是我群與他者 (we group vs. others) 認證區別的指標，我群的同質性及他者的殊異性本無高低優劣，但現實互動中仍會產生不均等的影響力。就如同國際政治學大師杭亭頓 (Samuel P. Huntington) 的書名：《文化很重要》(*Culture Matters*)，二十一世紀尊重並發展多元文化是無法逆轉的趨勢，各國可以透過文化發揮其影響力的輻射能量，讓人心嚮往之，就如《孫子兵法》所言：「攻心為上。」文化被視為國家「軟權力」 (soft power) 的主要內涵，尤其是在大國擁有前述軍事、經濟等「硬權力」(hard power) 之際，「軟權力」是許多小國發揮影響力及建構國家形象的加秤砝碼，使他國肯定及讚響、進而信任與仿效，產生

無法言喻的好感。

　　前美國國務卿希拉蕊 (Hillary Clinton) 曾提出 「巧權力」 (smart power) 這個概念，意指美國的硬權力（軍事和經濟的力量）與軟權力（透過文化吸引力和感召力所產生的影響力）在外交政策中平衡並用的能力。越來越多的政府都在強化國家的軟權力。2008 年的北京奧運開幕式用氣勢磅礡的方式盛大展現千百年來精緻深遠的中華文明，而2012 的倫敦奧運一開場則是透過簡樸的田園生活到工業革命、莎士比亞 (William Sharkspeare) 到哈利波特 (Harry Potter) 來證明英國歷久彌新的文化魅力，閉幕會安排各時期英國知名流行歌手輪番上場，以演唱會方式宴饗全世界。

大哉問二　臺灣具有哪些的軟權力？

　　臺灣在國際社會長期處於政治身分不明、地位偏低的情況，但同時政府與民間累積許多軟權力可以在全世界、亞洲、華人圈發揮輻射影響力。臺灣在政治面：民主自由多元澎湃又平和順利；社會面：人民勤奮友善好客、公平開放創業、機會平等競爭、熱鬧的廟會活動、豐富的美食小吃；教育面：大量投資且普及的高等教育；大眾與小眾文化兼具：視聽產業多元活潑如電視、電影、流行音樂、數位設計等文創旗艦產業。對國際主流文化與資訊流行接收度高，同時有中華文化為基底，如民間傳統節慶習俗、茶文化、正統的故宮博物院及中文正（繁）體字。臺灣對中文正體字有無比的愛戀與自豪，中國大陸簡體字簡到愛無心（爱）、親不見（亲）、廠空洞（厂），對臺灣絲毫不具吸引力。

　　此外，慈濟功德會在全球共 50 個國家 432 個據點發揮臺灣人的大愛精神。中國大陸 2010 年汶川大地震時，臺灣民間捐款數是世界第一 ；日本 2011 年東北地震及海嘯時，臺灣社會亦慷慨賑災，捐款額度也是世界第一，都顯示臺灣人的同理心與愛心。

　　除了精緻深刻的雲門舞集在世界傳播臺灣文化、誠品賣書也賣氛圍之外，許多「臺灣之光」也都在世界體育、美食、藝術等舞臺擅場。目前臺灣在軟權力方面比較欠缺的，是開發全球知名品牌，建構鮮明且可辨識的整體圖騰，並且積極在國際事物上扮演「和平的維護者與締造者」、「中華文化的傳承與推廣者」、「人道援助慷慨的提供者」、「尊重且實踐人權者」、「環境保護的堅守者」、「高科技的創造者」以及「全球化的擁抱者」角色，塑造臺灣在國際社會令人產生好感並受尊敬的優質國家形象。至 2016 年 6 月，中國民國護照已獲 164 個國家和地區給予免落地簽證，更是臺灣軟實力的具體象徵。

第二章

民主政治的特色及可能缺失：
我們有選舉了，然後呢？

第一節　民主政治的特色

　　民主並非最完美的政治制度，而是人類集體生活至今，比較不惡劣的制度。民主的英文 "democracy" 一字是從希臘文的 "demo"（人民）衍生而來，意指賦予人民最高權力的政治體制。「民主」其實有許多不同的概念與定義，各國因社會政治文化的差異、內部民主機制的演變差距，因而有多元甚至殊異的觀點。大抵上，最高掌實權的行政首長與立法的國會議員必須經由人民普遍、公開、公平選舉產生，以及存在兩個以上相互競爭的政黨，即可稱為具備民主制度的基本要件。

　　比起封建專制的絕對皇朝、軍人獨裁、世襲王室、威權統治、寡頭菁英的私相授受，民主制度所可能造成的災難及傷害，要減輕許多，也比較能預防及制裁。諸如：統治北韓逾 60 年的金氏王朝是二十一世紀仍然存在的獨裁政權。根據南韓統一研究院發布的《2011 年北韓人權白皮書》，自 2007 年起，北韓公開處決反對體制者明顯增加，6 所政治犯收容所共有 15 萬至 20 萬人被囚禁。金正恩 2012 年接替其父親金正日擔任北韓領導人，同時兼任國防委員會第一委員長、人民軍最高司令官、黨中央軍委會委員長、共和國元帥等軍事要職，以權力鬥爭、私相授受的方式完全掌控軍權。這種封閉獨裁政權與民主自由理念及實踐完全背道而馳。民主與自由就像空氣，呼吸的時候並不覺得它的存在，唯有失去的時候，才會驚覺它的重要。

　　對現代國家而言，民主是一整套管理或預防衝突發生的規範。因為以人民為主的社會常充滿各種矛盾與衝突的利益，各有主張，民主政治便是動態彈性地將矛盾與衝突控制在某個範圍之內，達成一致或讓各方都能接受的妥協方案。民主政治包涵多元、綜合且連續的內涵，像是民選的政府官員、自由與公平的選舉、參與公職的平等機制與權利、不受政治力監控的媒體，此外，人民有權利向政府請願、抗議、遊行、示威，並參與社團組織，藉由社團向政治權威交涉，這種

結社型態以新統合主義 (neocorporatism) 為基礎，替人數眾多、但力量分散且資源貧乏的潛在團體或個人利益發聲。有許多國家的國號或政黨名稱都掛上「民主」二字，但卻不一定奉行民主價值。民主的主要特色有：

（一）多數決

少數服從多數，多數尊重少數是民主政治得以運作的基本程序，與獨裁專制的少數極權統治正好相反。封建時代或獨裁政體，極少數的掌有權力者之品質，決定了政治優劣的內涵。在民主時代，人民透過自由意志表達意見並參與選舉，權力的最終端在每個公民手裡，每位公民的集體品質，決定了政治優劣的內涵。然而，在實踐上出現幾個困窘現象，諸如：

1. 多數的決議與意見是否在有形及無形中壓迫著少數？
2. 少數是否能甘願接受多數者的決定？
3. 少數霸凌沉默的多數、多數縱容激進的少數？這些都是民主政治的課題。

多數決是民主賴以運作的基本遊戲規則，想有效行使必須符合幾個前提：

1. 資訊充分傳達與提供；
2. 每位參與者是在個人行使自由意志下表達意見，而非接受強制權威者的指令；
3. 議程設定有共同參與機制、低缺席率或低廢票率。所以，正面來說，理論上每位公民意見都受重視，但就負面而言，實際上所造成的缺失也要全體公民共同承擔。

（二）代議政治

代議政治是間接民主，也是民主制度的濫觴。諸如英國王室貴族便是隨著工業革命及資本主義發達，一步步讓平民 (commons) 參與議會共商國事，從有產階級到普羅大眾、從男性到女性皆可成為民意代表。人民透過公平公開的選舉制度遴選出能代表自己意見及立場的代

表參與政策議定，專業服務為民發聲，而非專制獨裁體制，政策由固定特權階級所片面獨斷決定。從中央政府層級至地方政府層級，在公共政策制訂時代表人民紛殊的立場及利益，經民意代表多數通過的法案也才具有正當的合法性。另一種民主形式是直接民主，人民直接參與公共政策的決策，直接民主比較適合人民人數相對較少的地方實行，至於全國性公民投票，將於第六章討論。

（三）選　舉

選舉幾乎是人民共同凝聚國家意志的最佳方式。民主不只是口號與宣示，最具體的指標是選舉。一般來說，要符合民主標準的選舉，須具備幾項基本原則：

1. 定期舉行；
2. 選舉權與被選舉權全民普及；
3. 有至少兩組相互競爭的人選及政黨；
4. 競選期間候選人及其政黨享有言論、集會自由，可以公開宣傳政治理念及對當政者施政的批評，向選民提出不同的政策；
5. 過程平和無暴力及暴力威脅；
6. 選舉期間所有候選人及參選政黨享有同等權利與適用同等規則；
7. 祕密投票；
8. 從中央到地方各層級，尤其是中央政府的行政首長及民意代表的產生；
9. 有公平中立的選務機制；
10. 選舉結果具最終決定性。

印度目前有 50 多位透過選舉而產生的女性國會議員，她們皆出身在印度種姓制度下，社會最低階層的賤民階級。2009 年還產生第一位女性國會議長梅拉庫瑪 (Meira Kumar)；而帕蒂芭巴蒂爾 (Pratibha Patil) 也是賤民地位，在 2007 年獲執政黨國大黨推選出任印度首任女總統。美國於 2008 年選出黑人總統歐巴馬 (Barack Hussein Obama)，這些在各國的選舉史上都是歷史性大事。

臺灣從 2000 年到 2010 年間，除 2003 年及 2007 年沒有選舉外，其餘 9 年每年都有選舉，其中 2008 年 1 月 12 日舉行立法委員選舉，同年 3 月 22 日又舉行總統選舉，2 個月內舉行 2 次的全國性選舉，整個社會激揚狂熱，許多公共議題皆泛政治化、泛選舉化。社會動員與資源耗費為人詬病，選舉頻率為世界之最，故在 2012 年內政部及中選會將總統與立委選舉改為同日舉行，2014 年包括直轄市及縣市政府等 9 種公職的地方選舉合併舉行，成為目前最大規模選舉，以節省社會成本。

（四）政黨政治

政黨是具有共同政治理念、目標或利益的一群人，為了影響大眾、取得政權及政府職位，以實現其理念與利益，所結合而成的團體。在民主國家有 2 個或 2 個以上的政黨，透過公平選舉的遊戲規則相互競爭，取得多數選民選票認可而獲得執政權，組織政府、展開施政，遂行理想。未能執政的政黨成為在野黨（反對黨），組織動員、形成反對勢力監督政府、批評政策、影響選民、匯集人民利益與認同，冀望能在下一次選舉取得執政權。早期政黨常常具有恢宏的大是大非的理想主義色彩，當今民主國家的政黨大多扮演選舉機器，從候選人挑選與形象包裝、政策推銷、造勢宣傳都以勝選為主要目標。

政黨成立常依屬性區分，許多民主國家是根據經濟及社會理念而組黨，如標榜大有為政府照顧弱勢族群、重課稅以達公平正義的社會主義政黨（傳統稱為左派，如英國工黨、美國民主黨、法國社會黨、德國社民黨、日本社會黨），及強調經濟發展、國防安全、國家強盛及民族光榮、個人自負盈虧 (ownership) 的保守主義政黨（傳統稱為右派，如英國保守黨、美國共和黨、法國人民運動聯盟、德國基民黨、日本自民黨）。也有單一理念的政黨（如晚近興起的環保政黨）或較激烈排外的政黨。

臺灣的政黨屬性基本上以統獨意識及身分認同來劃分，雖然按照內政部民政司 2016 年 3 月公布備案登記的政黨共有 296 個，非常熱

鬧澎湃，但能夠執政、參與執政團隊或在國會有席次的政黨，僅有4、5個。

（五）法治：權力之反制

法治 (rule of law) 是言論自由與公平選舉之外，民主實踐的核心價值，也是國家穩定的基石。在專制王朝及獨裁政體，法律由掌權者所制訂、也不限制這干掌權者，如法國太陽王路易十四 (Louis XIV) 所言：「朕即國家」(L'Etat, c'est moi.)。在民主國家，法治包含幾個要素：

1. 政府機關組成與權力行使必須遵照憲法的規定；
2. 政府施政必須依據法律而行；
3. 政府官員、民意代表及人民具同等地位，沒有人能超越法律之上，都必須要遵守法律規範；
4. 司法體系獨立於政治干預之外，能實質懲罰違法亂紀位居要職的政治人物；
5. 人民的基本權益受法律保障、並有獨立且實效性之司法救濟途徑。

新加坡及香港承襲英殖制度，法治鞏固，雖然沒有完整的民主制度，但卻是治理良善的國家及區域；德國的法治精神更是普及到社會各個面向。

（六）多元機制與管道的利益團體

利益團體與政黨相同，也是具有共同理念或利益的一群人所組織的團體，利益團體為維護或宣揚其利益（公益或私益），採取共同一致的行為與態度，目標不在執政，而在影響政策或影響群眾。越是民主國家越能容忍及提供利益團體各種訴求機制與管道，利益團體透過請願、宣傳、遊說、公聽會、記者會、法案草擬、支持政黨等多重方式，企圖影響公共政策的制訂與執行，以確保或增進其利益與目標。

第二節　民主政治的優點與缺失

一、民主政治的優點

（一）人民的正式授權 (mandate)

　　就像《詩經·小雅》寫的：「普天之下，莫非王土，率土之濱，莫非王臣。」以前封建專制王朝或現存的獨裁政權，都存有家天下的思想與行為。在民主國家，執政者必須透過選舉取得明白授權得以統治國家，就如英國哲學家洛克 (John Locke) 在 《政府二論》 (*Two Treatises of Government*) 中所言：「被統治者的同意。」選舉過程及結果，反映社會意見也賦予當選者統治的正當性。統治階級流動非固定非世襲，由選民以選票正式付託、授權，有任期、下次選舉時可再檢驗其政績，決定續任或收回授權。中華民國總統當選人宣誓就職時，由立法院長代表人民授予新總統「中華民國之璽」（國之玉璽），象徵人民的正式授權。

（二）動態循環可彌補災難

　　正因為政權有時限、有法限、受制衡，所以可以定期檢驗，不適任者、有更佳選擇對象者，都可以收回人民的付託。政權具時效性是民主制度一項正面優點，統治者所造成的各種災難，諸如無能、貪腐、失職，都可以透過更換領導團隊而扼止及修正。就像《呂氏春秋·盡數》所言：「流水不腐，戶樞不蠹，動也。」以及西方諺語「滾石不生苔。」(A rolling stone gathers no moss.) 民主政治有一項重要的基本假設：選舉雖非最有效的制度，但透過政黨制衡與輪替，形成的權力動態循環，腐垢較淺。例如小布希 (George W. Bush) 總統 2003 年在美國沒被攻擊且無具體證據的情況下攻打伊拉克，造成美國龐大軍事支出（1 年至少增加 600 億美元）、加深伊斯蘭反美情緒，及嚴重損害美國道德形象。歐巴馬總統一上任的重大決定便是自伊拉克撤軍，

節省軍事預算並修補與阿拉伯國家的關係。

（三）民意至上

被統治者同時也是統治者。《尚書》〈周書·泰誓〉篇云：「天視自我民視，天聽自我民聽。」、「民之所欲，天地從之。」《尚書》〈夏書·五子之歌〉再云：「民惟邦本，本固邦寧。」如果將《尚書》裡的「天」改為「民選政府」就頗符合民主要義。

啟蒙運動大師盧梭 (Jean-Jacques Rousseau) 也在 《社會契約論》 (*Du Contrat Social*) 裡說，政府施政要按照人民的「總意志」或「全意志」 (volonté générale)。政府的政策必須以人民的意見與利益為優先考量、政府必須提供多元管道讓人民能夠自由表達意見、人民選出民意代表來監督政府並制訂符合民意的政策與法律，作為政府施政的依據。當然，民意如流水，對政黨喜好及政策選項都善變分歧，民意至上是最適合的施政原則，並非最佳綱領。民意調查機構、現場即時新聞、媒體的論政節目等能快速傳達人民意見的機制，在民主國家也都蓬勃發展。

（四）責任政治

責任政治就是權責相符的權力運作過程與結果。責任與權力成正比，有多大的權力就負多大的責任。責任政治可細分三個面向：

1.法律責任

政府官員若違法失職以致損害國家利益或侵害人民權利，須負擔相關的法律刑罰，這是貫徹法治的一環。

2.行政責任

事務官（經國家考試的高級文官）負行政責任。

3.政治責任

政務官（選舉產生及指派的政府官員）負政治責任，政治責任要求政府高層官員或整個執政黨的政策及施政方針發生嚴重缺失或怠

忽職務時，不一定違背法律規定或無法可依不受法律追究，但政府高官個人或整個執政黨行政團隊必要辭職，以示負責。諸如：1997 年臺北市新聞處長羅文嘉因臺北市拔河斷臂事件引咎辭職；2009 年行政院長劉兆玄因莫拉克颱風造成南部重創的八八水災，率內閣總辭；2011年至 2015 年多起黑心商品引發的食安風暴，如塑化劑、銅葉綠素、飼料油混充食用油等，更是腐蝕社會對政府的信任感。

（五）表意自由

　　民主鼓勵每個個體之間及個體對政府的自由表意，討論與辯證，呈現社會需求與揭露問題。自由表達意見也是人類近代抗爭專制政府的一大收穫。表意自由包括：公開言論、新聞傳播、著作講學，及藝文作品的展現或傳達等自由，即使是違逆當權者的意見。蘇格拉底 (Socrates) 的審判與捨身取義，使他成為西方乃至世界第一位為言論及思想自由犧牲的殉道者。唐朝立諫官制度，專門針對皇帝言行與政策直言陳諫。唐太宗時的諫官魏徵進諫糾正 200 多次，最著名的是《十漸不克終疏》，列舉唐太宗執政前期到後期為政態度的 10 個變化，如銅鏡般映照著唐太宗的過失。

圖 2-1　蘇格拉底　　　　　圖 2-2　羅丹的沉思者

　　至於一般平民，就如笛卡爾 (René Descartes) 所說：「我思，故我在。」(Je pense, donc je suis.)，認為人之所以存在是因為會思考，有別於其他動物、植物、礦物。1989 年侯孝賢導演的《悲情城市》是臺灣第一部觸碰禁忌半世紀的二二八悲劇的電影，以文藝作品掀起塵封

的歷史黑幕，全片沒有激烈控訴，以細膩情節表意，做出歷史見證。當今民主社會民眾多能享受零限制的言論思想自由，公開批評時政與當權者、媒體更是監督政治人物，公共論壇活躍且管道多元。

（六）文官中立

除了健全的法治之外，文官中立是民主國家的另一根支柱（第三根是媒體自由）。文官體系是民主國家得以有效治理最具體而微的面向，是民主國家隱形的核心階層。集體官僚共同達成繁瑣的政策目標，整合社會各階層利益的同時，也是公民接觸政府的第一線。所以文官中立是民主國家健康運作的重要基石，超越黨派、超越政治勢力為整體利益服務。行政機關在庶務上依法行政、無法按例、無例如擬、無擬從議、有議裁決、依決執行。諸如英國文官頗受各個政黨的**尊重**，負責協助政治任命的部長制訂政策。法國及日本也是，政府中政務官靠選舉出身、選票考量且更迭頻仍，國家庶務的治理是由這些高級文官專業所擬定與執行。英國、法國、日本的高級文官大多從知名大學中拔擢，諸如倫敦政經學院、巴黎政治學院、東京人學等。

（七）個人潛能的綻放與公民社會

民主不僅將傳統金字塔上對下的單向模式打成較為平等互動的雙向多向平行結構，得以約束掌權者，民主制度還開啟社會動能之無限性。專制獨裁的社會箝制個體發揮、剝奪公共生活其他可能的選項，常造成個體因壓抑而蒼白、挫折、虛無。電影《生命中難以承受的輕》（The Unbearable Lightness of Being，原著作者為米蘭昆德拉）的背景主軸就是專制環境壓抑個體，因沉重而變得虛無與扭曲。由於民主制度對個體的根本尊重與鼓勵個體的自由意志與選擇，讓每一個個人內在潛力恣意發揮，社會活潑多元流動。在此借用《韓非子》〈十過〉中的這句話：「藏於民，不藏於府庫，務修其教，不治城郭。」當代民主不只藏富於民，每個人民都是寶藏，白有其價值。

隨著個人的自由權及公共生活領域的擴增，自十九世紀至今日出現新的人類文明進展，即「公民社會」(civil society) 的形成與民主國

家的蓬勃發展。個人的公共生活除了實踐權利義務的家庭及國家兩大單位之外，還出現公民社會這樣的「公共空間」(public sphere)。此領域內，個人不只是自我學習，還透過參與對話組織合作方式，涉入公共活動，在政府公共政策治理過程當中，扮演議題促進者、決策參與者、執行監督者的多重角色，充分發揮其自我價值，也使國家整體活潑健康。公民社會中，個人動機出於共同利益與價值及具公共性質目標，組成各種非強制行動團體，與企業不同，是非營利團體，也與政黨不同，不以執政為目的。這樣的公民社會建立無形龐大的社會資本，活絡社會氛圍，促進社會和諧，也是個人自我實踐的場域。

二、民主政治的缺失

民主政治標榜由人民做主，人民是權力的最初端與最終端，是故可以讓每個人的內在潛力盡情發揮。但由於人類的品質並不穩定，常任由人之欲、人之惡主宰行為，所以造就民主政治的品質也不穩定。以下列出八大項民主政治可能有的缺失：

（一）選舉的「爛蘋果現象」

選舉時候選人的品質及政黨的性質常被詬病，可能是事實，也可能是媒體誇大或敵對陣營的抹黑策略，選民只能從中挑一個比較不爛的候選人。幾個趨勢造成爛蘋果現象：

1.選票高於一切，爭一時、不爭千秋

要當選、要連任，許多低級的選戰伎倆、芭樂票、政策買票、汙衊敵營、譁眾取寵的招數紛紛出籠，政策的可行性與必要代價不經檢驗與專業討論，無視誠信、只講機巧。選民幾乎只有投票那天才被重視的「一日民主」，選上後政見不一定落實。

2.現任執政團隊劣勢或大環境不佳

執政者因為有政策作為檢驗，或某些積極的不作為，都可以當作選舉時的攻訐目標，若再加上外在環境導致政策無法實現當初競選時

的承諾，選民因為失望而轉向另一政黨，在野黨不用推舉優質候選人
及可實現的替代政策，很容易就取得多數選票。《孟子》〈離婁〉曰：
「為湯武敺民者，桀與紂也。」現代桀與紂失民心、失選票，所以湯
武當選。

3.二流人才當道

　　民主制度諸多設計在制約執政者（如接受議員恣意質詢、隱私常
被媒體公開討論等）、選舉動員造勢的作秀性質及選戰伎倆或人身攻
擊，再加上官箴不修及多元社會提供其他各擅其場等因素，使得很多
優秀人才或清流之士不願從政。法國 1995–1996 年總統大選時，社會
黨找不到適格候選人，強力溫情徵召當時的歐盟執委會主席德洛
(Jacque Delors) 回國參選。德洛任歐盟執委會主席 10 年，享有國際盛
譽及高知名度，各種民調都高過戴高樂派候選人席哈克 (Jacques René
Chirac)。在幾經考量後，德洛召開記者招待會，法國社會黨、媒體及
大眾都以為是參選宣言，但德洛卻冷靜地說：「我或許有治國的能力，
但卻沒有當選的本領。我無意做法蘭西共和國的總統，在其他地方我
仍然可以貢獻一己薄力。」這番話非常令人深思。

（二）政黨淪為選舉機器，互鬥形成政治僵局

　　曹丕《典論論文》曾譏「文人相輕，自古皆然」，到了民主政治
演變成「政黨互鬥，勢所必然」。在野黨要成為執政黨，就不能只是
「在野」還必須「反對」，批評執政黨的失職、無能，以便取而代之，
於是為反對而反對變成常態。政黨政治及選票考量下，民意代表經常
做秀及發表無須負責的言論、政黨相互排斥抵制，甚至不惜導致政治
僵局。許多國家的議會廳堂常常因為各種原因（從意識型態、政策杯
葛到私人恩怨）上演全國乃至全世界譁然的全武行，尤其是新興民主
國家的初級階段。諸如：南韓、臺灣、土耳其、墨西哥、俄羅斯、烏
克蘭。議員有的真的是堅持己見或遵照黨團黨鞭指示杯葛議事，有時
只是演給鏡頭看（鏡頭沒來時議員相安無事或沒精神打瞌睡）、只為
博取即時新聞的版面與話題。馬克吐溫 (Mark Twain) 常常諷刺政客，

他說：「政客跟尿布一樣都要常常更換，更換的理由都一樣。」

前述每年發表「失敗國家指標」的美國雜誌《外交政策》2011 年 7 月曾列舉幾個跟美國一樣有差勁議會的國家，結果臺灣、比利時、阿富汗、伊拉克上榜。《外交政策》認為臺灣國會議員們的奮戰打群架很有名，國民黨及民進黨近 10 年來（2000 年至 2010 年）幾乎沒有合作案例，只有惡鬥。日本議員是與臺灣議員極度反差的對照組，乖乖通過表決贊成高層官員已擬定的法案，堪稱行政官僚菁英的隸屬機構。

英國稱在野黨為「忠誠的反對黨」(loyal opposition)，顯示在野黨只反對政府的施政與作為，不反對國家。比利時國會在 2010 年至 2011 年因為無能解決因政黨不妥協導致國家分裂，造成長期沒有單一中央政府的窘境。比利時在 2010 年 6 月的大選無政黨過半，虛位元首亞伯特二世國王 (King Albert II) 指派多位特使斡旋，希望兩大黨組成聯合政府，皆徒勞無功。出於歷史恩怨及族群的糾葛，擁有 600 萬人口的荷語區佛朗倫斯和 400 萬人口的法語區華隆尼的政治領袖互不妥協，相持不下的政治僵局使得比利時創下建國 180 年來，無政府狀態的最高天數，也是近代民主國家無政府狀態最久的世界紀錄。二戰後西德有長達 4 年（1945 年至 1949 年）被四大強權軍事占領幾同亡國；荷蘭在 1977 年也曾有過 215 天無政府紀錄；伊拉克在 2009 年則有 289 天的中央無政府狀態紀錄。令人更驚訝的是，比利時雖然因主要政黨的政治僵局而無法產生中央政府，但在國家分裂的危機中，看守內閣表現穩當、人民守法、社會秩序與機能維持正常運作，公共交通系統、文官體系與警政保安措施皆井然有序，這又是比利時無政府狀態的另一個世界第一。

（三）金權政治、黑金政治、賄選：三大民主政治之瘤

法國諾貝爾文學獎得主羅曼羅蘭 (Romain Rolland) 曾說過一句諷刺名言：「政治的後臺老闆總是金錢。」 (The backstage boss always money politics) 金錢腐蝕性力量在民主政治運作中，似乎是無可避免

的魔咒。以權力取得金錢、以金錢取得權力、以金錢向權力取得更多的金錢，三者共同生成民主政治之瘤，割了又生。

金權政治是掌權者（包括政府及執政黨）個人或集體與財團勾結，相互輸送利益，通常以公共工程政府採購或重大資源分配為標的，掌權者經由非正式法規管道讓企業財團承包公共工程，或取得重大資源分配；企業財團則以金錢收買決策，提出相當的回饋金給當權者，彼此之間常形成錯綜複雜的網絡共生關係。1970 年代，日本發生震撼全國的金權政治勾結——洛克希德案，當時的首相田中角榮，接受美國洛克希德公司行賄，改變全日空航空公司原先計畫對美國道格公司的飛機採購案，轉而購買洛克希德製的飛機。事件爆發後，權勢龐大的田中首相辭職下臺。

臺灣近年發生金權政治重大案件是 2012 年 6 月行政院祕書長林益世（曾是國民黨立法院黨鞭）因任內索賄、收賄而遭羈押禁見並確定認罪。強化「陽光法案」：《遊說法》、《政治獻金法》、《公職人員財產申報法》，是從制度面防範金權政治的必要法律手段。

黑金政治比較指涉具黑道背景或重大犯罪前科的人士參與地方政治選舉以漂白身分，或取得並鞏固地方資源及所經營的事業，如鄉鎮市民意代表、縣市議會、直轄市議會，直到中央國會。義大利黑手黨甚至控制西西里島的司法機關，歷史悠久。蘇聯解體後，俄羅斯及東歐在民主化過程裡，也有許多黑道人物透過選舉當選議員或與中央官員政經關係糾結。黑金政治另一個隱而常現的灰色地帶是政黨與地方派系間的依賴侍從關係。以臺灣而言，地方派系藉由法定社團，諸如農漁會、水利會、廟宇等，擁有龐大社會實力，藉由對組織及信用部門的控制，可作為選舉機器基層人脈與資金奧援，與政黨有著利益糾結的複雜關係。

選舉是民主政治最具體的檢驗指標，不只是政黨及參選人辦各式選舉活動需要錢、也有選民拿錢或其他有價物品與犒償卻不問來源及後果，於是金錢介入民主選舉幾乎舉世皆然，政黨或候選人透過「椿腳」給選民金錢、有價物品或活動以左右其投票行為；選民則拿錢投

票（重點是選民拿錢暗允投某候選人，究竟是否真實投賄選者，另當別論）。《公職人員選舉罷免法》第 99 條、《刑法》第 142 條至第 145 條，對行賄者及受賄者皆有相當規範及罰則，但中央層次及地方層次選舉賄選仍時有所聞，選舉乾淨進行常淪為口號。選民的自律、道德感，及自由意志之貫徹行使是民主選舉品質的決定性因素。

（四）貪汙輪迴

　　貪汙不分民主或獨裁政體，但民主國家民選官員或高級文官貪汙更形諷刺。獨裁政權的權貴階級貪腐沉痾經常是人民推翻政府的最主要因素，諸如菲律賓的馬可仕 (Ferdinand Marcos)、印尼的蘇哈托 (Suharto)、薩伊的莫布杜 (Mobutu)。許多新興民主國家的政治人物，尤其是民選總統貪汙，幾乎是無法避免又令人難過的現象，因為民選總統承載著選民濃烈的情感投射與託付。麻省理工學院院長梭羅 (Lester Thurow) 用「貪汙輪迴」來形容中南美洲國家選出來的總統或執政黨，不分左派右派，只要上臺，幾乎都會犯下貪汙行為。像這樣的貪汙魔咒不只在中南美洲發生，在世界各新興民主國家也都上演著，南韓就是一個非常典型的例子。從軍事獨裁、威權統治到澎湃的民主政治制度，南韓總統本人或近親幾乎全都涉入貪汙弊案 （全斗煥、盧泰愚、金大中、金泳三、盧武鉉）。

　　誠如《莊子》〈胠篋〉所言：「彼竊鉤者誅，竊國者為諸侯」，貪汙現象並未因改採民主制度而有改善，甚至更加普遍化成為「竊盜統治」(Kleptocracy)。晚近直選產生的總統因貪汙判刑的有祕魯總統藤森謙也 (Alberto Kenya Fujimori)、菲律賓總統艾斯特拉達 (Joseph Ejercito Estrada) 及女總統艾若育 (Maria Gloria Macapagal-Arroya)、哥斯大黎加總統卡爾德隆 (Rafael Ángel Calderón)。2012 年 8 月，巴西聯邦最高法院審判曾深受人民愛戴的前總統魯拉 (Inacio Lula)。魯拉涉嫌在 2003 年至 2005 年挪用公款，每個月賄賂數十名國會議員，以支持對政府有利的法案。這是巴西司法史上最大的貪汙案，考驗著巴西的司法制度與政治文化。聖保羅大學政治學教授摩西斯 (J. Moises)

的這番話很值得省思：「巴西雖然不是唯一有貪汙的國家，但貪汙太嚴重，像傳染病一樣會傳染整個機關、社會，改變人民的價值觀。巴西最高法院的立場究竟是『不能讓貪汙繼續』還是『貪汙沒什麼嚴重的』？都將會影響整個社會。」

以提倡清廉反貪腐為宗旨、具全球公信力的「國際透明組織」(Transparency International)，認為貪汙是全球共通性問題，不分民主或獨裁政體，自 1993 年起每年都針對各國官員和政治人物收賄腐敗程度進行評比，評估各國的國會、政黨、法院、警察、媒體、企業等範疇，將世界 175 個國家進行排名。國際透明組織 2014 年發表的「2013 年全球貪腐趨勢指數」顯示，多數國家貪腐情況最嚴重的部門是「政黨」。以國家言，本書第一章提到的《外交政策》期刊「失敗國家指數」與國際透明組織的「貪汙指數」可以作為對照組。最廉潔的國家都是北歐國家，諸如丹麥、瑞典、挪威、芬蘭（芬蘭是廉潔國家第一名、失敗國家倒數第一名，也是全球競爭力最強的國家之一）。北歐人民普遍守法信任政府，貪汙和收受賄絡被社會認定為可恥行為。

貪腐最嚴重的國家是索馬利亞（索馬利亞是失敗國家第一名、廉潔國家倒數第一名），其他如亞洲的孟加拉、緬甸，及美軍掌控的阿富汗、伊拉克腐敗程度嚴重，排行也都吊車尾。臺灣貪腐印象指數這幾年都維持在 33 至 35 名之間，在亞洲次於新加坡、香港和日本。中國 2011 年排名 75 名，至 2014 年排名第 100，雖然北京政府高舉打貪口號，仍可見貪腐問題嚴重。

新加坡的世界排名跟北歐國家經常並列（最清廉、最不失敗、競爭力最高），其廉潔之道常受東亞國家及華人社群艷羨研究，認為這要歸功新加坡「以富養廉」的政策，用高薪來防止公務員貪汙。這似乎是個迷思，清廉與高薪不具必然關聯性。新加坡嚴刑峻罰的肅貪機制（《反貪汙法》、貪汙調查局、審計總署、商業事務局等）及公務員品質與獎勵（中央公積金制度），有效率且完備的整體配套機制讓政府官員不想貪也不能貪，才是新加坡在亞洲國家普遍貪腐的現象中，獨具清廉形象的結構性因素。

（五）媚俗的民粹主義 (populism)

　　如前所言，民主的一個要義是以民意為政權來源及施政依歸。「瞭解民意－主導民意－製造民意」三部曲，成為政治人物的必備能力。蘇格拉底在《共和國》裡期許理想的政治人物「能說服聽眾的靈魂」，是個具實踐力的演說家，能教化人心。近代許多具影響力的政治人物也都具備引領人民激昂情緒與意志、雄辯滔滔的能力，諸如孫中山、邱吉爾 (Winston Churchill)、戴高樂、小羅斯福 (Franklin Delano Roosevelt)、列寧 (Vladimir Lenin)、希特勒、毛澤東、裴隆 (Juan Domingo Perón)、柯林頓 (Bill Clinton)、米羅塞維奇 (Slobodan Milosëvić)、李登輝、陳水扁，都能即席演說（表演加說服），在某時某刻主導民意高峰，引領風潮。有時不一定雄辯滔滔，譁眾取寵、做秀演戲只求博得媒體版面的政治人物更是不勝枚舉。

　　在民主國家，獨具超凡魅力的「克里斯馬」(charisma) 型政治領袖，在選票考量下，從理想的演說家 (orator) 變成巧詐的煽動家 (demagogue)，常常出現煽射媚俗、製造社會非理性情緒的民粹主義，造成民眾激昂狂熱，對現狀不滿，以達到其政治目的：支持、選票、權力、執政，讓選民死忠追隨。林肯 (Abraham Lincoln) 有句名言：「你可以一時欺騙所有人，也可以永遠欺騙某些人，但不可能永遠欺騙所有人。」重點應該是第三句，但民粹主義的政治人物蠱惑民心，只關切前兩句：可以一時欺騙所有人、可以永遠欺騙某些人。

　　民粹主義現象在新興民主國家經常發生，這與長期獨裁威權統治箝制社會有高度關聯性，被壓抑的民意與不公不義的政權在民粹主義政治人物的引燃下爆發。目前仍無法律可規範，因為擁有群眾熱切支持就具備高度權力正當性，只能靠人民的理性判斷及冷靜回應，以遏止民粹主義的失控發展。馬克吐溫的另一句諷刺名言是：「小丑和政客唯一的差別，就只在於那套戲服。」民眾很喜歡看戲，也很入戲。

（六）多數暴虐 (tyranny of majority)、 多數透過選票意見壓抑少數

多數決是民主政治賴以持續運作的基本原則，以多數人的明確立場及意見作為處理共同事務或選舉結果的根本計算指標，票數定勝負。然而這樣的運作在民智大開、各擁利益，及人口組成紛雜的國家與社會，卻常遭遇窒礙及反彈。

擁有多數的群體意見強行透過舉手、投票及所謂的主流民意，以眾暴寡，壓制或忽略少數群體的權利及重大利益，強迫少數群體服從、靠攏多數看法或採取某些行為。這種多數暴虐的強迫可以是法律形式進行，也可以是以非正式的社會氛圍進行（如媒體輿論及社會接觸的價值）。於是出現民主制度重視形式過程（量化）高於實質內容（質化）的可能缺失。

美國加州大學政治學教授李帕特 (Arend Lijphart) 提出 「共識民主」（Consociational Democracy，或譯「協和式民主」）概念，主張在多元社會 (Plural society) 中，由於族群、宗教、語言或意識型態分歧，為了減除社會不安及分裂，決策要避免直接採取多數決投票，改以協商方式尋求相關群體都能接受的決定。決定先在代表各群體的菁英間達成，再由菁英影響所屬群體，成為群體的共同結論。亦即政治菁英協商代替直接多數決，從而避免掉多數暴虐。

民主社會的多數暴虐頗像賈誼《過秦論》中「強凌弱，眾暴寡」的不流血版本。有形或無形的多數暴虐在社會中處處存在，諸如：婚姻具神聖性及必要性，故適齡的未婚女子被貶抑為「剩女」、「敗犬」；許多用品及車子設計忽略左撇子習慣；同性戀在許多國家被視為邪惡與犯罪行為。晚近誇張的公然多數暴虐行為是：阿富汗卡札伊 (Hamid Karzai) 總統在尋求連任前夕，於 2010 年 6 月初因應什葉派教徒及多數男性選民的要求，批准一項新法令，該法令要求婦女必須滿足先生性需求，若不從先生可以不給飯吃；以及女性如果遭受強暴，只要強暴者支付遮羞費，就不必受司法審判，竟讓卡札伊總統連任成功。

（七）政策落實無效率

　　民主政治在應然面是更加便民利民、苦民之苦，但在實然面，公共政策落實無效率卻常是民主政治另一個令人詬病的缺失；行政效率高反而是威權型政府相對的優點。行政無效率是指政府機關與執行的公務員，從事公共政策與行政管理所投入的各種資源（人力、設備、經費、時間、社會動員等）與預計取得的成果和效益之間失衡的比例狀態。造成公共政策落實無效率的因素很多，包括：

1. 中央層級的議員及政黨相互牽制傾軋；
2. 政策朝令夕改令公務員無所引援適應；
3. 權利意識高漲的刁民抗爭，令公權力無法執行；
4. 地方勢力對地方政府的施壓或勾結；
5. 僵化的機關法令和基層行政人員緊抓法條的官僚科層制；
6. 法令權責模糊，造成行政部門相互推諉。

　　臺灣的中央政府部會國家發展委員會（前身為經建會及研考會），司職之一就是在提升行政效率。然而臺灣在公共政策決策層次上經常疊床架屋，造成公文旅行、曠日廢時；再不然就是法規模糊，形成三不管地帶，負責單位相互推諉，案例不勝枚舉。諸如隨著大陸觀光客來臺，首選觀光區日月潭的非法營業觀光船屋急速擴增，2010 年時至少有 170 座，新建成的約 30 座。如何約束、管制及取締違法觀光船屋卻形成三不管地帶，相關具管理權責的主管單位都說無權可管，互踢皮球。

　　交通部觀光局日月潭風景管理處表示，違法船屋以竹筏證違法興建，屬於核發漁筏證的南投縣政府農業處權責；南投縣農業處表示，日月潭漁會發出漁筏證，僅 27 座漁筏違法變更為船屋，其餘約 145 座違法船屋，均非由漁筏證變更，因此日月潭違法船屋應由水庫主管單位臺電公司負責；臺電公司則認為臺電為國營公司，是管理機構，只有舉發權，取締處罰權在水利署；水利署表示，若全國百餘座水庫都要水利署負責稽查、處罰、管束，人力根本不足，建議由當地機關負責，於是皮球又踢回日月潭風景管理處。

另一個重要案例是 2010 年 4 月，英國石油公司 (British Petrolium, BP) 在美國墨西哥灣意外爆炸漏油，每天超過 2 萬桶原油噴到海面，工程人員連續數月無法解決漏油問題，堪稱史上最嚴重的海上漏油事件。BP 並非美國公司，美國州政府第一時間未介入，由 BP 的專責公安單位負責。經過 1 個月 BP 仍無法清理嚴重漏油汙染，導致歐巴馬總統聲望首度急速下跌，遭到議員、媒體及大眾批評是無能無作為。歐巴馬總統始慎重宣布 BP 漏油事件屬國家級的 Spill of National Significance (SONS)，應變單位包括：國土安全部 (DHS)、國防部 (DOD)、環保署 (EPA)、國家海洋及大氣總署 (NOAA)、海岸巡防隊 (USCG)、路易斯安那、密西西比、阿拉巴馬和佛羅里達等州政府，緊急動員至少 6 個部門，以龐大的國家一級應變措施因應，至 2010 年 6 月始控制住世紀環境災難。

（八）民主方式的對外集體暴力、雙重標準

鴉片戰爭是在英國下議院投票通過的。道光 20 年 （西元 1840 年）4 月 7 日至 9 日，西敏寺內政治菁英激辯 3 天，當時民主最進步的國家——大英帝國的國會議員以 271 票對 262 票，9 票之差，通過令 Palmerstone 內閣對中國開戰的決定，20 艘戰艦開往華南沿海，原因為林則徐在廣州禁止又焚燒英國貨物：鴉片。這場戰爭不只是出於維多莉亞女王 (Queen Victoria) 的意志，亦是超過 530 位民選議員經過實質討論、具體投票的民主程序所做出的歷史性決定。

不只是十九世紀民主先進第一大強權英國以民主方式出兵攻打不欲與之正式交往的國家，二十一世紀民主先進第一大強權美國亦然。2003 年 3 月美國總統小布希決定攻打伊拉克時，廣受美國民意近八成的支持，20 萬大軍開往波斯灣，後來美國國會參、眾兩院也都認可這項決定，追加軍事預算。在一、二次世界大戰之後，國際間已視戰爭為非法行為，除非遭到攻擊或進行集體防禦，國家不得對外訴諸戰爭作為手段。這兩項條件在美伊之間都不成立。聯合國安全理事會並沒有通過以武力攻打伊拉克的提案，在安理會投票前夕，美國代表

撤案，甘冒全球輿論之大不諱，逕行出兵伊拉克。這是一場國土未遭
到攻擊或攻擊威脅、也未取得聯合國授權的侵略戰爭。戰後美國民意
普遍後悔，歐巴馬總統上臺第一個重大決定便是自伊拉克撤軍。

第三章

第三波民主與茉莉花革命

第一節 第三波民主：民主轉型、民主鞏固、政黨輪替

在人類歷史長河中，自西方啟蒙運動破封建皇朝觀念的 300 年來，無論在思想或制度上，自由主義在政治上的成果是一步步朝民主化邁進。哈佛大學政治學者杭廷頓於 1991 年發表的《第三波民主化》(*The Third Wave: Democratization in the Late Twentieth Century*) 一書中，再將這歷史長河切成 3 塊，指出現代民主政治有三波的興盛時代：第一次民主化是長波，以美國獨立及法國大革命為開端，從十九世紀初至二十世紀初，民主化浪潮持續逾百年。第二次民主化是短波，第一次及第二次世界大戰時，民主化浪潮中場休息，然後從戰後至 1960 年代。第三波民主化主要發生在兩處：一處是威權體制國家轉型到民主制度，從 1974 年葡萄牙政變開始，包括臺灣與南韓，此波民主革命帶動 30 多個國家進行政治變革。

1974 年時，全世界只有 39 個民主國家，至 1997 年時已有超過 30 多個國家轉型為民主制度。第三波民主化另一強波在歐陸社會主義陣營，經歷幾次挫敗後，柏林圍牆崩潰前後的 1980 年末至 1990 年代，發生在蘇聯及東歐國家的民主化浪潮，是二十世紀晚期最重要的政治趨勢，華人媒體及學政界稱為「蘇東波」。根據「自由之家」(Freedom House) 的民主自由評比報告，1998 年時，全世界約有一半的國家（192 個當中的 88 國）是全自由的；有 53 個國家半自由；有 50 個國家是不自由的國家。2005 年時，自由之家的民主自由評比報告指出，全球普遍選舉式的民主國家有 119 個，占全球國家總數的 62%。亦即二十一世紀初已有超過六成的國家實施民主制度。然而，至 2016 年時，「自由之家」年度報告卻悲觀指出，過去 10 年，在政治權利、公民自由、言論自由與法治方面，全球呈現倒退現象，尤其是北非及中東。一度被看好的茉莉花革命 (Révolution de jasmin)，終究是曇花一現。

　　民主不只是一夕變天、選舉投票而已。民主是持續進行並充實內涵的過程，實質而持久的結構性調整，從威權解體、秩序建構到順利轉型與鞏固，才能算是民主化改革。民主化改革進程要發生並且成功有其先決條件，杭廷頓從第三波實行民主國家的變遷模式探究民主化發生的原因，歸納出 5 項因素：

一、經濟發展與經濟危機

　　經濟發展與民主化之間存在重要關聯性，威權體制政府進行經濟改革，實施經濟自由化政策，提升人民生活水平。經濟發展的同時，造成公民權利意識深化、教育程度普遍提高、中產階級形成，進一步要求政治改革。

二、合法統治權威的衰落和政績的困局

　　當民主理念逐漸成為普世價值觀與界定統治權威是否正當的標準，威權統治的統治合法性開始遭到挑戰與質疑。在正當性逐漸鬆動崩解的情況下，許多權威政策面對廣大社會的認同危機及政績困局，統治領袖面臨關鍵抉擇。

三、宗教：基督信仰的影響

　　基督信仰強調個人尊嚴與政教分離，基督的無形力量不僅鼓舞許多爭取民主的人們信心與勇氣，基督教會也經常在關鍵時刻以組織行動為民主運動發揮力量，在民主化過程中扮演積極的角色與正面的功能。

四、國外行動者的影響

　　外部勢力常為推動民主化提供重要且實質的助力，在全球化影響力日趨增加下，國家逐漸被國際規範所設定的價值約制，諸如美國、歐盟、梵蒂岡教廷都有一定的影響力，直接或間接介入干預。

五、滾雪球效應

　　滾雪球的效應是指透過通訊與運輸科技及媒體傳播效果，使得一國的民主行動與政治動態的資訊，能讓全球人民瞬間同步接收，此種效果大舉提高民主擴散連鎖的骨牌效應 (domino effect)。

　　在民化化過程中，政治菁英的選擇與行動至關重要，尤其是威權執政集團（有保守的強硬派與務實的改革派），與反對團體（有溫和漸進派與激進抗爭派）。引導民主化成功的關鍵，主要有 3 種過程：

1. 變革 (transformation)：執政菁英率先主動實現民主，為民主化成功的力量；
2. 置換 (replacement)：反對團體催促實現民主，威權政權垮臺或被推翻；
3. 移轉 (transplacement)：執政集團與反對派菁英兩者採取聯合行動而實現民主。

　　在威權體制轉型為民主政治的過程中，第一次的政黨輪替有歷史象徵意義，第二次的政黨輪替才實質代表選民充分地尊重民主制度，並在敗選後能平和地交出職位和權力，亦即通過「兩次輪替考驗」(two-turn-over test)，民主制度才得以確立。不只是民主轉型，成熟深化的民主體制還必須經過民主鞏固階段。民主鞏固涉及三個層次：選民行為、政黨態度與憲政體制，也就是說，當民主已深化到社會、制度、甚至心理的全面認知，並且成為政治行為者行動時的考量因素，民主政治才能獲得鞏固。

　　在第三波民主化浪潮中，臺灣的民主化過程雖有美麗島事件的挫敗，但壓制後反撲的民主化力量驚濤駭浪、亂中有序，上述「變革—置換—移轉」交互發生，終至順利完成（請參表 3–1）。比較起來，在中東歐的民主化過程顯得較為艱辛。二十世紀末結束冷戰的民主浪潮，以區域性的方式擴散產生骨牌效應。從最初 1989 年啟動的東德柏林圍牆倒塌到蘇聯解體的「蘇東波」、中歐捷克斯洛伐克的「絲絨革命」，接續到東歐烏克蘭的「橘色革命」、喬治亞的「玫瑰革命」以

及吉爾吉斯的「鬱金香革命」，皆是聚集在前蘇聯及其中亞中東歐等
衛星國家。中東歐民主化經過 20 多年，民主化成果呈直線型「北穩
定、南隱憂」的分野：波蘭、捷克、匈牙利的憲政體制穩定發展，民
主鞏固，不致再走回頭路。這與波、捷、匈 3 個國家屬天主教信仰且
在共產統治時期便出現自由化運動有關。匈牙利 1956 年發生抗暴事
件、捷克 1968 年發生「布拉格之春」、波蘭在團結工聯率領及天主教
勢力引導下發生多次工潮；而羅馬尼亞、保加利亞、斯洛伐克、克羅
埃西亞等國屬東正教範圍，民主體制較為脆弱，社會不安，民粹主義
盛行。巴爾幹半島南部混著東正教與伊斯蘭教，諸如阿爾巴尼亞、波
斯尼亞、馬其頓、塞爾維亞和蒙地內哥羅等國，政局混亂或一黨獨
大，內部宗教與民族矛盾與衝突不斷，民主化果實苦澀難嚥。

表 3-1　臺灣政治民主化歷程表（1946-2016 年）

時間	臺灣重要政治發展事件
1946.2	光復後第一次地方選舉，各級民意機關經由選舉產生
1946.4.15	成立臺灣省參議會
1949.5.19	中華民國臺灣省政府主席兼臺灣省警備總司令陳誠頒布《戒嚴令》，宣告自 1949 年 5 月 20 日零時起在臺灣省全境實施戒嚴。人民基本人權，包括集會、結社、言論、出版、旅遊等權利被剝奪或限制
1950.9	頒布《臺灣省各縣市實施地方自治綱要》
1969.12.20	中央民意代表增額補選，首次舉辦中央級民意代表選舉
1978.12.16	美國政府告知即將終止與中華民國政府的外交關係，蔣經國總統行使《臨時條款》的緊急權力，宣布即日起停止一切選舉活動
1979.12.10	以《美麗島》雜誌社成員為核心的「黨外人士」於國際人權日聚集高雄市示威遊行，要求國民黨恢復選舉及解除戒嚴，隨後遭軍警全面鎮壓逮捕，為二二八事件以來，臺灣規模最大的人民政治集會與暴力衝突
1986.03.29	國民黨召開第十二屆三中全會，獲致推動政治改革的共識
1986.09.28	民主進步黨成立
1986.10.15	國民黨中常會決議優先進行「解除戒嚴」、「開放黨禁」2 項議題

1987.06.23	立法院三讀通過《國家安全法》
1987.07.15	蔣經國宣布解除長達 38 年的《戒嚴令》
1988.01.01	解除報禁
1988.01.13	蔣經國總統逝世，副總統李登輝依《憲法》繼任總統，也是第一位臺灣籍國家元首
1988.01.20	《集會遊行法》修正通過
1988.02.03	國民黨中常會通過《第一屆中央民意代表退職辦法》的 4 項原則
1989.01.20	立法院三讀通過《人民團體組織法》，黨禁開放
1989.01.26	立法院三讀通過《選罷法修正案》、《第一屆中央民意代表退職條例》
1989.12.02	舉行「增額立委」選舉，一般視為第一屆立委選舉，與縣市長、省議員選舉同時舉行，是臺灣解嚴後的首次重要選舉
1990.04.18	國民黨中常會通過第一屆中央民意代表分三階段退職辦法
1990.05.20	李登輝由國民大會選出，就任第八任總統，任期 6 年。李登輝同時提出政治改革時間表
1991.04.22	第一次《憲法》修改：國會全面改選
1991.05.01	終止動員戡亂時期，並廢止《動員戡亂時期臨時條款》
1991.05.22	廢止《懲治叛亂條例》
1991.06.03	廢止《戡亂時期檢肅匪諜條例》
1991.06.29	取消《違警罰法》對輕罪的處罰，恢復《憲法》對人身的保護
1991.12.31	所有資深中央民意代表於此日終止行使職權
1992.05.28	國民大會第二次修憲，總統確定以民選方式產生
1992.05.16	修正《刑法》第 100 條
1992.12.19	第二屆立法委員全面改選，臺灣第一次全面直選更新立委
1993.08	軍隊去政黨化（重要將領退出政黨活動，不得參加政黨內部會議）
1994.07.28	第三次修憲：總統、副總統由中華民國自由地區人民直接選出
1994.12.03	臺灣省省長、臺北市、高雄市 2 市長改由人民直選。國民黨贏得臺灣省長和高雄市長的選舉，民主進步黨則贏得臺北市長的選舉
1995.12.02	立委選舉國民黨獲得 85 席，得票數為歷屆選舉新低點；民進黨獲 54 席，略有增長；成立僅 2 年的新黨異軍突起，獲 21 席

1996.03.23	臺灣首次總統人民直選，國民黨候選人李登輝以 54% 得票率贏得大選
1998.12.05	第四屆立委選舉。本屆立委席位增至 225 人。國民黨獲得 123 席，席次過半
2000.03.20	民主進步黨候選人陳水扁以 39.3% 得票率贏得總統大選
2000.05.20	臺灣首次政黨輪替，執政半世紀的國民黨政權和平轉移至民進黨
2001.12.01	立委選舉。民進黨席次雖未過半，但擁有 87 席成為國會最大黨。國民黨僅得 68 席，首度失去國會絕對優勢。親民黨異軍突起，獲 46 席
2004.03.19	陳水扁以 50.11% 得票率贏得總統大選連任成功，得票數 647 萬票，比 2000 年多出 150 萬票
2004.12.11	立委選舉。民進黨獲得 89 席，為國會最大黨，但仍未過半
2008.01.12	第七屆立法院改採單一選區兩票制，席次由原先的 225 席減半至 113 席，委員任期由 3 年改為 4 年。國民黨贏得過半數 57 席，民進黨僅得 13 席
2008.03.22	國民黨候選人馬英九以 58.45% 得票率贏得總統大選，得票數近 766 萬票比民進黨候選人多出 220 萬票
2008.05.20	馬英九就任中華民國第十二屆總統，臺灣完成二次政黨輪替
2010.11.11	最高法院判處前總統陳水扁 2 貪汙案分別 11 年及 8 年定讞
2012.01.14	馬英九以 51.6% 得票率贏得總統大選連任成功，得票數比 2008 年減少 70 多萬票，得票率也減少 7 個百分點。國民黨贏得過半數 64 席，民進黨得 40 席
2012.05.20	馬英九就任中華民國第十三屆總統
2014.11.29	臺灣舉行地方公職人員選舉，是中華民國政治史上最大規模的地方選舉，俗稱九合一選舉。執政的國民黨遭遇重大挫敗，由選前 4 都 11 縣市首長執政，驟減至 1 都 5 縣，勝選的民主進步黨則由選前的 2 都 4 縣，擴增至 4 都 9 縣市。臺大醫院醫生柯文哲素人參政，當選臺北市長
2016.01.16	同時舉行總統選舉及立委選舉。民進黨總統候選人蔡英文以超過 689 萬票當選總統，得票率 56.12%。臺灣進入第三次政黨輪替，蔡英文成為臺灣史上首位女性最高統治者。民主進步黨獲立委 113 總席次的 68 席，行政立法皆為多數，完全執政
2016.05.20	蔡英文就任中華民國第十四屆總統

資料來源：作者自製。

　　南韓跟臺灣一樣以平和穩定、漸進深化的方式完成民主轉型並且鞏固，順利度過威權懷舊及轉型陣痛，成為第三波民主化理論與模式的典範。南韓軍人獨裁的威權政體從韓戰之後近 30 年，受到全球民主化的連鎖效應與市民社會、反對勢力在體制外的激烈衝撞等影響，南韓軍事威權政體的合法性與正當性面臨空前的挑戰。就如同臺灣的美麗島事件一樣，南韓有光州事件，是歷史悲劇但其後續效應也是導致民主化的轉折點。光州事件造成的軍民對立成為裂解軍人威權體制的催化劑，1987 年 6 月，在全斗煥政權正當性面臨空前危機時，其欽定的繼任者盧泰愚發表著名的《六二九民主化宣言》，決心推動政治改革與民主制度，全斗煥軍事獨裁政權告終。此宣言被視為南韓民主化的發軔，象徵南韓威權政體正式瓦解，文人民主政體自此展開。在《六二九民主化宣言》為基礎的後續改革下，南韓漸進完成從軍人統治過渡到文人治理的民主轉型工程，在 1990 年代中期正式成為民主俱樂部的一員，民主鞏固。北韓自建政以來以「主體思想」立國，號稱追求自立更生，堅決阻隔西方與外界影響力作為國家政策，民主化過程尚未啟動，完全在民主化行列之外。

　　如果說中東歐民主化運動背後的宰制者是專制蘇聯，蘇聯解體後中東歐民主化過程的指導者是歐洲聯盟，那麼臺灣民主化政局背後的指導者就是民主美國。更深層的是，臺灣自 1987 年解嚴之後啟動一連串政治民主化改革，由下而上、上下呼應地不斷推動與催化民主改革，歷經解除報禁、黨禁、國民大會及立法委員改選、省長民選、國會定期改選等，整個過程激昂但幾乎零暴力。臺灣多元媒體監督政府、反應民意，快速的經濟發展與平均的所得分配，公民社會茁壯成熟，為民主化順利進行提供充分有利的社會基礎。朝野菁英多數具民主價值之共識，衝突中妥協，終於終結威權體制，朝民主化具體落實邁進。

　　1996 年臺灣進行第一次總統直選，最高統治者從此接受民意考驗與授權；2000 年第一次總統層次的政黨輪替，掌權逾半世紀的國民黨和平交出政權；2008 年第二次政黨再輪替，選民依自由意志更換不適

任的執政黨。同時，臺灣人民也被賦予公民投票權利，民主體制日趨
完備，堪稱華人世界全面實施民主體制的國家。20 年間，臺灣完成民
主化政治工程；2016 年 1 月甚至民選出女性總統，全面取得西方 300
年努力才擁有的民主果實。

　　民主化浪潮也湧向服從威權、保守的東南亞，但成果不一，很難
擺脫貪汙魔咒。菲律賓最早在 1986 年浩浩蕩蕩寫下歷史，以人民力
量推翻馬可士總統的貪汙政權。後來人民選出的艾斯特拉達總統貪汙
下臺、也是民選的艾若育女總統卸任後也因貪汙入獄。菲律賓的民主
化仍停留在選舉的形式上，過程常常發生暴力。印尼蘇哈托執政長達
32 年之久，利用軍隊、戈卡爾黨，建立了個人威權式的統治，1998
年蘇哈托在社會群眾長期反對抗爭和國際社會的壓力下被迫下臺。自
此印尼社會力量湧現，大小政黨成立，梅加瓦蒂 (Megawati
Sukarnoputri) 擔任總統後，繼續推動民主化進程，2004 年印度尼西亞
舉行獨立以來的首次總統直接選舉。

　　2004 年也是馬來西亞民主重要的一年，該年舉行馬來西亞 5 年一
度的國會大選，是前總理馬哈迪 (Mahathir Mohamad) 執政 22 年後，
交出政權的首度大選。以巫統為首的執政聯盟國民陣線以獲得超過聯
邦議會四分之三的壓倒多數議席贏得大選，過程順利，巫統在與他黨
合作下分享統治權力。新加坡是個特例，具備多黨體制的形式、公開
合法程序的議員選舉，長期執政的人民行動黨始終能獲得穩定的壓倒
性多數選票，逾半世紀保持一黨獨大地位。新加坡有著東南亞國家的
強人政治及家族政治色彩，但卻也有別於東南亞的清廉零貪腐、均富
有效率，是介於權威體制與民主政治之間的特殊政體模式。

　　東南亞最新出現的民主化進程是緬甸，1990 年緬甸舉行全國大
選，最大的反對黨全國民主聯盟以壓倒性優勢獲勝，但軍人政府拒絕
承認，領導人翁山蘇姬 (Aung San Suu Kyi) 還遭軟禁逾 15 年。2010
年 11 月緬甸舉行 20 年來首次多黨制選舉、釋放翁山蘇姬。自我孤立
於國際社會逾半個世紀的緬甸還開放外國經貿投資，軍政府也陸續解
禁長期封鎖的媒體、大幅度放鬆新聞審查制度。翁山蘇姬於 2012 年

4 月高票當選國會議員補選，重返緬甸政壇，進入體制內改革，為緬甸邁向自由民主化之契機。

　　非洲國家自 1960 年代展開去殖民主義 (de-colonialism) 獨立運動以來，第三波民主化浪潮於 1990 年代初期席捲非洲大陸，步入民主化進程至今約 20 年。非洲國家長期以來的部落主義、強人政治及獨裁執政現象，逐漸被有任期限制的民選總統所取代及更替。諸如西非的幾內亞、布吉納法索、象牙海岸三國同時在 2010 年 11 月舉行總統直接選舉。非洲固然有部分國家已達成民主鞏固，但大部分仍尚停留在民主轉型甚至民主逆流的階段。 根據聯合國 「人類發展指標」(Human Development Index)，極端貧困的國家幾乎全數是撒哈拉沙漠以南的非洲國家。而前述的「自由之家」2010 年年度民主自由評比報告指出，全球民主自由化連 5 年受挫，這是「自由之家」發布報告 40 年來持續最久的大倒退。尤其在撒哈拉沙漠以南的非洲民主化進程嚴重衰退，此情況至 2015 年仍未改善。由於缺乏民主經驗及成熟的公民社會、社會貧窮與經濟改革不彰、菁英多數不具民主價值，使得非洲國家即便已有形式上的民主選舉，但是否能夠走向實質的民主鞏固階段，仍然脆弱且令人存疑。

第二節　阿拉伯世界的茉莉花革命

　　上個世紀從 1970 年代開始至 1990 年代的第三波民主化席捲東亞、南亞、東南亞、中南美洲、中東歐乃至非洲。阿拉伯世界卻幾乎聞風不動，是個特例。阿拉伯伊斯蘭教文明宗教上的排他性已具千年文化傳統，延伸到社會面及政治面根深蒂固，峻拒外來勢力的影響。這種全面的排他性有著堅實的社會心理基礎，很難撼動。直到二十一世紀第一個十年仍是如此。根據 「自由之家」 民主自由評比報告，2010 年世界 45 個不自由的專制國家，有 27 個屬於伊斯蘭教國度。47 個僅一部分自由的半專制國家中，有 16 個屬於伊斯蘭社會。從北非地中海沿岸到西亞整個區域中， 除以色列之外， 沒有實質民主的國

家。諸如沙烏地阿拉伯及阿拉伯半島上的小公國與酋長國、阿爾及利亞、突尼西亞、摩洛哥、葉門、黎巴嫩、敘利亞、科威特。埃及與土耳其雖然形式上有舉行民主選舉，幾乎都是強人長期執政，並以制度限制反對勢力發展、人民集會權利與媒體監督權利，最多只能算是競爭性威權政體，此現象至 2015 年仍未改善。此外，中東阿拉伯世界與伊斯蘭國家高度重疊，但不完全一致。中東的伊朗（波斯人）、以色列（猶太人）兩個非阿拉伯民族的國家都具備民主制度；東南亞的印尼、馬來西亞屬伊斯蘭社會，但具備民主制度。

美國籍阿拉伯裔的學術巨擘薩伊德 (Edward W. Said) 有一系列的專書深度討論西方「外在因素」對中東阿拉伯的滲透影響、印象與形象形塑（如《東方主義》、《文化與帝國主義》、《遮蔽的伊斯蘭》等）。另外，普林斯頓大學的中東權威路易斯 (Bernard Lewis) 所寫的《哪裡出了錯？》(What went wrong?) 則深入探討阿拉伯伊斯蘭社會現代化進程遲緩受挫、恆常與西方價值衝突的「內在因素」。有幾個根本因素使得中東阿拉伯國家的威權體制得以長期維持穩定並拒斥民主自由體制：

一、宗教上的特殊性與凝聚力

阿拉伯國度有著獨特文化與宗教至上的氛圍，自中世紀以來對自我和異己的認知分明，自認其文明成就位居最前端，他者的世界是不相容的異教徒；西方的興起只是近 200 年的短暫現象，該做的不是屈服西方異教世界，而是復興伊斯蘭。

二、石油財富消弭改革力量

源源不絕的石油輸出帶來豐富的財政資源，使得中東伊斯蘭社會缺乏由上而下啟動改革誘因。許多阿拉伯威權型政府不僅有龐大的安全部門，而且既得利益分配體系穩固，因財力雄厚強化國家官僚權力、化解社會抗爭的自主性。

三、民間缺少由下而上催促的動能

統治者常收買社會菁英並反制反對勢力的生成，不給予民眾政治參與的機會。此外，由於統治者向民眾低度徵稅，某種程度也讓百姓服順。

四、外部因素消極卻關鍵

美國為獲取石油的穩定來源經常扶植且支持中東阿拉伯國家的獨裁政府（伊拉克除外）；阿拉伯獨裁政府也常透過反對以色列作為共同訴求，直接強化內部的凝聚力而達到對社會的政治控制。

上述理由多方進行下，中東伊斯蘭國家的民主化運動一直不被期待，成果比非洲還索然，第三波民主化似乎在中東歐社會主義陣營政治革命之後就逐漸奄息。直到 2010 年底的「茉莉花革命」浪潮爆發，才又掀起另一波民主化運動性大浪潮的趨勢與「第四波民主」的臆測。

在中東茉莉花革命浪潮中，有另外一個深具時代意義的新因子，阿拉伯社會因手機、電腦即時新聞以及社群網站諸如：Line、Facebook、Twitter、Plurk 的興起，讓相對封閉且遙遠的異域，可隨時瞭解他方動態並與之立即互動，大幅提升社會運動的方便性與即時性，效果驚人到埃及政府在示威的第一時間便癱瘓國內網路與手機連線。1980 年代以來的資訊革命引起社會生活方式的急驟變化，號稱第三次工業革命，網路的傳遞訊息與動員力量在二十一世紀初茉莉花政治革命中發揮重大影響力。

2010 年底從突尼西亞到阿拉伯半島，許多民眾紛紛走上街頭抗議政府的長期獨裁貪腐，要求政治經濟改革的浪潮在北非與中東的阿拉伯風起雲湧，許多政治觀察家及媒體臆測，阿拉伯伊斯蘭世界是否會出現類似中東歐共產政權相繼垮臺的骨牌效應（請參表 3-2）。除了上述資訊革命之外，北非和中東的共同社會現象造成茉莉花革命浪潮形成：

1. 人口快速增加，嬰兒潮從未衰退；
2. 物價上漲及失業率飆高雙重壓力，社會痛苦指數居高不下；
3. 年輕人快速接受西方資訊但又缺乏政治參與，不安於停滯的政治現狀；
4. 民眾對長期執政獨裁者及其親族聚斂財富的不滿情緒累積溢滿，終至引發阿拉伯世界政經改革的強力訴求。

　　從 2010 年底至 2012 年底，為期 2 年的阿拉伯政治革命初步成就的光譜差距頗大，有的走向初步民主化進程，也有軍人干政、社會紛亂、宗教極端主義興起、甚至內戰等後果：

一、突尼西亞開革命第一槍，初步成功

　　2010 年 12 月 15 日，突尼西亞一名大學畢業的 26 歲失業青年在路旁擺水果攤，警察以無照擺攤為由沒收蔬果，年輕人憤而自焚，隨即引發大規模街頭示威遊行，反對專制統治 24 年的總統班阿里 (Zine el-Abidine Ben Ali) 貪腐政權，要求民主改革。群眾聚集示威發生流血衝突，演變成人民力量激烈行動，推翻專制政權，逼迫班阿里下臺。班阿里倉皇出逃流亡沙烏地阿拉伯，2 個月後突尼西亞舉行大選，順利產生新政府。這是阿拉伯伊斯蘭世界第一場因人民自發性力量推翻專制政權的政治革命，因茉莉花是突尼西亞國花，所以被稱為「茉莉花革命」。

　　突尼西亞的第一波革命浪潮旋即從北非摩洛哥、阿爾及利亞、利比亞、埃及，湧向沙烏地阿拉伯、約旦、葉門、阿曼、巴林、卡達、約旦河西岸及加薩走廊、伊拉克，歷經十餘個國家，各王宮及統治權貴對反政府的示威群眾皆嚴陣以待。

二、埃及人民力量推翻「最後的法老王」

　　埃及的情況和突尼西亞很類似，經濟不景氣，政府充斥貪官汙吏，人民缺乏表達對政治制度不滿的機制。當時的總統穆巴拉克 (Hosni Mubarak) 已 82 歲，號稱埃及最後的法老王，鐵腕統治長達 30

年，還想於 2012 年再連任。穆巴拉克在民眾示威抗議的第一時間拒絕下臺，但隨著情勢越發惡化，終於被迫交出政權，並接受歷史性審判，遭判無期徒刑。

歐盟作為埃及民主化最有影響力的外部因素，在這段期間始終支持埃及的民主化進程。經過 20 個月的動盪，2012 年埃及舉行首次具民主意義的總統大選， 在二輪決選中過半數當選者為穆斯林兄弟會 (Muslim Brotherhood) 的領導人穆希 (Mohamed Morsi)，穆希成為阿拉伯世界最大國家的第一位具民主意義的總統。這位留學美國、深具伊斯蘭宗教背景的新總統是否能帶領埃及順利走向民主轉型與民主鞏固，還是延續與軍方私下共享政權的傳統？是持續穆巴拉克親美外交路線，抑或否定西方價值、走向反猶宗教極端主義？仍是未定之天。

三、利比亞裡應外合，終結強人獨裁政權

利比亞軍事強人格達費 (Muammar Gadaffi) 執政長達 41 年，是北洲和中東國家在位最久的領導人。格達費對突尼西亞總統班阿里及埃及總統下臺反應激烈，堅拒下臺交出政權。面對人民示威及反叛軍的軍事行動，格達費自始即孤注一擲，血腥鎮壓示威群眾及反對勢力，使國家及首都陷入戰亂。

利比亞情況與突尼西亞和埃及不同的是外部勢力的強勢干預：聯合國安理會於 2011 年 2 月以 15 票全數贊成通過決議案，一致譴責利比亞武力鎮壓反政府示威活動，並制裁格達費家族；以美、法、英為首的北約還公開要求格達費下臺、 承認並提供武器來支持反抗軍政府，還進行陸海空襲擊，發動數波空襲轟炸首都迪黎波里的格達費官邸、特種部隊潛入利比亞境內、潛艇及空中偵查機配合戰事進行。直到 2011 年 10 月格達費遭反抗軍擊斃身亡，「國家過渡委員會」 得到國際和聯合國承認。經過 20 個月的過渡期，利比亞於 2012 年 7 月舉行歷史性首次國會議員大選，是國家重建與民主長征的里程碑。

四、葉門民主化初階勉強進行但體質脆弱

葉門是阿拉伯世界最貧困的國家，有近半數人口每天生活費用低於 2 美元。2011 年初茉莉花革命浪潮湧現，年輕人和反對派激烈示威抗爭、爆發警民流血衝突，要求獨裁者總統薩利赫 (Ali Abdullah Saleh) 下臺。薩利赫總統倉皇出逃到沙烏地阿拉伯，後來在利雅德簽署協議，以和平方式將總統職權轉移給副總統，結束長達 33 年的統治。薩利赫的下臺是阿拉伯民主化浪潮以來，第四個下臺的國家元首。薩利赫總統下臺後，葉門於 2012 年初舉行總統大選，僅副總統哈迪 (Abed Rabbo Mansour Hadi)1 人參選並過半數順利當選總統。連諾貝爾和平獎得主葉門的女權運動家卡曼 (Tawakkol Karman) 女士都呼籲葉門選民支持哈迪。

然而葉門自 1994 年南北統一以來，分離勢力「南方運動」仍然興盛、社會經濟遲緩民生凋蔽。伊斯蘭教為國教，什葉派的載德教派和遜尼派的沙裴伊教派各占 50%，宗教極端主義活躍。這三個政治、經濟、社會的基本結構，都將弱化葉門的民主化發展。

五、敘利亞政治衝突暴力，民主化初級階段大倒退

敘利亞總統巴夏爾阿塞德 (Bashar Assad) 繼承父親老阿塞德 (Hafez Assad) 的權位，在 2000 年就任初期就曾進行一系列政治改革，諸如釋放政治犯、放寬言論自由、修改憲法及選制，使一黨制為多黨制、總統改任期制，廢除其父的總統終身制等一系列政改措施，曾被稱為將敘利亞轉變為民主政體的「大馬士革之春」。但自 2011 年 3 月敘利亞爆發嚴重政治衝突，從社會運動演變成軍事衝突。最初是大規模反政府示威，後來演變成武裝衝突。聯合國表示至 2012 年 8 月，敘利亞內戰已經有超過 3 萬人死亡。這是中東以阿衝突之外，最大的流血傷亡事件，比格達費末期的利比亞內戰更為嚴重。

就外部勢力而言，俄羅斯是對敘利亞阿塞德政權唯一具有影響的國家。西方美、英、法、德和阿拉伯國家透過聯合國安理會及阿拉伯

聯盟從中斡旋，並要求敘利亞總統阿塞德參照穆巴拉克一般下臺，阿塞德斷然拒絕且下令政府軍強力回擊武裝好戰分子。有點類似利比亞模式，西方國家與阿拉伯聯盟率先承認反對派「敘利亞全國委員會」是「追求民主和平變革敘利亞人民的合法代表」，公開對其外交支持及提供武器。外部勢力的介入使敘利亞政治情況更加持續紛亂，無任何一方具壓倒性力量，甚至導致另一股叛亂勢力「伊斯蘭國」(Islamic State) 壯大，進行中東及歐洲恐怖攻擊，這已與當初社會的民主要求無關，「大馬士革之春」也成為歷史殘骸。

六、骨牌效應廣泛卻淺薄

　　非洲的第二大國阿爾及利亞軍政府自從 1992 年不承認大選結果並頒發緊急狀態以來，首都阿爾及爾禁止公開示威活動。茉莉花革命風潮湧現時，比鄰突尼西亞的阿爾及利亞很快便出現大規模民怨示威抗爭，還傳出自焚事件，但旋即遭到軍警鎮壓逮捕而奄息。茅利塔尼亞、摩洛哥、約旦、阿曼、巴林、蘇丹、科威特、黎巴嫩、沙烏地阿拉伯等國皆發生不同程度的抗議聲浪，但僅曇花一現，立刻都被壓制下來，各王室及統治階級成功保衛政權。

表 3-2　中東地區國家宗教及政治體制概況

國別	宗教信仰	政治體制	政治治理概況
巴林王國	伊斯蘭教（多數）	君主立憲	實施君主立憲制，人民有權參與國會選舉。200 多年來少數遜尼派王室統治著多數的什葉派
埃及阿拉伯共和國	伊斯蘭教（多數）、基督教	總統制	自 1981 年起進入緊急命令與戒嚴狀態，總統穆巴拉克執政長達 30 年。警察對異議者恣意逮捕及濫施酷刑。2011 年 1 月發生革命，2 月總統發表離職聲明，政權移交埃及武裝部隊最高委員會接管。2012 年 6 月民主投票選出埃及最大宗教團體穆斯林兄弟會的領袖穆希

伊朗伊斯蘭共和國	伊斯蘭教（種族為波斯人，非阿拉伯人）	伊斯蘭教共和國體制	政教合一，與多數極權政體不同，屬多黨制且有人民選舉制度。伊朗將神權和民主相結合成「伊斯蘭共和制」，是非常獨特的政體
以色列	猶太教（多數，種族為猶太人，非阿拉伯人）、伊斯蘭教（阿拉伯人）	內閣制	議會民主制，實行普遍選舉權
約旦哈什米王國	伊斯蘭教	君主立憲	世襲君主立憲制國家，國王是國家元首、三軍統帥，權力高度集中。設參眾兩院，實行多黨制
科威特	伊斯蘭教	君主立憲	君主世襲制酋長國，國王為國家元首，禁止政黨活動
黎巴嫩共和國	伊斯蘭教（多數）、基督教	總統制	議會民主共和國，在政治上政黨派系間仍有武裝衝突情事，2008 年成立新政府。依憲法規定立法權屬議會、執行權屬總統
阿曼王國	伊斯蘭教	君主世襲制	君主世襲制，禁止政治性集會、結社及遊行等普遍權利。媒體受嚴格監控
卡達	伊斯蘭教	君主立憲制	君主非民主制的酋長國。國王為國家元首，由阿勒薩尼家族世襲，禁止任何政黨活動
沙烏地阿拉伯王國	伊斯蘭教	君主制	政治與宗教合一。以《可蘭經》為憲法，以伊斯蘭「律法」治國
敘利亞阿拉伯共和國	伊斯蘭教（多數）、基督教	總統制	被美國和許多西方國家認為是支持恐怖主義國家；2011 年發生反政府示威，造成了重大的人員傷亡，2012 年 8 月仍動亂中，全面內戰瀕臨爆發、聯合國及北約軍事介入可能性提高
阿拉伯聯合大公國	伊斯蘭教	總統制	聯邦政體，由選舉產生總統和副總統。最高委員會並且選舉內閣和議會來管理國家

葉門共和國	伊斯蘭教	總統制	伊斯蘭律法為法源，總統以及國會雖由普選產生，但薩利赫總統獨裁統治逾 30 年。什葉派的載德教派和遜尼派的沙裴伊教派各占 50%，宗教基本教義派帶來政治紛亂
巴勒斯坦	伊斯蘭教	總統制	未正式建國，該地區仍處戰亂。宗教領袖政治影響力高過自治政府
阿爾及利亞人民民主共和國	伊斯蘭教	總統制	1992 年因政權之爭發生嚴重政治衝突，軍政府統治至今
利比亞	伊斯蘭教（多數）、基督教、天主教	反抗軍擊斃強人格達費後，新政體尚未確定	格達費時期為獨裁統治，新過渡政權於 2012 年 7 月舉行民主選舉產生新政府，自由派當選多數
摩洛哥王國	伊斯蘭教大主教、基督教	君主立憲制	人民有選舉國會議員的權利，但國王可以解散國會與任命總理
突尼西亞共和國	伊斯蘭教	總統制	長期實施專制統治，2011 年 12 月發生茉莉花革命推翻班阿里政權，由國民議會議長代理總統履行職權，2 個月後突尼西亞舉行大選，順利產生新政府
蘇丹共和國	伊斯蘭教遜尼派天主教、基督教、傳統信仰	多黨共和總統制	長期實施專制統治，於 2010 年舉行全國大選，但選舉公正性備受質疑。2011 年南蘇丹獨立，分裂為 2 個獨立國家
茅利塔尼亞伊斯蘭共和國	伊斯蘭教	總統制	2008 年以前，逐步實行民主制度，2008 年發生軍事政變，2009 年 7 月舉行總統選舉，治理模式仍待觀察
索馬利亞民主共和國	伊斯蘭教（遜尼派）	共和制	長年內戰，呈現無政府狀態
土耳其共和國	伊斯蘭教	內閣制	代議式民主，奉行多黨制。行政、立法、司法三權分立

賽普勒斯共和國	希臘東正教、伊斯蘭教	總統制	政治處於南北賽(希臘裔與土耳其裔) 分裂分治之狀態，人民有權參與選舉，內閣由總統任命。國際承認希臘裔政府為代表賽普勒斯之唯一合法政府

資料來源：作者綜合整理並增修自中華民國外交部網站，http://www.mofa.gov.tw/webapp/lp.asp?ctnode=1417&ctunit=30&basedsd=30&mp=1、及中華人民共和國外交部網站，http://www.mfa.gov.cn/chn/gxh/cgb/zcgmzysx/yz/。瀏覽日期：2011/11/11。

大哉問三　中國會不會出現茉莉花革命？

　　二十一世紀初始，民主的治理範圍與人口首次在世界上取得過半優勢。如此歷史變革的時代巨潮是否也會奔向中國？這是許多國際政治學者及媒體關注與臆測的議題。時間往前推早一個世代，其實伴隨中國對外改革開放以來，是否能「和平演變」(peaceful evolution) 就已是研究中國政經發展的推論重點。學政界樂觀期待中國隨著經濟改革日有進步，與國外經貿往來像是「特洛伊戰馬」般將自由民主的資訊與理念引渡到中國境內，加上興起的中產階級具高度權利意識，終至進一步要求民主改革，和平複製西方經驗。

　　然而，中華人民共和國政府抵抗過蘇東波巨潮而產生的六四天安門悲劇，也輕易閃過茉莉花革命的浪花。從以下幾點觀察，中國共產黨長期一黨獨大、寡頭菁英統治的地位似乎絲毫不受影響：

1.就社會動能與凝聚力而言

　　中東阿拉伯世界即便有民主制度也是非常脆弱，因為凝聚社會的共同價值是伊斯蘭宗教信仰，中國的社會凝聚力是求強求富的民族主義。這股穩定力量會使一般民眾敵視民主初期紛亂的表象。雖然中國也有嚴重貧富差距及官員腐敗等現象，但都還未能

集結成有效一致的反對態勢。知識分子也有著中國經濟改革乃百年難得機遇，應最為優先的強烈認知。

2.就執政菁英統治而言

雖然中國共產黨的政權性質乃封閉的黨內菁英私相授受，但其公共政策相對有效率，除了受一般老百姓肯定之外，中共還積極吸納社會組織力量，不論是「三個代表」邀請資本家入黨，或是積極在企業中組建黨員組織。此外，中共一黨支配型的威權政體的社會控制機制龐大而綿密，有效化解社會的不滿能量或阻止不穩定因子的發生，整個黨國體制嚴格監控社會網絡。例如維穩（維護穩定）政策的預算在 2012 年已逾 7 千億人民幣，連續 3 年超過國防預算，預計花費在警察、地方公安、武警、法庭、監獄及其他形式的公共安全支出。

另一個社會控制是對網路資訊的監控，至 2012 年中國已有 5 億網民、8 億手機使用者，中國中央宣傳部加強資訊網路管理及網上輿論引導機制，都在綿密管控電訊使用及資訊封鎖。然而，資訊革命的力量不是監控所能阻絕，例如微博和臉書傳輸速度有時快過管制。

總的來看，中國目前缺少從上而下的菁英政治改革，也缺乏從下而上的政治運動，更沒有上下承載、上下呼應的民主化初機。所以從中短期而言，中國要展開像茉莉花革命的民主改革機率是微乎其微。但就宏觀角度而言，人類朝民主政治方向前進的歷史潮流不可逆轉，民主制度與運作所蘊含的價值：社會個體的全然綻放，只會使國家整體更堅實強大。十九世紀保守主義靈魂人物、不遺餘力壓制自由主義與民族主義的奧地利帝國首相梅特涅(Klemens Wenzel ron Mettemich)，為其一生做註腳：「我像顆大岩石，一生無止無盡地與革命搏鬥，力圖阻擋時代巨浪，但終究被時代巨浪掩沒……」這段話很值得給中共領導階層一些省思。

第四章

憲政主義的內涵與發展

第一節　憲政主義內涵

一、何謂憲法？憲政主義與憲政運動

　　無論就一個國家的政治運作規範或政治學理議題，尋溯到最上游的依據通常就是「憲法」，尤其是民主法治國家，憲法甚至是一個新國家誕生的正式文件法律。憲法的英文為 "constitution"，字源意義為「組成」。制訂及頒布一套憲法以供全國最高法政運作源自於西方概念與實踐，希臘人在西元前 600 年便有城邦實施憲法的辯證與經驗，柏拉圖在《共和國》書中，提出理想國家一系列的憲政制度建構；亞里斯多德則在《論雅典之組成》(*On the Constitution of Athens*) 一書中，收集希臘半島 150 餘個城邦的法律政治組織，將各政體加以分門別類。舉凡一個國家的主權符號及組成要素（如國號、國旗、國體、國土、民族等）、國家的基本國策、人民的權利與義務、政府各機構的形成與權力、少數民族之保護等，皆是憲法的主要內容。憲法被視為國家的根本大法，有以下的特性：

（一）政治秩序之根本

　　憲法是一部政治的法，反映及規範國家的根本政治秩序。二次世界大戰後的日本與德國，國家重建秩序的第一步，便是制訂新憲法。日本在美國將軍麥克阿瑟的主導下，不僅裕仁天皇發表《人間宣言》，欲重塑日本神之國的政治迷思，也直接制訂《和平憲法》取代天皇御賜的《大日本帝國憲法》（其中明訂「日本帝國是由萬世一系的天皇統治」），《和平憲法》第 2 章第 9 條明白規定：「日本國民永遠放棄為國家主權而發動的戰爭、武力威脅或使用武力作為解決國際爭端的手段。為達此目的，日本不保持陸海空軍和其他戰爭力量，不承認國家交戰權。」按此，日本只有自衛隊而無較積極的國防軍，將永不對外發動戰爭。《和平憲法》第 9 條成為日本總戰略思想最重要的文件，

是日本總結戰爭教訓後向世界做出的正式承諾。

日本安倍首相於 2015 年提出，並於同年 9 月獲參議院多數通過的《安全保障相關法》（簡稱《安保法》），雖遭在野黨及社會譴責為違憲，但仍於 2016 年 3 月起實施，正式解禁集體自衛權。日本政府自此可向國外派遣自衛隊支援國際和平任務、參與聯合國維持和平行動，以及與日本關係密切國，諸如美國受到武力攻擊，造成日本受到明顯危險處境，也可以行使集體自衛權。究竟，新《安保法》是讓日本成為正常國家，還是軍國主義復活？是造成亞洲局勢穩定還是不安？都仍有待觀察。

二戰後，同步進行的是西德《基本法》的制訂。有鑑於德意志民族統一建國後，將國家集體置於個人之上而造成浩劫，戰後西德頒布的《基本法》設計總原則便是限制及預防國家權力集中的政治程序。《基本法》第 1 條明文規定：「人性尊嚴不可侵犯，尊重及保護此項尊嚴是國家所有機構的義務。」 這項規定回溯到康德 (Immanuel Kant)「人應被當成主體，而非客體」的思想，人民不是工具，是目的，是政府施政的指標目的。此外，《基本法》第 93 條還特別設置聯邦憲法法院，希冀藉由至高的憲法裁判權，保障德國戰後的聯邦分權體制。

（二）法律位階最高

憲法也是國家法律最高階的根本大法，國家其他任何形式的法律（如民法、刑法等）皆不可違背憲法，一切的法律、法規、命令都要根據憲法原則而制訂，若牴觸憲法將不具效力，違憲的政策與行為不被容許。例如美國歐巴馬政府推行的全民健保法案是否違憲，一直引起民主黨與共和黨黨員的爭議，美國聯邦最高法院於 2012 年 6 月做出強制納保規定部分並未違憲的判決，爭議始告一段落。其他諸如聯邦各州是否允許同性戀婚姻、死刑、墮胎、安樂死等社會政策，也都在美國引起是否違憲的激烈議論。

臺灣司法院大法官於 2009 年 11 月做出釋字第 666 號解釋，表示

《社會秩序維護法》第 80 條的「罰娼不罰嫖」條款違反《憲法》的平等權原則，因此宣告該法條違憲，應於 2 年後失效。大法官宣布違憲後，行政院人權小組及內政部展開研議，於 2011 年 11 月完成相關法規修訂，授權地方政府劃設性交易專區，專區內娼嫖不罰，專區外娼嫖皆罰，符合大法官釋憲規定。

（三）國家主要機構的權限來源

憲法的另一個重要內容是政府的組織與中央及地方的權限。整個憲法規範中央政府權限的精神是：有限政府、權力分立且受制衡及監督。那是一套明確的遊戲規則，是主要機構與政治人物權力合法性的依據，並非私相授受。例如俄羅斯總統普丁擔任 2 屆總統後，受《憲法》連任 1 次之限制，卸任後當總理，總理任滿，又再參選並第三度當選總統。已經擔任 2 任的委內瑞拉總統查維斯 (Hugo Chavez)，在 2009 年 2 月公民投票通過修憲取消總統連任限制後，頗富眾望的查維斯自 2012 年起得以連選連任，經由憲法設計，即可能終身當萬年總統。普丁與查維茲開民主特例，但是合憲。

主要政府機構與政治人物若有自我擴權之嫌疑或事實，也受釋憲機關的裁定。例如美國總統小布希在紐約及華盛頓特區遭遇 911 恐怖攻擊後，立即下令靠近白宮及國會山莊的不明飛行物，一律擊落；還成立新的機構——國土安全部 (Department of Homeland Security) 及簽署《國土安全法》，以便統整聯邦緊急事務，這是《美國憲法》賦於美國總統保家衛國 (protecting the homeland) 的權力。同樣地，小布希對阿富汗及伊拉克發動所謂先發制人的「反恐戰爭」，先斬後奏，要求美國國會事後認可並追加預算，這也是《美國憲法》賦於美國總統的統帥權力。

李登輝總統在 921 大地震時，為有效救災並防止民眾赴災區遊覽，動用《憲法》賦予總統的緊急命令權，限制出入災區的人民自由遷徙權利。2004 年 3 月南韓國會破天荒通過總統盧武鉉彈劾案，要求盧武鉉立即停止一切職務，5 月南韓憲法法院裁決盧武鉉恢復總統職

權，駁回彈劾案。

（四）人民基本權利之保障書

　　與中央政府主要權力 (powers) 相對立的人民權利 (rights)，也是憲法的重要內容。舉凡人民權利的一般性原則，諸如自由權、平等權、受益權、生存權、生命權、工作權及參政權（選舉、罷免、創制、複決）。前述德國《基本法》立憲的根本原則是以「人」為目的，用國家公權力維護人的尊嚴與權益。誠如 1789 年法國大革命時頒布人類近代史的首份人權宣言——《人民暨公民權利宣言》所說：「不知人權、忽視人權或輕蔑人權，是造成人民不幸及政府腐敗的唯一原因，所以決定把自然的、不可剝奪的和神聖的人權，闡明於莊嚴的宣言之中。……凡是沒有保障人民權利和沒有明確分立政府權力的社會，就不算有憲法。」當代民主國家對人權的神聖宣言大都嵌於憲法當中，憲法不是高懸於廟堂冷硬深奧的文件，而是與人民命運休戚相關的基本權利保證書。

　　綜合以上各種特點，憲法有著至高無上的權威、神聖不可侵犯，應像皇后的貞操一般不容質疑。憲法是國家最高規範，掌權者、政府機關、主要政治人物、政黨都必須遵從，不得擅自逾越憲法所規定的權限。憲法審慎制訂、嚴謹修改，固定的持續性堅若磐石，才能成為國家法政秩序最高及最終的守護者。中華民國總統宣誓就職時，在立法院長（代表人民）及司法院長（代表法律）面前，隆重莊嚴許下如是承諾：「余謹以至誠，向全國人民宣誓，余必遵守《憲法》，盡忠職務，增進人民福利，保衛國家，無負國民付託。如違誓言，願受國家嚴厲之制裁。謹誓。」美國總統宣誓就職時，按照傳統手按《聖經》，也如此承諾 ："I do solemnly swear that I will faithfully execute the Office of President of the United States, and will to the best of my ability, preserve, protect and defend the Constitution of the United States."（余謹莊嚴宣誓，余必忠實執行美國總統職務，竭盡所能，保存、維護和捍衛《美國憲法》。）

第二節　憲法的解釋及修訂與臺灣七次憲改內容

一、憲法的解釋與修訂

　　既然憲法有如上 4 種神聖特性的根本大法，就應然面而言，憲法必須被法政各方永矢咸遵。然而就實然面，隨著大環境時代潮流演進與社會內部政經情勢改變，憲法亦受整體環境變遷的挑戰，必須做出解釋或修正的調整才能維持其國家法政秩序最高及最終守護者的地位。

（一）釋憲 (interpretation)

　　憲法既為國家的根本大法及最高規範，政策、法律或機關行為權限若牴觸憲法，皆為無效，若某項政策、法律或機關行為是否與憲法牴觸發生疑義時，必須予以解釋。在臺灣若有下列情形，可以聲請大法官解釋《憲法》：

1. 中央或地方機關，於行使職權時適用《憲法》發生疑義，或因行使職權與其他機關之職權發生適用《憲法》之爭議，或適用法律與命令發生有牴觸《憲法》之疑義時；
2. 人民、法人或政黨於其《憲法》上所保障的權利受不法侵害，經依法定程序提起訴訟，對於確定裁判所適用的法律或命令發生有牴觸《憲法》之疑義時；
3. 立法委員總額三分之一以上聲請，就其行使職權適用《憲法》發生疑義，或適用法律發生有牴觸《憲法》之疑義時。

　　各主要民主國家都有釋憲的專司機構，由地位超然的法官獨立行使職權，不受任何形式之干涉，依專業及自由心證做出憲法解釋或違憲裁定。他們是憲法具體的詮釋者，守護憲法的根本性與調適性，就像美國聯邦最高法院首席大法官休斯 (Charles E. Hughes) 的名言：「我們都生活在憲法之下，但憲法是法官說它是什麼它就是什麼。」(We are under a Constitution, but the Constitution is what the judges say it is.)

美國壟斷統一解釋命令、法律及《憲法》的最高權威是「聯邦最高法院」(Supreme Court)，各級法院在審判案件時，若合理確信法律有違憲時，可以聲請聯邦最高法院釋憲。由於美國修憲程序困難，聯邦最高法院因應《憲法》變遷的釋憲權力顯得尤為重要。美國聯邦最高法院在 2000 年時曾做出影響美國及全世界的歷史性裁決：2000 年 11 月美國總統大選關鍵性的佛羅里達州選票呈兩黨拉鋸，佛州最高法院裁決繼續有問題選票的重計工作，並且納入有效票的計算。進行中的結果對候選人民主黨高爾 (Al Gore) 有利，共和黨陣營遂上訴聯邦最高法院即刻裁決。聯邦最高法院在 12 月 9 日下令停止人工重計有問題的選票，並在 12 日做出裁決，認為佛州最高法院對大選選票由人工重算的決定違背《憲法》，應該終止。終止結果使得小布希當選總統。當時高爾的一段話深具意義：「我不同意聯邦最高法院的決定，但為了美國的民主與團結，我接受，我退讓。」 (While I strongly disagree with the Court's decision, I accept it ...... for the sake of our unity of the people and the strength of our democracy, I offer my concession.)

戰後德國 《基本法》 首開特例，設立 「聯邦憲法法院」(Bundesverfassungsgericht) 專門掌理《憲法》解釋；雖然法國《第五共和憲法》第 5 條規定總統職責第一項便是「監督《憲法》之遵守」，但法國也是由特設機關「憲法委員會」(Conseil constitutionnel) 專門掌理《憲法》解釋。

英國比較特別，不僅是不成文憲法，由樞密院負責解釋具憲法位階的各個文獻之解釋與適用。根據《中華民國憲法》第 78 條規定：「司法院解釋憲法，並有統一解釋法律及命令之權」，由司法院大法官以會議方式合議審理，負責解釋憲法的意涵及進行違憲審查。15 位大法官三分之二出席，出席人三分之二同意，釋憲案方得通過，大法官的解釋有拘束全國各機關及人民之效力（大法官另一職權是審理總統、副總統的彈劾案件）。

（二）修憲 (amendment) 與制憲

　　為了維持憲法的根本堅固性，修改憲法通常在程序及要件上皆為高門檻。基本上，隨著國家發展和時代變遷，啟動修憲工程應該維持三項要件：

1. 按照既存憲法所訂的程序與門檻來修憲；
2. 僅是「部分」條文的修訂；
3. 修訂的內容不得逾越憲法的精神與基本架構。

　　相對而言，若是憲法變遷的程度超出既存憲法規範、大部分條文修訂或廢止、憲法基本內容如國家的組成要素（國號、國旗、國體、國土、民族等）皆大幅變更，則屬於事實制憲行為。修憲與制憲的必要門檻無法具體量化、只能質化。修憲是法律行為，必須遵循憲法所訂程序為之；制憲是政治行為，反應現實狀況，是新國家成立的身分證，不受既存憲法拘束，例如 1950 年印度脫離英國殖民統治的其中一個法理動作便是制訂新憲法（號稱是世界最長的憲法），國家同時（對外）獨立又（對內）統一。制憲之外再更激烈的手段便是革命，全面推翻舊秩序，重新建構法、政、經、社秩序。比較特別的是法國自大革命以來，國家政體在王權與共和之間劇烈擺盪，每次重新制訂憲法時都有前一部憲法的遺緒，故《第一共和憲法》到《第五共和憲法》，可算是修憲與制憲的綜合體。難怪很多法國法政學者都認為，共和國的憲法換來換去，變更內容是政府組織與權限，而關乎人民權益的《人民暨公民權利宣言》（簡稱《人權宣言》）都會鑲嵌在新憲法前頭，那才是法蘭西永遠不變真正的憲法。

　　為了維持憲法的安定性，絕大多數國家修改憲法的程序門檻都相當嚴格。《美國憲法》第 5 章設計一套啟動修憲的雙重程序，由美國國會發起或聯邦各州發起。國會兩院必要人數三分之二以上多數可以提出憲法修正議案。美國三分之二以上的州要求國會召開修憲會議 (convention) 時，國會必須召集修憲會議。憲法修正案在獲得國會或者全國修憲會議通過後，還需要獲得四分之三以上的州批准後才能生效。國會有權選擇各州立法機關或者各州特別修憲會議來執行上述批准程序。

　　此外，美國與許多國家的修憲方式不同，美國國會或聯邦各州所提的《憲法》修正案並不直接對《憲法》本文進行修改，而是在《憲法》後面進行附加。即使《憲法》的原文有疏漏缺失或過時該被廢止，但仍不能被直接刪除或覆蓋，只能補充加掛，以保存美國原始《憲法》的神聖性。

　　法國的《憲法》修正案可以由總統提出或國會議員提出，國會只要按一般立法程序二分之一同意通過即可。但按照慣例，比較次要的修憲案才會循此國會途徑，較為重要的修憲條文或與《憲法》相關的國際條約，法國總統均直接訴諸公民投票表決。

　　按照《中華民國憲法》第 174 條，啟動《憲法》修改的程序及門檻為：「一、由國民大會代表總額五分之一之提議，三分之二之出席及出席代表四分之三之決議，得修改之。二、由立法院立法委員四分之一之提議，四分之三之出席，及出席委員四分之三之決議，擬定憲法修正案，提請國民大會複決。此項憲法修正案，應於國民大會開會前半年公告之。」 自 1947 年起 《動員戡亂臨時條款》 之制訂以及 1991 年開始進行憲政改革的 7 次修憲 ， 所採用的修憲程序依據皆為 《憲法》第 174 條第 1 項第 1 款，由國民大會完成修憲程序，而非由立法院通過憲法修正案並提請國民大會覆議。

　　但《憲法》第 174 條第一項後來也成為被修改的標的。2000 年第 6 次修憲時，國民大會通過將國民大會職權限定為「複決立法院所提之憲法修正案、複決立法院所提之領土變更案、議決立法院提出之總統、副總統彈劾案」。亦即有關《憲法》修正、領土變更以及總統、副總統彈劾等事項 ， 都必須透過立法院與國民大會共同完成憲政程序。但是 2005 年第 7 次修憲時，「任務型國大」通過第 174 條第 1 項修改為《增修條文》第 12 條，國民大會遭廢止，其修憲功能也轉交給立法院及新創設的公民投票二階段決定。《增修條文》 第 12 條規定：「憲法之修改，須經立法院立法委員四分之一之提議，四分之三之出席，及出席委員四分之三之決議，提出憲法修正案，並於公告半年後，經中華民國自由地區選舉人投票複決，有效同意票過選舉人總

額之半數，即通過之。」

　　此外，憲法依形式言，可分類為成文憲法 (written constitution) 及不成文憲法 (unwritten constitution)。凡將國家之根本組織法以一種或數種法律文件形式制訂，不僅獨立且高於一般法律之法典，謂之成文憲法。而未編成法律文件，而散見於歷史事件、政治習慣或文件、法庭判例、國會決議，法律及政治人物皆有共識遵守，謂之不成文憲法。成文憲法具體、明確、採「直接保障主義」；不成文憲法因時制宜，反映社會人民、政治人物或法官共識，採「間接保障主義」。

　　若依修憲 (amendment) 程序言，可分類為柔性憲法與剛性憲法。柔性憲法無特殊修改程序，國會立法即可「後法推翻且優於前法」，剛性憲法需經特定嚴謹高門檻之修改程序，增加崇高性與權威性，以保政治秩序之穩定。只有少數國家如英國是柔性不成文憲法，一般民主國家的政治品質很難達到，皆採剛性成文憲法。

二、中華民國憲法增修內容與意涵

　　《中華民國憲法》之制訂不僅波折崎嶇，其原文在臺灣（還有在大陸）沒有真正被切實實現過。臺灣自 1949 年施行《動員戡亂時期臨時條款》40 年後，反映國內及國際環境的重大變化並非回歸《憲法》或遵憲行憲，而是啟動憲政改革工程。自 1991 年至 2005 年為止，臺灣在朝野政黨多數合作下進行並完成 7 次以增修條文方式修改《憲法》。平均 2 年修憲 1 次，實屬世界罕見，也顯示臺灣這段期間澎湃重整的政治局勢。在不修改憲法本文、不變更五權憲法架構原則下，許多重大法政工程如：調整立法院結構、省長民選又凍省、總統直選、確立雙首長制、國大虛級化又廢國大以建立單一國會、公民投票入憲等，在社會、媒體及政治圈熱烈討論，形成全民政治運動。歷次修憲主要內容，可參表 4–1。

表 4-1　我國歷年修憲主要內容

修憲時間	主要內容
1991 年第一次修憲	1.廢止《動員戡亂時期臨時條款》 2.確認兩岸分治事實、區隔臺澎金馬自由地區與大陸地區。明訂自由地區與大陸地區人民權利義務關係得以法律特別規定，賦予日後《兩岸人民關係條例》之法源依據 3.重新訂定總統緊急命令權之行使規範 4.提供第二屆中央民意代表產生的法源依據
1992 年第二次修憲	1.總統由全體人民選出，任期由 6 年改為 4 年 2.監察委員改由總統提名產生 3.臺灣省省長及直轄市市長由人民直選 4.調整國民大會與司法、考試、監察三院之職權，重新定位監察院為國家最高監察機關 5.司法院大法官增設憲法法庭 6.增列殘障者保障與原住民（山胞）權益
1994 年第三次修憲	1.明定總統選舉產生方式，由全體人民直接選出，自下屆（第九任）總統選舉實施 2.縮限行政院院長的副署權 3.廢止「山胞」名稱，正名為「原住民」
1997 年第四次修憲	1.省長恢復中央官派，精簡臺灣省政府的組織層級（一般稱為凍省） 2.取消立法院之閣揆同意權，總統任命行政院院長不必經立法院同意 3.立法院倒閣權，立法院得對行政院長提出不信任案 4.總統被動解散國會權，總統經諮詢立法院院長後，得宣告解散立法院 5.司法院院長、副院長改由大法官兼任
1999 年第五次修憲	1.國大代表改為 300 人，依立法委員選舉各政黨所推薦及獨立參選候選人得票數之比例分配名額 2.立委任期改為 4 年 3.國代與立委任期延長至 2002 年 6 月。其中，國代通過延任案後，在社會引起軒然大波，稱這個條款為「國大自肥案」，隨後司法院大法官會議做成「釋字第 499 號解釋」宣布違憲無效。由此可以再度證明前述大法官是憲法具體的詮釋者及最後的守護者

2000 年第六次修憲	國民大會虛級化，國大憲法修正提案發動權改由立法院行使，立法院提案後，由政黨比例代表制選出 300 名任務型國大代表複決之。逐次建立單一國會
2005 年第七次修憲	1. 公投複決入憲，並訂定公民複決門檻 2. 立法委員席次自第七屆起由 225 席減為 113 席，任期 4 年，選舉方式採單一選區兩票制，且婦女保障名額不得低於二分之一 3. 廢除國民大會，廢除國大後的職權移轉為 　⑴《憲法》修改權交由公民投票表決 　⑵總統彈劾案改由立法院提出後由司法院大法官組成憲法法庭審理之 　⑶廢止監察院彈劾正、副總統規定 　⑷《憲法》修正程序改為經立法院立法委員四分之一提議，四分之三出席及出席委員四分之三決議通過提出，並於公告半年後，經公民投票複決，有效同意票過選舉人總額之半數，即可通過 　⑸中華民國領土範圍交由公民投票複決，有效同意票過選舉人總額之半數，始得變更國土

　　以上前 6 次重大《憲法》修改都是在李登輝總統任內主導完成，第 7 次是陳水扁總統任內完成。14 年間修改憲法 7 次，平均每 2 年 1 次，堪稱世界之最。而且修憲內容大多是重大組織權限的變異，雖然李登輝總統當時曾說修憲可以「確保臺灣政局安定 30 年」，但《中華民國憲法》的安定性與神聖性也因而遭到腐蝕。

　　美國自 1776 年建國，1787 年頒布《聯邦憲法》至 2015 年共 228 年，僅修憲過 15 次，平均每 15 年修 1 次。一方面修憲程序高門檻可以達到憲政穩定效果，但某些條文卻未能與時俱進，諸如：擁槍權、總統選舉方式及總統候選人須在美國土地出生條款，其中擁槍權最為荒謬獨特。攜帶槍枝乃美國建國西部牛仔拓荒冒險的文化及產物，200 多年來人人擁槍自重，除了打獵及自衛，槍枝氾濫經常造成社會暴力及族群仇恨的工具。再加上勢力龐大的來福槍協會及軍工複合體的遊說支持，《美國憲法》第 2 修正案規定：「民眾擁有且佩戴槍支的權利不容侵犯」，雖偶有討論，但始終無法修正刪除。

第三節　憲政主義之發展與內涵

　　光有實體的憲法文獻是不夠的，必須還有實現憲法的精神及堅固的憲政觀念，民主憲法才能切實運作。法國自 1789 年大革命拿破崙任第一執政及稱帝後，200 年來，法蘭西徘徊於共和體制及君主立憲國之間，總共制訂 16 部憲法。直到 1958 年第五共和始趨於穩定，至今 2016 年，共修 11 次，平均 5 年 1 次。中華民國憲政秩序如法國大革命後一樣混亂，近 90 年共換 9 部憲法，先是徘徊於共和體制及君主立憲國之間，隨後民初紛亂政局的制憲及行憲皆遭否定及中斷，中央政府遷臺後又頒布棄置憲法的《動員戡亂時期臨時條款》。最後在李登輝總統的意志下大幅修改憲法，這與法國是在戴高樂的意志下確定《第五共和憲法》相似。

　　此外，憲法有成文憲法和不成文憲法兩種，大部分民主國家都是成文憲法，英國、紐西蘭沒有成文憲法，攸關憲政層次的規定散見在不同的文獻檔案中。專制獨裁國家也有憲法，內容規定得理想周全，但卻沒有切實實行。判斷一個國家是否實現民主憲政，不只要看這個國家的憲法條文內涵，更要觀察這個國家的治理運作是否符合憲政主義精神。

　　近代憲政主義起源於十六至十八世紀歐洲騷動不安的時代，宗教勢力敗壞（羅馬天主教教廷），強迫對信徒發行贖罪卷，愚民斂財；世襲王朝腐敗無能，征戰不止，徵兵課重稅令百姓生活困苦；加之中產階級興起，開始產生權利意識，欲保障身家性命財產，於是引發一連串宗教、政治、社會的思想革命。發生在歐洲的啟蒙運動尤其為現代立憲思想奠定基礎。啟蒙運動的英文 "Enlightenment" 及法文 "La Lumière"，原意都是「開光」，將人類從晦暗封閉的迂腐觀念中解禁，引領光明。綜合而言，憲政主義內涵彼此環環相扣、相濟相生，主要原則如下：

一、執政者的權力在法律之下

　　批判世襲王朝絕對主義並拆解封建制度是人類近代史最恢弘的篇章，十七世紀末英國哲學家洛克反對傳統僵固觀念與沿襲，批判君權神授（君王以上帝之名自我加冕）。在中國康熙皇帝的鼎盛時期及法國太陽王路易十四的年代，洛克還開天闢地地主張統治者應該有「被統治者的同意」(consent of governed) 才算正當，並論證自然法則與上帝法則本質相同，這些法則保證人類基本權利，如生存的權利、某些自由權、擁有財產及享有自己勞動所得的權利。國王——亦即最高掌權者——的權力不在法律之上而在法律之下 (not above the law, but under law) 且受人民同意，是人類思想的一大進步。

二、政府權力有限

　　拆解領導者神聖性的效果之一使是政府權力有限，而非恣意無限擴張。法國哲學家孟德斯鳩 (Charles L. de Montesquieu) 於 1748 年發表《論法的精神》(*De l'esprit des lois*)，首度提倡政府的行政、立法及司法三權分立 (separation of powers) 和互相制衡 (check and balance)，以此作為確保公民自由的制度，改變專制王朝及獨裁政權權力高度集中在行政者個人及機關的沿襲。有限政府的三權分立和互相制衡學說奠定《美國憲法》的哲學基礎，具體化約成為總統、國會及司法三大政府機構共同存在，地位平等且互相制衡。孟德斯鳩思想的幅射能量到現在還影響著人類集體生活，《美國憲法》是現代民主國家最古老的憲法，成為往後許多新興民主國家制訂新憲的綱本。中華民國《五權憲法》的設計者將行政權中的考試權獨立出來、以及在立法權及司法權之外另外增設監察權，也都是有限政府的設計，問題在於是否切實執行。

三、對權力的反制與自制

　　權力不只不應集中在一個人及一個機構，權力之間還要相互反制

(powers and counter powers)，因為權力同時具有傲慢及腐化的本質。「權力」具有一體兩面的性質，亦正亦邪，可以為公眾做事、順遂理想，但也會腐蝕人心，變得傲慢狂妄。法國哲學家伏爾泰 (François-Marie Voltaire) 不只反對世襲王朝的絕對君權，對政府採取不信任態度，也強力質疑封建愚民的神權，認為這些政治與社會的權力壟斷者越權威，人民就越不自由。教皇與國王都是人，這群人代表一種特權結構，他們會犯錯，而且犯錯的機率與災難比一般人更高。就像英國艾克頓爵士 (Lord Acton) 的名言：「權力導致腐化，絕對的權力絕對的腐化。」(power tends to corrupt, absolute power corrupts absolutely.)

革命之子拿破崙就是絕對權力腐化的典型例子，拿破崙推翻歐洲封建王室、風起雲湧地在歐陸傳播「自由、平等、博愛」新思想，但最後卻自行加冕稱帝，攀權力頂峰也遭權力腐蝕。新思想舊行為，拿破崙是第一位現代人、最後一位古代人。

而開創新天地的美國很幸運地有位總統節制權力，為美國立下良好的憲政典範。開國元勳華盛頓 (George Washington) 出任總統時，美國初創的 《美國憲法》 第 2 條只規定總統任期 4 年，並未有連任限制。在可以無限連任的情況下，華盛頓做 2 任就堅持卸任，恢復平民身分。他說：「我的所作所為將可能成為以後歷屆總統的先例，如果你們再繼續選我做總統，美國將沒有真正的民主制度。」美國有幸有這樣節制權力的首任總統立下憲政典範，直到 1951 年，也就是 150 年後，《美國憲法》才修正，明文規定總統只限連任 1 次。

四、主權在民與天賦人權

另一個開天闢地、敢冒著被殺頭下場的思想家是盧梭，他喊出「主權在民不在君」，君王這個字的英文是 "sovereign"，意味著主權 "sovereignty" 的持有者。盧梭認為人民才是國家主權的擁有者，不是只知服從君王的奴隸，理想社會必須推翻不平等的封建制度，而且政府一切施政作為應受人民「全意志」建立共善之支配。因為「人生而自由平等，卻處處受到束縛」，唯有打破封建君王絕對權力的枷鎖，

人民才會恢復自然狀態，成為真正的自由人。盧梭還提出理想社會的《社會契約論》(*Du Contrat Social*)，主張人民以自主性的方式放棄權利同時又相互締結契約，因為每一個人把權利交給群體，等於沒有給任何人，沒有喪失任何東西，卻得到更多力量保障現有權利。盧梭的《社會契約論》直接影響到人民與政府訂契約的觀念，政府的行為及權力需經人民透過契約方式明白同意——制訂憲法。諸如美國《獨立宣言》、法國《人權宣言》、《美國憲法》增修的《人權條款》等都忠實反映盧梭《社會契約論》的思想。

　　美國《獨立宣言》宣布：「人人生而平等，上帝賦予人類不可剝奪的權利，如生命權、自由權和追求幸福的權利。為了保障這些權利，人類建立政府。」法國《人權宣言》也宣稱：「人生而自由，而且始終是自由的，任何政治結合的目的都在保存人類自然的和不可動搖的權利。這些權利就是自由權、財產權和抵抗壓迫權。法律是全體意志的展現，全國公民都有權親身或經由代表去參加法律的制訂。」

五、自由主義保障個人

　　伏爾泰的名言：「我雖然不贊同你的言論，但我誓死捍衛你說話的權利。」這句話幾乎已經成為言論自由的聖經。英國的哲學家彌爾 (John Stuart Mill) 所著的《論自由》(*On Liberty*) 更是總結自由主義論述的集大成者。彌爾將個人自由立於思想中心，認為「他者」對個人自由的壓迫其實是無所不在的：個人面對所謂的他者，即多數者與政府時，都有可能因為集體或掌權者的偏見而遭受妨礙，因為集體或掌權者傾向要求一致的既定意見，不見容個人的特殊異議。是故彌爾認為只要不妨礙他人的利益，個人就應該有完全的行動自由，其他人和社會都不能干涉；只有當自己的言行危害他人利益時，個人才應接受社會的強制性懲罰。此外，人類容易犯錯，所以確保個人的自由交換意見才是發現真理的方式，任何對言論自由的封殺和排斥，都會對人類造成損失。唯有透過公共辯論，才能得到普遍接受的真理。這些主張在民主憲法裡都成為保障個人自由的基本原則，而且在自由主義當

道的二十一世紀，都被視為理所當然的信條。

　　上述各哲學家言論及劃時代學說相互激盪、承先啟後，歸納抽象觀念到具體制度的擘畫，形成憲政主義 (constitutionalism) 運動與思潮，人類觀念衝破千百年來的封建牢籠大幅前進，在全世界各地開花結果。十八及十九世紀後先是在西歐與北美風起雲湧進行政治重大革新，隨後新興國家與被殖民民族也吹起憲政運動風潮，獨立時皆頒布憲法作為具體政治及法律最高文件，宛如出身證明書。二十世紀制憲風潮自歐洲吹向亞洲、中南美洲、非洲。中國清末維新運動也開始參考西方君主立憲制度遂有《欽定憲法大綱》，後來中華民國初造共有約 8 部具憲法性質的國家組織根本大法，諸如《臨時政府組織大綱》、《臨時約法》、《天壇憲章》、《袁氏約法》、《曹錕憲法》、《訓政時期約法》、《五五憲章》，及民國 35 年 12 月 25 日通過的《中華民國憲法》及《動員戡亂時期臨時條款》，曲折混亂的制訂過程正好反映民初推翻千年帝制政治真空的動盪局勢。

　　至今絕大部分民主國家皆制訂憲法，體制設計內容不一，但上列憲政主義精神為制訂或增修憲法的共通原則與價值。除了人權條款與政府組織之外，基本國策也是憲法的基本架構，例如《中華民國憲法》的基本國策中第 138 條至第 139 條規定：「陸海空三軍超越黨派，效忠國家，以及任何黨派不得以武裝力量為政爭之工具。」此條文確定了軍隊國家化及軍方在政爭時的中立立場，也預防槍桿子出政權這類的軍事政變。而二十一世紀憲政主義也與時俱進到對環境保護的明文規定，例如 2001 年《奧地利憲法》特別保護維也納居民的日常飲用水，維也納的天然自來水是來自阿爾卑斯山脈的雪山礦泉水，不須加工直接經過管線流送到家家戶戶，有「白金」的美譽，《奧地利憲法增修條文》規劃為國家保護區。

　　中華人民共和國自建政以來總共制訂 4 部憲法，現行的第四部憲法在 1982 年由第五屆全國人民代表大會通過，並經過 4 次修正（1988 年、1993 年、1999 年和 2004 年）。該《憲法》有許多不符合憲政主義的內涵，諸如：

（一）強調特定階級及特定意識型態（第 1 條）

中華人民共和國是工人階級領導的、以工農聯盟為基礎的人民民主專政的社會主義國家。社會主義制度是國家的根本制度，禁止任何組織或者個人破壞社會主義制度。

（二）「民主集中制」只集中不民主（第 3 條）

國家機構實行民主集中制的原則，連國家行政機關、審判機關、檢察機關都由人民代表大會產生。

（三）嚴懲政治異議分子（第 28 條）

國家維護社會秩序，鎮壓叛國和其他危害國家安全的犯罪活動，制裁破壞社會主義的經濟活動，懲辦和改造犯罪分子。

（四）嚴禁宗教信仰自由（第 36 條）

任何人不得利用宗教進行破壞社會秩序的活動，宗教團體和宗教事務不受外國勢力的支配。

2004 年中國第十屆全國人民代表大會第二次會議對《憲法》有大幅度增修，主要增修條文的內容有：

1. 載入江澤明主席倡言的三個代表思想（尤其是先進社會生產力的資本企業家加入共產黨）指引中國共產黨領導國家；
2. 國家鼓勵並支持個人私營經濟；
3. 保護私有財產；
4. 將「戒嚴」改為「緊急狀態」。

這些《憲法增修條文》大多著重在經濟改革開放後活絡資本主義的政策與方向，但仍未觸及最核心的民主憲政規範。

大哉問之四 **中國劉曉波的零八憲章有什麼重要內容？**

　　2008 年 12 月中國作家劉曉波起草《零八憲章》，呼籲中國共產黨進行民主政治改革。隨後劉曉波便遭逮捕拘禁，並於 2010 年 12 月被以「煽動顛覆國家政權」罪，判處 11 年有期徒刑。自從十九世紀中國天朝制度被西方拆解以來，如何追尋現代中國，幾乎是所有知識分子的必然使命，但前仆後繼的改革倡議者與實踐者都以挫敗收場。這是又一次中國的文字獄，只因主張民主政治改革而遭判刑入獄。《零八憲章》對中國百年命運有著深刻關切，期許民主自由制度才是現代中國必須選擇的道路。

附錄：《零八憲章》全文（2008 年 12 月 10 日公布）

一、前　言

　　今年是中國立憲百年，《世界人權宣言》公布 60 周年，「民主牆」誕生 30 周年，中國政府簽署《公民權利和政治權利國際公約》10 周年。在經歷了長期的人權災難和艱難曲折的抗爭歷程之後，覺醒的中國公民日漸清楚地認識到，自由、平等、人權是人類共同的普世價值；民主、共和、憲政是現代政治的基本制度架構。抽離了這些普世價值和基本政制架構的「現代化」，是剝奪人的權利、腐蝕人性、摧毀人的尊嚴的災難過程。二十一世紀的中國將走向何方，是繼續這種威權統治下的「現代化」，還是認同普世價值、融入主流文明、建立民主政體？這是一個不容迴避的抉擇。

　　十九世紀中期的歷史巨變，暴露了中國傳統專制制度的腐朽，揭開了中華大地上「數千年未有之大變局」的序幕。洋務運動追求器物層面的進良，甲午戰敗再次暴露了體制的過時；戊戌變法觸及到制度

層面的革新，終因頑固派的殘酷鎮壓而歸於失敗；辛亥革命在表面上埋葬了延續 2000 多年的皇權制度，建立了亞洲第一個共和國。囿於當時內憂外患的特定歷史條件，共和政體只是曇花一現，專制主義旋即捲土重來。器物模仿和制度更新的失敗，推動國人深入到對文化病根的反思，遂有以「科學與民主」為旗幟的「五四」新文化運動，因內戰頻仍和外敵入侵，中國政治民主化歷程被迫中斷。抗日戰爭勝利後的中國再次開啟了憲政歷程，然而國共內戰的結果使中國陷入了現代極權主義的深淵。1949 年建立的「新中國」，名義上是「人民共和國」，實質上是「黨天下」。執政黨壟斷了所有政治、經濟和社會資源，製造了反右、大躍進、文革、六四、打壓民間宗教活動與威權運動等一系列人權災難，致使數千萬人失去生命，國民和國家都付出了極為慘重的代價。

　　二十世紀後期的「改革開放」，使中國擺脫了毛澤東時代的普遍貧困和絕對極權，民間財富和民眾生活水平有了大幅度提高，個人的經濟自由和社會權利得到部分恢複，公民社會開始生長，民間對人權和政治自由的呼聲日益高漲。執政者也在進行走向市場化和私有化的經濟改革的同時，開始了從拒絕人權到逐漸承認人權的轉變。中國政府於 1997 年、1998 年分別簽署了兩個重要的國際人權公約，全國人大於 2004 年通過修憲把「尊重和保障人權」寫進憲法，今年又承諾制訂和推行《國家人權行動計劃》。但是，這些政治進步迄今為止大多停留在紙面上；有法律而無法治，有憲法而無憲政，仍然是有目共睹的政治現實。執政集團繼續堅持維繫威權統治，排拒政治變革，由此導致官場腐敗，法治難立，人權不彰，道德淪喪，社會兩極分化，經濟畸形發展，自然環境和人文環境遭到雙重破壞，公民的自由、財產和追求幸福的權利得不到制度化的保障，各種社會矛盾不斷積累，不滿情緒持續高漲，特別是官民對立激化和群體事件激增，正在顯示著災難性的失控趨勢，現行體制的落伍已經到了非改不可的地步。

二、我們的基本理念

當此決定中國未來命運的歷史關頭，有必要反思百年來的現代化歷程，重申如下基本理念：

1. 自由：是普世價值的核心之所在。言論、出版、信仰、集會、結社、遷徙、罷工和遊行示威等權利都是自由的具體體現。自由不昌，則無現代文明可言。

2. 人權：人權不是國家的賜予，而是每個人與生俱來就享有的權利。保障人權，既是政府的首要目標和公共權力合法性的基礎，也是「以人為本」的內在要求。中國的歷次政治災難都與執政當局對人權的無視密切相關。人是國家的主體，國家服務于人民，政府為人民而存在。

3. 平等：每一個個體的人，不論社會地位、職業、性別、經濟狀況、種族、膚色、宗教或政治信仰，其人格、尊嚴、自由都是平等的。必須落實法律面前人人平等的原則，落實公民的社會、經濟、文化、政治權利平等的原則。

4. 共和：共和就是「大家共治，和平共生」，就是分權制衡與利益平衡，就是多種利益成分、不同社會集團、多元文化與信仰追求的群體，在平等參與、公平競爭、共同議政的基礎上，以和平的方式處理公共事務。

5. 民主：最基本的涵義是主權在民和民選政府。民主具有如下基本特點：

   ⑴政權的合法性來自人民，政治權力來源于人民；

   ⑵政治統治經過人民選擇；

   ⑶公民享有真正的選舉權，各級政府的主要政務官員必須通過定期的選舉產生；

   ⑷尊重多數人的決定，同時保護少數人的基本人權。

   一句話，民主使政府成為「民有、民治、民享」的現代公器。

6. 憲政：憲政是通過法律規定和法治來保障憲法確定的公民基本自由

和權利的原則，限制並劃定政府權力和行為的邊界，並提供相應的制度設施。

在中國，帝國皇權的時代早已一去不復返；在世界範圍內，威權體制也日近黃昏；公民應該成為真正的國家主人。去除依賴「明君」、「清官」的臣民意識，張揚權利為本、參與為責的公民意識，實踐自由，躬行民主，尊奉法治，才是中國的根本出路。

三、我們的基本主張

藉此，我們本著負責任與建設性的公民精神對國家政制、公民權利與社會發展諸方面提出如下具體主張：

1. 修改憲法：根據前述價值理念修改憲法，刪除現行憲法中不符合主權在民原則的條文，使憲法真正成為人權的保證書和公共權力的許可狀，成為任何個人、團體和黨派不得違反的可以實施的最高法律，為中國民主化奠定法權基礎。

2. 分權制衡：構建分權制衡的現代政府，保證立法、司法、行政三權分立。確立法定行政和責任政府的原則，防止行政權力過分擴張；政府應對納稅人負責；在中央和地方之間建立分權與制衡制度，中央權力須由憲法明確界定授權，地方實行充分自治。

3. 立法民主：各級立法機構由直選產生，立法秉持公平正義原則，實行立法民主。

4. 司法獨立：司法應超越黨派、不受任何干預，實行司法獨立，保障司法公正；設立憲法法院，建立違憲審查制度，維護憲法權威。盡早撤銷嚴重危害國家法治的各級黨的政法委員會，避免公器私用。

5. 公器公用：實現軍隊國家化，軍人應效忠於憲法，效忠於國家，政黨組織應從軍隊中退出，提高軍隊職業化水平。包括警察在內的所有公務員應保持政治中立。消除公務員錄用的黨派歧視，應不分黨派平等錄用。

6. 人權保障：切實保障人權，維護人的尊嚴。設立對最高民意機關負責的人權委員會，防止政府濫用公權侵犯人權，尤其要保障公民的

人身自由，任何人不受非法逮捕、拘禁、傳訊、審問、處罰，廢除勞動教養制度。

7. 公職選舉：全面推行民主選舉制度，落實一人一票的平等選舉權。各級行政首長的直接選舉應制度化地逐步推行。定期自由競爭選舉和公民參選法定公共職務是不可剝奪的基本人權。

8. 城鄉平等：廢除現行的城鄉二元戶籍制度，落實公民一律平等的憲法權利，保障公民的自由遷徙權。

9. 結社自由：保障公民的結社自由權，將現行的社團登記審批制改為備案制。開放黨禁，以憲法和法律規範政黨行為，取消一黨壟斷執政特權，確立政黨活動自由和公平競爭的原則，實現政黨政治正常化和法制化。

10. 集會自由：和平集會、遊行、示威和表達自由，是憲法規定的公民基本自由，不應受到執政黨和政府的非法干預與違憲限制。

11. 言論自由：落實言論自由、出版自由和學術自由，保障公民的知情權和監督權。制訂《新聞法》和《出版法》，開放報禁，廢除現行《刑法》中的「煽動顛覆國家政權罪」條款，杜絕以言治罪。

12. 宗教自由：保障宗教自由與信仰自由，實行政教分離，宗教信仰活動不受政府干預。審查並撤銷限制或剝奪公民宗教自由的行政法規、行政規章和地方性法規；禁止以行政立法管理宗教活動。廢除宗教團體（包括宗教活動場所）必經登記始獲合法地位的事先許可制度，代之以無須任何審查的備案制。

13. 公民教育：取消服務於一黨統治、帶有濃厚意識型態色彩的政治教育與政治考試，推廣以普世價值和公民權利為本的公民教育，確立公民意識，倡導服務社會的公民美德。

14. 財產保護：確立和保護私有財產權利，實行自由、開放的市場經濟制度，保障創業自由，消除行政壟斷；設立對最高民意機關負責的國有資產管理委員會，合法有序地展開產權改革，明晰產權歸屬和責任者；開展新土地運動，推進土地私有化，切實保障公民尤其是農民的土地所有權。

15.財稅改革：確立民主財政和保障納稅人的權利。建立權責明確的公共財政制度構架和運行機制，建立各級政府合理有效的財政分權體系；對賦稅制度進行重大改革，以降低稅率、簡化稅制、公平稅負。非經社會公共選擇過程，民意機關決議，行政部門不得隨意加稅、開徵新稅。通過產權改革，引進多元市場主體和競爭機制，降低金融準入門檻，為發展民間金融創造條件，使金融體系充分發揮活力。

16.社會保障：建立覆蓋全體國民的社會保障體制，使國民在教育、醫療、養老和就業等方面得到最基本的保障。

17.環境保護：保護生態環境，提倡可持續發展，為子孫後代和全人類負責；明確落實國家和各級官員必須為此承擔的相應責任；發揮民間組織在環境保護中的參與和監督作用。

18.聯邦共和：以平等、公正的態度參與維持地區和平與發展，塑造一個負責任的大國形象。維護香港、澳門的自由制度。在自由民主的前提下，通過平等談判與合作互動的方式尋求海峽兩岸和解方案。以大智慧探索各民族共同繁榮的可能途徑和制度設計，在民主憲政的架構下建立中華聯邦共和國。

19.轉型正義：為歷次政治運動中遭受政治迫害的人士及其家屬，恢複名譽，給予國家賠償；釋放所有政治犯和良心犯，釋放所有因信仰而獲罪的人員；成立真相調查委員會，查清歷史事件的真相，釐清責任，伸張正義；在此基礎上尋求社會和解。

四、結　語

　　中國作為世界大國，作為聯合國安理會五個常任理事國之一和人權理事會的成員，理應為人類和平事業與人權進步做出自身的貢獻。但令人遺憾的是，在當今世界的所有大國裡，唯獨中國還處在威權主義政治生態中，並由此造成連綿不斷的人權災難和社會危機，束縛了中華民族的自身發展，制約了人類文明的進步——這種局面必須改變！政治民主化變革不能再拖延下去。

　　為此，我們本著勇於踐行的公民精神，公布《零八憲章》。我們
希望所有具有同樣危機感、責任感和使命感的中國公民，不分朝野，
不論身分，求同存異，積極參與到公民運動中來，共同推動中國社會
的偉大變革，以期早日建成一個自由、民主、憲政的國家，實現國人
百餘年來鍥而不捨的追求與夢想。

第五章

主要民主政體的特色與缺失

　　民主乃基於人在自然本質上是自由及平等的根本信念，人民享有相同權利並共同承擔責任，集體選擇產生掌握統治權的主要政治領導人。民主並非最好的制度，有很多弊端、缺點，但卻是人類政治生活實踐至今，比之獨裁、威權、世襲、軍事政府，民主體制是破壞性最小、最可修復的政治制度。當今 193 個國家當中，公民透過定期、普遍、公正、競爭性的選舉來選擇政府領導人的政府體制，已成為全球各地國家採行的政治制度。目前已有超過三分之二的國家，亦即約 120 個國家，實行民主政體。依照一般民主國家政府中央各機構間之權力運作及互動，大致可分為 3 類制度：內閣制、總統制、半總統制。

　　以空間軸而言，在歐洲，尤其是北歐及西歐，堪稱最老牌且最密集的民主政體實踐，大都奉行內閣制，在執行上平穩且鞏固，諸如英國、挪威、丹麥、荷蘭；在亞洲有日本及泰國、馬來西亞。美國一開國便採行總統制，很順利地施行 200 餘年，平穩且不可逆轉，是國力與吸引力的最根本結構性因素；其他新興國家，尤其是拉丁美洲國家，亦大多採取總統制，但卻不如美國順利，甚至是政局動盪的根源。另外，有一些原本實行內閣制的國家，隨著民選總統產生且增權，發展出另一種民主政體，被學政界稱為半總統制，諸如法國、波蘭、南韓、中華民國。還有中東歐前蘇聯共產國家在蘇聯解體自由化運動後，選擇的憲政制度也大都採行半總統制。以下各節將分析這 3 種當代主要民主體制的利弊得失。

第一節　總統制的特色及可能缺失：美國之外的總統制國家，怎麼都不太穩定？

　　美國是個幸運的國家。在天時、地利、人和的三重有利條件下，成為民主大國，建國 230 餘年強盛至今，堪稱人類史上沒有帝國主義稱號的帝國。十八世紀大不列顛移民拓荒者發現「新伊甸園」(New Eden)，在幅員遼闊的土地上建立新國家（此處是以白人史觀而言，

非北美洲印第安原住民的歷史經驗），將歐洲啟蒙運動以降的政治哲學理想具體實踐，加上開國元勳，諸如傑佛遜、華盛頓對民主自由理念的堅持，起草制訂並頒布三權分立憲法，實行史無前例的總統制。美國總統制設計成為後來許多新興國家，尤其是中南美洲國家仿效的對象，但大多成效不彰。

一、美國總統制的特色

就如同英國艾克頓爵士的至理名言：「權力導致腐化，絕對的權力絕對的腐化。」美國開國元勳避免權力集中於一機構或一人身上，具體實踐孟德斯鳩三權分立學理，設計制度時力求機構之間及決策者之間相互監督與制衡，以保障人民自由，避免獨裁。雖然《美國憲法》歷經多次修改，但 1789 年《憲法》的基本原則至今依然是至高圭臬。美國的總統制設計有如下幾點特色：

（一）聯邦共和體制確保「權力 vs. 權利」的動態平衡

《美國憲法》採用聯邦共和制的國體，而非中央集權及君主世襲體制。政府分為聯邦和州兩級，以法律明定主義列舉規定聯邦政府只擁有《美國憲法》明文列舉的有限權力，其餘未明列的權力都屬於各州或人民所擁有。聯邦政府及各州政府擁有權力 (powers)，人民擁有權利 (rights)，且人人都平等地獲得法律保護。

《美國憲法》將聯邦主義規定分明，美國各州保有平等地位，原則上任何州都不能獨獲聯邦政府的特殊待遇，各州互相尊重和承認彼此的法律。州政府和聯邦政府要在形式上保持共和體制。這種中央政府和各州政府的權力劃分，是權力的縱向分立；而聯邦政府內行政、立法、司法平等獨立又相互制約的權力劃分，是權力的橫向分立。

（二）合憲性鞏固政治及法律秩序

美國體制另一個特色是憲法至上。《美國憲法》以及參、眾兩院通過的法律效力高於其他機關的一切法律、行政法規和規定。美國聯邦法院體系還擁有違憲審查權，按此聯邦各級法院可以審查立法機關

通過的法律是否與《美國憲法》相抵觸，並可宣布違反《美國憲法》的法律無效。此外，法院還可以審查包括美國總統在內的各級政府頒布法令的合憲性 (constitutionality)。法院不能主動行使合憲性審查權，只能在具體訴訟中被引援，也被稱作「被動的審查權」。合憲性是憲法至上和法治原則的根本，為美國政治秩序穩定的基石。有合憲性的價值支撐，美國法制得以統一實踐、法律體系得以建立規範及效力等級的穩當秩序。

（三）三權分立 (separation of powers) 且相互制衡 (check and balance)

美國政府的行政權、立法權、司法權分屬不同機構、權責清楚，三大政府機構地位平等，保持獨立運作且相互制衡。每種權力都有限制另外兩種權力濫用的反制權力 (counter-power)，以權力約束權力，防止濫權及獨裁。國家最高領導人不能大權獨攬、受到立法與司法的監督，甚至制裁；三權機構的官員不得在任職期間擔任另一機關的職務。三權分立有別於行政、立法一體制度，在建國立憲初期是美國政治的一大特色，也是當今世界多數民主國家普遍採行的政治制度。

二、美國的政府組成

美國聯邦政府由國會、總統和聯邦法院組成，分別掌管立法、行政和司法三權。

（一）美國國會 (Congress)

由參議院 (Senate) 及眾議院 (House of representation) 兩院組成，是最高立法機構，制訂法律。國會兩院議員由選民定期直接選舉產生，對選民負責，不受行政機關干預。美國國會的職權有：
1.立法權：國會制訂法律、通過或否決總統的提案；
2.預算權：國會可以透過預算審查做刪除及追加，控制或影響政府政策，行政機關的創設及經費預算的調撥必須要得到國會參、眾兩院的同意；

3.任命同意權：同意或否決重要首長（諸如國防及外交官員、駐外使節及最高法院法官等）之任命，以防止總統濫用不具專業的私交；

4.彈劾權：國會可以彈劾失職的總統、副總統以及聯邦法院法官；

5.條約批准權：美國參議院還擁有條約批准權，可以三分之二以上絕對多數批准或否決美國總統對外所締結的國際條約，以防止祕密外交；

6.修憲權：國會可以高門檻票數修改《美國憲法》條文。

（二）聯邦法院

由大法官組成，聯邦法官由總統任命、享終身任期，是美國最高的司法部門。美國聯邦法院的職權有：

1.對《美國憲法》和各項行政立法法案有最終解釋權；

2.合憲審查權，最高法院擁有司法審查權，對於聯邦與各州的法律及命令，可以行使違憲審查權；

3.裁決權，聯邦法院有權裁決涉及國家和各州間權限，至於聯邦各級法院及組織編制則由國會立法決定。由於美國是聯邦制度，各州都有自己的憲法、州參議院及州眾議院各項法案若有爭議，會經由各層級法院進行司法審查機制，在最高層級則是聯邦法院，負責裁決爭議法案是否違反《美國憲法》。

（三）美國總統

由選民選舉產生，是國家元首和享實權的最高行政首長，非經審判定罪不得罷免總統。總統職權有如下數端：

1.可任命高級行政官員

包括白宮幕僚、大使、公使、最高法院法官，但須經參議院同意。美國總統下轄重要行政機構：國家安全會議 (National Security Council)，總統及其所任命的各部會部長不需對國會負責。

2.政策執行權與法案否決權

美國總統督導聯邦政府對各項法律忠實執行，負責統率各部會文

官實現各項政策。在歐巴馬總統時期，美國聯邦政府除了白宮之外，
尚有 15 個層級的部門（諸如國務院、財政部、國防部等）、數百個署
和局的獨立機關（諸如中央情報局、食品藥物管理局、太空總署、聯
邦儲備局等）、各式委員會、政府企業及陸海空三軍部門。針對國會
多數所通過的法案，總統可以簽署國會通過的法案，使其成為法律政
策，或拒絕簽署，亦即否決該法案。例如美國聯邦眾議院及參議院在
2013 年 6 月分別通過 1151 號議案，支持臺灣以觀察員身分參與國際
民航組織 (International Civil Aviation Organization)。 歐巴馬總統於 7
月簽署該法案，並表示「我簽署了眾議院第 1151 號議案，使之成為
法律」，而美國國務卿 (Secretary of State) 將在法案生效後 30 日內，
就行政部門的具體作為向國會提出報告。

3.國家安全守護權

　　這是美國總統身為國家元首，最神聖莊嚴的任務。自第二次世界
大戰以來，尤其是後冷戰時期九一一反恐怖攻擊之後，美國總統發展
出龐大的守護國家安全的職責。美國總統有一個最重要幕僚：國家安
全會議。它無疑是美國總統在國家重大安全議題決策的機關，美國總
統在 1 個月內會召開至少 1 次的國家安全會議。國家安全顧問由總統
直接任命就職，不需要經過參議院的同意，也不需要出席國會聽證
會，與總統見面接觸的次數與討論議題的重要性常常超過國務卿及國
防部長。

　　除了國家安全顧問之外，國家安全會議幕僚人數至歐巴馬總統時
期已超過 100 位。 國家安全會議的法定成員有總統、副總統、國務
卿、國防部長及參謀首長聯席會議主席、中央情報局局長。其他重要
官員必要時也得出席，諸如財政部長、國土安全部長、駐聯合國代表
長等人，這樣陣容堅強的組合使得國家安全會議成為美國總統因應各
種國內外安全情勢與安全威脅的最高權力機關。此外，後冷戰時期全
球政治與經貿高度連動，經濟議題影響美國國家安全，柯林頓總統特
別成立國家經濟會議 (National Economic Council)；而九一一事件之

後，小布希總統成立「國土安全會議」(Homeland Security Council) 以因應全球恐怖主義活動及威脅。透過以上這三大會議的運作，美國總統守護國家與人民的各式安全。

4.軍事統帥權

　　總統統領三軍並可對外發動戰爭。根據《美國憲法》，美國國會擁有對外宣戰權，美國總統則擁有三軍統帥權，得依據情勢對外發動軍事行為。1973 年美國國會通過的《國會權力決議案》要求美國總統必須在出兵後 48 小時內向國會提出報告，並在 90 天內取得美國國會追認，若國會沒有追加認可，則美國總統必須撤回軍隊。也就是說，美國總統有 3 個月時間可以自由調兵遣將至海外作戰及決定戰爭方式與規模。

　　歷任總統對外採取軍事行動大多未經國會事先批准，諸如：杜魯門 (Harry S. Truman) 派兵參與韓戰、詹森 (Lyndon B. Johnson) 與尼克森 (Richard Nixon) 參與越戰，都是未經國會授權的大規模戰爭行為；冷戰時期甘迺迪 (John F. Kennedy) 總統在古巴飛彈危機時下令海上封鎖蘇聯軍艦、雷根 (Ronald Reagan) 總統以自衛之名下令發射飛彈攻擊利比亞；後冷戰時期柯林頓總統在美國駐肯亞與坦尚尼亞大使館爆炸後，下令飛彈攻擊蘇丹與阿富汗；小布希總統以反恐之名指揮 20 萬大軍開往伊拉克，美國國會也是事後批准及追加特別軍事支出。如上列美國總統單方面採取行動處理危機，事後才向國會和美國人民說明理由，一方面為軍事機密與行為的有效性，並增加其決策權威性，但同時，美國總統的軍事統帥權力深深影響其他國家的利益與生存發展，以及國際秩序的塑造。

5.外交權與締約權

　　美國成立之初，雖然曾在孤立主義與干涉主義間擺盪，一戰之後躍身成為世界級大國；二戰後是雙極世界的一極；後冷戰時期是超級霸權國家。美國總統是美國外交政策的最高負責人，國務院是外交部，國務卿是外交部長。歷屆美國總統皆投注大量時間及精神在對外

政策和國際議題上，也形成以其為名的美國外交行為準則，諸如門羅主義、杜魯門主義、雷根主義、小布希主義。

美國總統經常出國正式訪問、參加國際組織會議與高峰會，是國際舞臺上活躍的角色。美國總統和參議院共同擁有條約權，總統有締約權、參議院有批准權。總統有權與他國或國際組織談判並簽署條約，但需按照程序經參議院出席議員三分之二多數批准，確定同意接受條約內容拘束，條約始得生效。此外，美國總統擁有行政協定權，《美國憲法》並未明確提到行政協定之批准權限，故美國總統與外國締結的行政協定，實質內容與法律效力一般與國際條約一樣，但卻無需提交參議院討論及批准。行政協定之締結快速有效，加上一戰後威遜總統主導及簽訂的《凡爾賽條約》遭參議院否決，故自第二次世界大戰之後，歷屆美國總統頻繁使用行政協定替代締結國際條約，以規避參議院的否決，從而增強了美國總統在外交領域的權力。

6. 赦免權

赦免權是美國總統的專有權力，不受任何機構干涉及限制。美國總統的赦免權分為大赦與特赦兩種，大赦沒有特定對象，赦免的客體是罪名和刑罰，在判決的前後都可進行。特赦必須指定對象，赦免客體是刑罰，因此必須在宣告罪名並判處刑罰後才能進行。總統只能赦免觸犯聯邦法律的罪犯，大部分赦免發生在總統任期最後一段時間。

美國總統的赦免權通常是指特赦權，最著名的是尼克森總統在水門事件遭國會彈劾被迫辭職後，繼任的福特 (Gerald Ford) 總統赦免尼克森「已經犯下的和可能犯下的一切罪行」；布希總統赦免前國防部長溫伯格 (Caspar Willard Weinberger) 以及其他捲入伊朗門醜聞的官員；柯林頓總統在即將卸任的最後一天簽署 141 項特赦令，遭受輿論抨擊，認為濫用總統的特赦權；歐巴馬總統還在感恩節時象徵性的赦免兩隻火雞。

赦免權原意是在修補司法機關的誤判或展現國家最高元首的「仁慈之心」，但美國總統的赦免權混淆行政權和司法權的界限，成為三

權分立體制的意外疏漏。在民主制度深化、法律審判及司法救濟程序
越發健全、人權彰顯的年代，國家元首擁有赦免權及任意使用，可能
侵蝕司法機構必須擁有的絕對權威。

三、總統制的運作特點與可能缺失

綜觀以上美國總統制設計與實際運作，有幾個特點：

1.總統獨攬行政權，事權統一，沒有行政院長或總理，部會首長
是總統僚屬。國務卿一職比較接近外交部長。總統有內閣，內閣閣員
不得由議員兼任，只對總統負責。國會議員也不得兼任行政官吏。

2.總統不需接受國會議員質詢亦不可解散國會；行政官員無需接
受國會備詢。總統與國會各有任期且固定，各自對選民負責。任期固
定是政局穩定的基本盤。國會沒有不信任投票亦無倒閣權，可以彈劾
總統，但須付出相當的政治及社會成本。

3.總統有諮文權 (message power)，可以隨時向國會報告有關聯邦
政府施政情況，及總統認為必要適當的政策，向國會提出建議，以備
國會考慮議決。

4.國會所通過的法律案，須經由總統署名公布。總統若不簽署公
布，就沒有效力。此外，總統對有爭議的法案有否決權 (veto power)。
國會過半數通過的法案若遭總統否決，則國會需三分之二絕對多數才
能再通過遭總統否決的法案。由於相互有法案條約否決權，是故重大
政策需總統與國會相互配合妥協。

5.總統不僅是對外代表國家的元首，又是掌實權的最高行政首
長，故總統的人格品質至關重要。

許多新興民主國家多採行美國版本的總統制，卻造成許多弊端：

1.權力相互制衡變成相互掣肘，在制度設計上刻意強調行政與立
法部門的相互制衡，卻導致兩部門間的互相牽制杯葛。一方面總統動
員各種資源爭取國會通過行政所需的法案，另一方面國會既獨立於行
政部門之外，議員不必遵循總統指令，得以各自主張，容易出現政策
因行政與立法部門衝突對立，而無解延宕的局面。尤其是當總統與國

會分屬不同政黨，因對抗出現政治僵局 (deadlock)，很難化解，政府運作也會陷於癱瘓。

2.總統對部會首長有非常高度的自由選擇權，部會首長是總統的僚屬，個別受總統的指揮，因此經常發生用人唯私、拉幫結派靠裙帶關係入閣，導致國是不彰。

3.總統制的總統由於是人民直選產生，選舉時的個人克里斯瑪魅力常常是勝選的主要因素，選舉動員時總統個人品格成為焦點而非公共政策議題。直接訴諸選民可以帶動社會關切政治議題，但同時也可能造成民粹主義。

4.獨攬行政權資源，故總統的人格品質至關重要。總統制的總統是國家實際掌舵者、國家形象的象徵者，必須具備折衝協調的民主素養，善用媒體，而非獨斷獨行恣意而享受並濫用大權。

總統制贏者全拿 (winner takes all) 的政治競爭結果造成拉丁美洲及非洲新興民主國家政局不穩的基本結構因素，有一首歌叫「阿根廷請別為我哭泣」(Don't cry for me Argentina)，阿根廷一直在哭泣，因為所託非人導致長期政局不安。麻省理工學院教授梭羅稱之為「貪汙輪迴」，幾乎每位總統，不管左派還是右派，民選總統在一片狂熱歡呼中當選後，都逃不過貪汙舞弊、獨裁暴力的宿命。

在亞洲與阿根廷有相同命運的是菲律賓，同樣都是二戰後區域內最進步的國家，卻因選錯總統導致國家自 1980 年代起落後區域內其他國家的發展。菲律賓繼馬可仕獨裁政權之後，民選的艾斯特拉達總統媚俗奢華、妻妾成群，因貪汙遭彈劾；後來的女總統艾若育同樣也因貪汙暴力事件遭逮捕。印尼總統瓦希德 (Abdurrahman Wahid) 宣布全國進入緊急狀態並下令解散國會及最高權力機構「人民協商會議」後，印尼人協立刻正式投票罷免這位首任民選總統。祕魯總統藤森當年高票當選，選後貪汙瀆職、教唆殺人，因而遭到罷免，出逃後遭國際刑警 (International Criminal Police Organization, ICPO) 組織通緝。

第二節 內閣制的特色及可能缺失：內閣制大都穩定，但新興國家都不要

　　相對於美國總統制為近 200 餘年的新民主制度典範，人類沿襲千百年來的傳統政治制度君主世襲制，隨著自由主義民權更張，在體制內的民主化改革、大量削減王室的政治實權成為虛位君主，但仍然保有世襲王朝並且享有諸多特權，實際治權交由首相負責，諸如英國與日本這兩個東西方民主穩定的內閣制國家。

　　英國王室維持千年，幾經自我修正釋放權力，抵擋住推翻君主專政的共和平等狂潮，避免了歐陸王室慘遭推翻罷黜的命運，現今由溫莎王朝統領著聯合王國。也屬絕對王權的法國波旁王朝 (Maison de Bourbon)，在大革命期間被送上斷頭臺，最後一個皇帝拿破崙三世在 1870 年被廢，流亡海外。古老的俄羅斯帝國被布爾什維克 (Bolsheviks) 革命推翻，羅曼諾夫王朝家族遭集體槍決。

　　此外，若以虛君角度觀之，國家虛位元首、共和總統由間接而非直接選舉產生，但有另一位掌實權的總理負責國家政策，也是內閣制，諸如德國、義大利、馬來西亞。內閣制與總統制突顯了「民主」是相對的概念，或何謂「民主」並沒有單一的制度標準。現今許多民主現代化國家，仍然有世襲皇室，大都集中在西歐及北歐，社會溫和穩定，很少出現極端主義與政治動亂。內閣制常以英國為主要範例，大多數西歐及北歐老牌民主國家皆是內閣制，諸如德國、瑞典、丹麥、挪威、荷蘭、比利時、盧森堡、義大利、愛爾蘭，希臘在 1973 年廢除君主制度，而西班牙在佛朗哥共和之後，阿爾豐索王朝復辟統領至今；北美還有加拿大；在亞洲則有日本、泰國、馬來西亞、新加坡、印度。

一、英國內閣制的特色

　　800 年前（西元 1215 年），中國正處於歷史上又一次政權紛爭（南

宋、蒙古、西夏、金）的封建輪迴遊戲時，英國貴族聯合向英王約翰施壓，要求簽署《大憲章》(*Magna Carta*)。這是英國，也是人類歷史上，邁向憲政民主的關鍵一步。英王在享有特權之餘，開始和平民一樣需受法律約束，並賦予人民法定權利。從此英國幾經改革，採行虛君制，行政權屬於首相及閣員所構成的內閣，英式內閣制有如下特點：

（一）首相由英王任命產生

每次國會選後，由英王提名首相，請其組閣治理國家，閣揆經國會多數同意後任命，以內閣代元首向國會負責。2001 年 5 月，日本自民黨森喜朗辭首相及黨魁，天皇並沒有立刻任命首相，而是等待自民黨先選出黨主席小泉後，天皇自然任命其為首相。

（二）行政立法二權融合

英國行政部門與國會權力結合，權力平等中抗衡，司法機關則超然獨立於國會及行政之外。由於行政、立法兩權融合，雙方信任程度高，國會立法能夠切合實際需要，政策也可以有效落實，出現議員杯葛而造成政治僵局的機率較低。內閣閣員兼任國會議員，每位閣員都具有民意基礎，首相組閣時從議員中挑選各部會首長。

（三）首相也是執政黨黨魁

英國首相通常是由在下議院國會中多數黨黨魁來擔任，內閣在國會辯論政策。內閣成員出席國會做施政報告，與反對黨直接辯論政策，也是形成民意、主導民意的場域。

（四）首相副署制大權在握

英國內閣會議決定政策後，由元首公布，但須經內閣副署，使之生效。此舉表示由內閣負責，但同時也賦予首相政策決定權。

（五）國會負責監督

英國議會，尤其是人民直接選出的下議院（平民院，House of

Commons）可以經由議員質詢、通過或否決法案及不信任投票，來監
督內閣。

（六）英王為虛位元首

英國國王或女王享有國家最高尊榮待遇，象徵國家但不具有政治
實權，也不負擔政治責任，如諺語：「英王不會出錯」(The king can
do no wrong)；泰國拉瑪九世皇蒲美蓬也有如此的崇高地位。

（七）內閣任期不定

英國內閣任期取決於國會信任與否，若重要政策不為國會接受，
英國會可以倒閣，英首相亦可總辭。首相內閣治而不統，掌握政府大
政但也可隨時走人。

（八）倒閣／解散乃恐怖平衡

內閣首相若因政策理念衝突，可提請英王解散國會，直接訴諸選
民，故國會任期也不定。重新改選將爭議政策訴諸新民意，獲多數選
民支持則繼續執政。由於國會任期不定，藉由國會的不定期改選探詢
新民意。國會通過不信任案時，內閣總辭改選國會議員，但執政黨也
可以選擇有利時機，主動解散國會。唯一限制是剛選出 1 年內不得解
散及 5 年內必須改選。所以施政受到歡迎的執政黨可以無限期執政，
比較不會出現短期間密集的鐘擺效應 (Pendulum Effect)。

（九）影子內閣隨時接位

由於內閣及國會任期不定，英式內閣制上發展出一個有益於政權
穩定交接的傳統──影子內閣 (Shadow cabinet)。 在下議院反對黨資
深成員所組成一種具高度共識的非正式團體， 按照內閣閣員職務組
成，為下次執政準備，當該政黨獲國會多數得以組閣執政時，即可以
立即擔任內閣閣員獲首相職務。由於民選的影子內閣團隊長期關注政
務，影子閣員負責緊盯被指定的部會政策發展，與官方內閣閣員辯論
政策。影子內閣是反對黨的篩選機制與歷練方式，等於是在議會中培
養專業人才的預備團隊，熟稔政務，一旦執政，比較不會出現新手上

路的摸索期，也減少黨內分封官位的爭鬥。

二、內閣制的可能缺失

臺灣常稱英國政治制度為內閣制，其實嚴格說來，英國政治制度應該是行政與立法合一的議會內閣制或議會制 (Parliamentary system)。英國議會內閣制，行諸數百年有如下可能缺失：

（一）形成另類首相制

由於行政、立法二權融合，政府的權力結構真實反映出國會的權力結構。首相是執政黨黨魁，是「第一部長」(Prime minister) 自國會挑同志組成政府，政府／國會一體，內閣自國會產生，議員可兼任閣員負責行政、推動政務。由於掌握議會多數及內閣閣員任命權，再加上英國議會制許多行為模式來自於憲政慣例，曾出現行政專制甚至首相專制情況。也由於任期不定，只要施政或得民意認可，首相或總理可以無限期連任，例如英國鐵娘子柴契爾夫人 (Margaret Thatcher) 入主唐寧街 11 年，在英國及世界推廣柴契爾主義 (Thatcherism)；領導德國統一的總理科爾 (H. Khol) 執政期間順利引導德國從冷戰邁進後冷戰；而梅克爾 (Angela Merkel) 總理自 2005 年擔任德國總理以來，強勢主導歐洲政局（尤其是歐元區債務危機），連續多年受國際重要媒體封為「世界最有權力的女人」。

在內閣制國家，係採權力融合制度，內閣由國會多數黨組成，向國會負責，閣揆由多數黨黨魁出任。如果內閣失去國會支持，即面臨被倒閣命運。惟如果閣揆自認民意支持其政策，也有權解散國會，直接訴諸選民決定其政策是否得當。

既然內閣制首相／總理一黨獨大下有如此龐大權力及權威，那如何反制權力或令其交出權力？有以下幾種可能：

1.通過不信案，明白表示首相／總理的某項政策不受支持，迫其去職。不信任案在國會不易通過，需執政多數黨同志背叛及在野黨明顯表達不滿，通常是反映某項重大政策的強烈民意。

2.國會大選沒過半，等於輸掉政權，當然辭去首相／總理一職，虛位元首自然不會續聘。

3.地方選舉重挫，迫於黨內領導無方壓力亦可能辭去黨主席以示負責，辭去黨魁便有辭去閣揆之連鎖效應。

4.黨內派系鬥爭，黨魁已不受同志支持，或同黨議員倒向他黨，首相／總理無法再有效指揮本黨議員。例如 2001 年日本首相森喜朗民調超低，僅 9%，面對自民黨內各派閥不同主張，森喜朗一併辭去黨魁及首相職務。柴契爾夫人的突然辭職更是經典，1990 年柴契爾夫人正在國外開會，聽聞她所欲執行的歐盟政策在黨內開會討論時不受多數同志支持，認為無法再領導保守黨共同對外，立刻辭去黨魁及首相職務。柴契爾夫人雖結束個人政治生命，卻為英國憲政再立優質典範：首相堅持的重大政策不受同黨支持時便辭去領導職務，不戀棧也不擺爛。

（二）內閣同時擔任行政與議會二種職權

閣員是專業菁英但同時也是民選議員，監督者同時也是被監督者，容易造成角色混淆、分身乏術，甚至利益交換情況，此點也常遭詬病。

（三）國會至上，無成文憲法做最後守護者

內閣制行政權的行使是基於國會的賦予及信任。國會議員是國家主體及民意政治的展現，因此內閣制國家乃「議會主權」(parliamentary sovereignty) 及「議會至上」(parliamentary supremacy) 制。英國沒有成文憲法，國會可以制訂任何法律、任何政策，卻沒有違憲爭議或因而失效，只要經由民選之議員多數同意即可，未經議會多數同意之政策不具正當性。以前有所謂「英國國會除不能讓男變女外，其餘皆可」的敘述，甚至可制訂法律令女王退位。在當今大自由的年代，英國國會也許也可以立法允許男變女、女變男，「議會主權」及「議會至上」確立無可撼動的地位。

（四）聯合內閣權責不清

與首相大權獨攬對立的是聯合內閣，在多黨競爭情況下，若國會無一過半數政黨，須由各政黨合縱連橫組成執政聯盟。組成的聯合內閣首相／總理無法有效掌控閣員／議員，常因紀律鬆散、權責不清、重大政策理念不合，造成施政混亂、方向不明、政策前後任不一致等行政無效率的現象。

（五）小黨林立的聯合內閣易造成政治不穩

一般而言內閣制國家的政局較總統制穩定，因為行政、立法權力合一。但若國會無政黨過半數，由兩個（以上）之政黨組成多數政府執政，則另當別論。聯合內閣執政聯盟的脆弱多數不利長期執政，閣員議員很容易因不同議題與立意心懷二志，相互推責諉過，倒閣紛爭不斷。日本自民黨自 1955 年成立以後，每次眾議院選舉都獲半數以上席次，號稱「五五體制」。但 1993 年起，自民黨不再一黨獨大，「五五體制」結束，直到 2015 年末出現穩定多數，數度政黨輪替並出現多次聯合內閣或局部改組，未有一內閣執政超過 1 年，政壇異動頻仍。甚至 2009 年至 2011 年，日本政府 3 年內換 5 個首相。義大利也是戰後至今平均 1 年內閣更迭 1 次。比較例外的是多黨制的德國。德國常出現聯合內閣，但政壇卻穩定務實，如基民黨及基社黨 (CDU／CSU) 有長期合作慣例，聯合內閣籌組時執政聯盟政黨也會簽執政協定，明載基本立場及政策，各自負責之部門。

（六）容忍非共和制的世襲特權

上述的英國內閣制將「統治權」切割，國王或女王「統而不治」，是國家恆常一統的象徵，位高權小、不負責實際政務，首相內閣則是「治而不統」。英國直至今日的國歌是 "God save the Queen"（上帝庇佑女王）。在政治平等觀念已普遍接受且實踐的二十一世紀，但君主內閣制卻明白延續虛位君主的種種優越特權。單單是英國戰後登基的伊利莎白二世女王，任內美國就已產生杜魯門、艾森豪、甘迺迪、詹森、尼克森、福特、卡特、雷根、老布希、柯林頓、小布希、歐巴馬

至少 12 位民選總統。

如同英國女王一樣統而不治，日本天皇也是位高權不重的元首。日本王室萬世一系，有專門的《王室典範》，不受一般法律規範。《日本戰後憲法》第 1 章第 1 條規定：「天皇是日本國象徵及國民統合象徵，其地位是根據擁有主權的日本國民全體的意見。」第 4 條規定：「天皇只能行使憲法規定的國事行為，不擁有對國政的權能。」日本天皇不過問國政，實際執政權屬於由參眾兩院多數黨推選出的首相，日皇只對首相和組成的內閣閣員行使象徵性的任命權。

2011 年 3 月日本發生史無前例的地震海嘯與核能電廠輻射外洩，人心惶恐之際，明仁天皇破例發表電視演說，期盼國民面對天災與核能輻射危機，齊心克服困難，試圖穩住惶恐民心。距離上一次日皇上媒體發聲已是 66 年前，當時的日皇裕仁在 1945 年 8 月 15 日透過廣播宣布日本投降，都是在非常時期，對民眾表達撫慰及信心。這樣世襲君王的國家象徵權在英國及日本皆無可撼動，英國及日本「臣民」對共和主義運動不感興趣。

議會內閣制的一大優點便是政局穩定。在野黨是「國家忠誠的反對黨」，其反對的是政府之政策，非反對國家或身分認同問題，執政黨若垮臺，是政府垮臺，並非國家垮臺。故即使政府不穩，整體政治環境仍然穩定。義大利與日本從二戰後至今已出現 60 多個內閣，政壇跑馬燈恆常旋轉，但國家不會垮，上有虛位元首作為國家象徵，統而不治，下有優質文官體系作為「政府機器」固定運作、負責實務治理，所以儘管多次政黨輪替、權力更迭頻仍，國祚仍然穩定發展。

第三節　民主體制的第三條路：半總統制的特色及可能缺失

上述總統制與議會內閣制各有其優缺點並無絕對好壞，運作是否順暢健全端視該國實際憲政發展、歷史民情及政治文化。除了世界各國以美國憲政作為總統制之參考典型、以英國作為內閣制的範例之

外，法國發展出民主體制的第三條路：雙首長制 (Dyarchie, two-ahead system)，或稱半總統制 (semi-presidentialism)。一些原本以內閣制為綱本的國家，幾經修憲及重大政治發展形成總統及總理皆掌實權的憲政體制。除法國之外，諸如芬蘭、波蘭、愛爾蘭、烏克蘭、克羅埃西亞、羅馬尼亞及我國皆實行大同小異的半總統制。

　　比較例外的特例是俄羅斯，俄羅斯雖然也是半總統制，同時擁有享實權的總統及總理，但後冷戰時期俄羅斯震盪療法式的民主改革有深刻的強人色彩，除了葉爾欽 (Boris Yeltsin) 之外，普丁總統當了 2 任 8 年總統後當 4 年總理，然後又第三度經由民選當選總統。就像其口號「給我 20 年，還給你一個強大的俄羅斯」，普丁任內強勢領導俄羅斯中央再集權、強勢掌控國會、管控媒體等長期非民主作為，不在本節所探討具民主深意的半總統制之內。

　　法國政治制度自從大革命推翻絕對專制王朝以來，政治思潮及國體選擇在保皇派與共和派之間激烈擺盪，歷經多次替換。二戰後法國第三共和及第四共和採取內閣制精神之議會共和作為憲政制度選擇。責任內閣制的基本運作原則是內閣向國會負責，國會通過不信任案可使內閣辭職，政府可以解散國會。然而這樣的制度設計卻讓第三及第四共和政治糾紛不斷、內閣更迭頻仍，90 年間更換內閣近 200 次，平均壽命為 6 個月，甚至曾出現一天內閣及三天內閣。

　　法國政府更迭頻繁的主因在於國會權力過人及多黨林立，政府與國會間的制衡失控且缺乏協調力量。於是法國制訂《第五共和憲法》的主要目標便是「國會合理化」，也就是弱化國會及強化行政權。強化的行政權由經人民直選的總統與領導國會多數黨的總理共同分享，學政界及媒體將此新型民主體制稱為雙首長制或半總統制。

一、法國半總統制的特色

　　當今世界民主政府體制若屬總統與總理分享行政權的半總統制，一般皆以法國第五共和憲政為範例，其具有下列主要特點：
　1.總統由人民直選產生；

2. 總統有主動解散國會的權力；

3. 總理由總統任命並對國會負責；

4. 國會多數黨是權力轉換重要變項：由於總統與總理同時具有《第五
共和憲法》賦予的行政權，於是，國會多數黨的屬性成為總統與總
理權力轉換的砝碼。當總統與國民議會多數黨是同一政黨時，制度
偏向總統制，總理是總統的最高執行長，向國會負責；但是，當總
統與國會多數黨不同黨時，權力皆轉換到總理實際主導，對國會負
責，總統權力限縮，仍保留國防及外交權限。

　　法蘭西第五共和憲法除了賦予法國總統元首象徵權——共和國
獨立完整的守護者——之外，還賦予法國總統許多行政實權，諸如：

1. 任命總理：總統得自由任命總理，無須經國會同意；

2. 主持國務會議：每周的行政會議由總統主持，總統得以主導政府政
策；

3. 重大議案提交公民投票：法國總統得依政府或國會所提之建議，將
有關國際條約之批准，提交公民複決；

4. 解散國民議會：法國總統於諮詢總理及國會兩院議長後，得宣告解
散國民議會。國民議會因解散而改選後 1 年內，不得再予解散；

5. 緊急處分權：總統得於共和制度、國家獨立、領土完整或國際義務
之履行遭受嚴重且危急之威脅時（經正式諮詢總理、國會兩院議長
及憲法委員會後），採取應付此一情勢之緊急措施；

6. 條約締結權：法國總統負責對外國與國際組織之談判並由其批准條
約；

7. 提請釋憲權：總統確保國際條約之遵守與執行，可將可能違憲之國
際條約內容提請憲法委員會釋憲；

8. 國防統帥權：法國總統為三軍統帥，並主持國防最高會議及委員
會；

9. 核武按鈕權：法國總統不僅有三軍統帥權，據 1962 年及 1964 年兩
項有關國防組織的行政命令，也賦予總統有指揮作戰權及核武按鈕
權；

10.憲委任命權：總統有權任命三位憲法委員會委員；

11.使節權：法國總統派任大使及特使赴駐外國，並接受外國大使及特使之到任；

12.單向咨文權：總統得向國會提出咨文，予以宣讀，該咨文無須經國會議員討論；

13.國會臨時召開權：總統有權決定是否同意國會臨時會的召開。

　　總統由人民直選產生，有權主動解散國會，總理由總統自由任免並對國會負責，堪稱總統制與內閣制的混合體。法蘭西《第五共和憲法》同時賦予總理關鍵權力：

1.國政制訂權：總理不僅執行且「制訂」國家政策；

2.行政首長權：總理「支配行政機構」，並且「指揮政府行動」；

3.國防權：總理負責國防，並且掌管軍隊權；

4.主持最高國防會議：如情勢需要，總理得代理總統主持最高國防會議及委員會；

5.總理對國會負責；

6.副署 (countersign) 總統公布之法律命令。

二、半總統制的可能缺失

　　由於法蘭西《第五共和憲法》對總統、總理的權力分配與責任歸屬重疊且混淆，是動態之雙軌制，其中變項為國會選舉，因為反映最新民意。經 60 年來修憲與憲政實踐結果，有如下缺失：

（一）總理雙向負責

　　總理由總統自由任命及免職，當總統與總理屬同一政黨時，總理事實上成為總統的幕僚長或執行長，造成總理一方面向議會負責，一方面向總統負責的雙向負責。

（二）國會監督總理內閣

　　國民議會及參議院通過法案，像內閣制一般質詢、監督及審議總理內閣施政，可以提出倒閣及不信任案。總理內閣與國會亦有倒閣／

解散之恐怖平衡。

（三）總統無須為政策負責

如上述所列，總統掌有許多行政實權，但有權無責，平時不受國會監督。且由於總統自由任命總理，總理常成為總統政策之擋箭牌，政策出錯或違背多數民意時，由總理負責。

（四）類似總統制

總統直選擁有相當實權，受人民直接政治託付，是全國政治權力中心，尤其在國家安全方面。

（五）「左右共治」(cohabitation) 由特例變成慣例

當總統與新選出的國民議會多數黨不同黨時，總統參酌政治現實，任命不同政黨的多數黨領袖擔任總理組閣，行政實權換軌（或還原）由總理主掌，回歸《第五共和憲法》中總理對議會單向負責的型態，形成行政雙首長二元領導的左右共治局面。總理為新國會多數支持，權力大幅增加，總統權力則大幅減縮。但即使在總統與總理不同黨的情形下，法國總統仍擁有《第五共和憲法》賦予的國防與外交專屬權。法國已發生過 3 次左右共治情況，有從特殊案例演變為憲政慣例的趨勢，不啻是民主的新型發展，下一章將再詳細討論。

三、我國的半總統制運作

《中華民國憲法》在臺灣經歷《動員戡亂時期臨時條款》近半世紀的凍結之後，在 1990 年代啟動民主改革修憲工程時曾大量參考法國第五共和的半總統制設計。雖然臺灣與法國國情不同、政治文化殊異，但憲政發展卻頗有相似之處。法國《第五共和憲法》與中華民國 7 次修憲後之共同特色有：

1.臺灣與法國都是幾經憲政大辯論後，確定選擇現行憲法條文。法國《第五共和憲法》是修正第三及第四共和的國會超級擴權，臺灣則是修正《動員戡亂時期臨時條款》的行政超級擴權，但並未回歸那

部幾乎從未被遵守的憲法。

　　2.現行憲法均為以內閣制設計為綱本，加上擁有實權之總統。臺灣與法國都不是總統制，因為有一位領導內閣、對國會負責的總理（行政院長）；也不是內閣制，因為國家元首掌實權、不是統而不治的虛君。

　　3.修憲過程皆有具政治魅力的總統強勢主導。法國最後一位國王戴高樂前半生類似蔣介石（但最後有率領反抗軍重返首都）、後半生很像李登輝（人民直選受愛戴的政治強人）。戴高樂與李登輝兩人都經直選取得民意明白託付，透過修憲大幅增加其權力。臺灣與法國現行憲法大幅度的關鍵選擇、制訂與修改幾乎按照強勢總統的意志完成。

　　中華民國總統與法國總統享有若干相同的行政實權，尤其是總理／行政院長由總統自由任命無須經國會同意，而且是總理／行政院長對國會負責；還有公民投票的提議發動權。

　　但法國與我國仍有些許不同，例如：法國總統有主動解散國會的權力，中華民國總統只有被動解散權，而立法院針對行政院提出覆議案時，原需三分之二多數才能強制行政院接受的門檻，降低為二分之一多數。法國總統主持國務會議，但中華民國每週之行政院院會由行政院長主持。法國總統須經過半數的選民直接選出（通常是兩輪投票），中華民國總統只需相對多數的選票即可當選。臺灣陳水扁總統時期並未隨著國會多數黨更換以及總統與國會多數黨關係的變化，出現總統制與內閣制的交替換軌機制，仍維持朝小野大的扞格局面。臺灣也尚未出現左右共治政局，陳水扁總統時期由國民黨籍行政院長唐飛組閣，屬個人行為，非國會多數黨共同意願，亦非黨對黨協商產生。有關公民投票、總統直選及左右共治等重要憲政議題，下章再繼續討論。

第六章

當代民主趨勢：公民投票、總
統直選、左右共治

　　民主政治在當代發展出許多面貌。間接式的代議政治是民主政治運作的核心機制，實踐上也較為可行，而直接民主，例如公民投票，由選民直接決定公共政策，以及總統直選，由選民直接選出最高政治領導人，也是民主政治的理想形式。同時，晚近 30 年出現的左右共治現象，融合代議政治的總理與直接民選的總統二者之間共享行政權力，也是當代民主政治可能出現的趨勢。本章將分別討論之。

第一節　公民投票特色與缺失

　　公民投票（referendum 或 plebiscite，簡稱公投）是直接民主制的體現，在歐洲具有數百年傳統。十六世紀至今，歐洲各國已舉行近千次公民投票。公民就提議內容用投票方式表達贊成或否決；相對於議會代議的間接民主，公民投票是直接民主，在某種程度上可以彌補代議制度的缺失，決定的事項包括國家獨立、區域權力、領土歸屬、制訂或修改憲法、加入國際組織、決定重大政策、地方事務等等。經百年實踐，公民投票有如下幾項特色：

一、實施公投國家的範圍而言

　　由歐洲遍至全世界，但尚未完全普及。歐洲各國最早也最普遍實施公民投票，諸如瑞士、英國、愛爾蘭、義大利、法國、丹麥、瑞士、荷蘭，瑞士在十九世紀已非常普遍透過公投決定地方區域的公共政策。世界第一次全國性重大的公民投票是由拿破崙於 1810 年舉行，公投題目：「法國是否應該恢復帝制，並由拿破崙擔任法國皇帝？」過半數當時擁有選舉權的公民投下贊成票。革命之子拿破崙於是在同年 12 月 2 日在巴黎聖母院舉行盛大的加冕典禮，並從教宗手中拿取皇冠自行戴上，宣告成立法蘭西帝國。第二次世界大戰後，義大利末代皇帝烏姆貝托二世復辟上臺，1 個月就在全國公投中被廢除國王地位。

　　第二次世界大戰之後，聯邦制的美國也有許多州採納公投制度；

新興獨立國家也紛紛引進公民投票制度。中華民國於 2003 年立法制訂《公民投票法》，是東亞第一個採行公民投票的國家（中華民國於 1998 年制訂的《家庭暴力防治法》，也是東亞第一個實行的國家）。

二、公民投票結果的效力性質

可分拘束性公投或諮詢性公投，拘束性公投有法律延續效果，政府相關單位必須落實或制訂後續相關政策，甚至是重大議題的最終決定，尤其是國家身分地位歸屬這類重大政治議題。諮詢性公投則是參考作用，政府及議會無須按照公投結果制訂政策，但也可以因尊重民意而按照公投決定行為或不行為。例如瑞典曾舉行過多次公投，議題為禁酒、改變駕駛方向（從左到右）、以政府稅收資助退休金、核能發電、加入歐洲聯盟及採用歐元。瑞典議會無視人民反對改為右方駕駛的公投結果，仍然通過改為向右駕駛；但人民反對放棄克郎發行歐元的公投結果，瑞典政府照辦，維持在歐盟會員國身分但拒絕發行歐元。公投在實行的國家大多視為公民權利而非義務，公民不具強制性投票義務。

三、公投決定的內容層面，可以是地方事務也可以是全國性政策

公投議題涵蓋各種大大小小的公共政策，義大利曾以公投詢問人民打獵的獵物屬於打獵者或獵物出現的莊主；2011 年 3 月日本發生核能電廠爆炸造成輻射災難之後，義大利立刻於 6 月舉行全國性公投，以 94% 壓倒性票數拒絕重啟核能發電，硬是推翻政府及國會的既定政策。

美國是地方事務性公投，未曾舉辦過全國性的公民投票。美國各州政府在聯邦憲政架構下，各自以法律自行訂定公投程序，舉辦該州地方事務的公民投票。瑞士不僅是直接民主的模式，甚至是家常式的直接民主，每年平均舉行約 3 次全國性公投，讓人民決定約 10 項國家政策，堪稱典範。瑞士曾以公投詢問納稅額度、在 1986 年以公民

投票拒絕加入聯合國，又於 2002 年第 2 次公投才同意加入聯合國。挪威也是，政府代表 2 次與歐盟談判且簽署加入歐盟條約，但都被挪威人民公投否決，是北歐五國中唯一未加入歐盟的國家。

四、公投易導致民粹，曾經造就獨裁者。至少，會讓政治人物權力高漲

公投的理想境界是民意的直接展現，也正因如此，若再加上涉及重大政治敏感議題，公投期間社會高度動員，容易造成政治人物煽射民粹主義狂熱現象，納粹時期的希特勒濫用公投便是最典型的案例。

希特勒廢除堪稱完美的威瑪共和，逐步走向極權獨裁的制度性工具，就是公民投票 (Volksabstimmung)。1933 年興登堡 (Paul von Hindenburg) 總統一過世，希特勒便透過全國性公投通過受權法案 (Enabling Act)，將總統及總理權力集於一人 (Führer)，並廢威瑪共和為德意志第三帝國；1938 年希特勒再以公投方式獲德國人民支持變戴，兼併奧地利。有鑑於公投造就全民政治狂熱的煽涉性，二戰後西德的《基本法》（憲法）明白拒絕公投入憲，直至今日，統一後的德國不再有全國性公投。

法國戰後憲法給總統很大行政裁量權，可以主動將其視為重要的議題避開國會逕行交付公民投票。戴高樂總統於 1962 年將「直選總統」憲法修正案直接訴諸公民投票，並獲通過，從此確定法國憲政的半總統制。戴高樂總統又再針對政府組織提出 3 次公民投票用以對抗國會，前幾次皆成功，政治威望高漲，但第 4 次公投失敗，戴高樂總統憤而辭職。

水能載舟亦能覆舟，公投在法國是總統與國會政治角力時運用的工具之一。戴高樂總統將爭議問題繞過國會直接訴諸民意，視為是人民對總統的信任投票，最後一次公投未過，隔日立刻辭職為政策負責，展現民主精神。就此觀之，戴高樂總統是政治強人，是法蘭西民選的最後一位國王，但不是獨裁者。

五、公投是殖民地脫離殖民母國與少數民族及地區獨立的神聖工具

公民投票的神聖性，不一定在直接民主的展現，而是在土地上的居民透過此方式確定土地政治屬性或國家定位，薩爾區是個很典型的範例。德意志民族居住的薩爾區在第一次及第二次世界大戰德國戰敗後，皆交由國際託管並置於法國的政治管控之下，儘管法國政府透過各種操作希望得到這塊萊茵河西岸成為領土，但薩爾區居民在 1935 年及 1955 年分別以公民投票方式回歸德國。

二次世界大戰後公民投票蔚為風潮，充分發揮反殖民運動的政治工具，亞洲、非洲、拉丁美洲的非自治領土、託管領土、保護領土在聯合國託管理事會的監督下，殖民地人民透過公投脫離西方帝國主義，紛紛獨立建國。1990 年代又一次公民投票高峰，蘇聯 15 個加盟共和國以公民投票脫離蘇聯，直接造成冷戰雙極世界的一極霸權蘇聯解體。南斯拉夫也面臨同樣命運，聯邦中分屬不同族群的小國諸如克羅埃西亞、斯洛維尼亞、捷克斯洛伐克、馬其頓、科索夫、蒙地內哥羅也以公民投票方式脫離南斯拉夫，只剩塞爾維亞。東帝汶脫離印尼、南蘇丹脫離蘇丹都是一方面內戰，一方面都透過公民投票成立新國家，上述這些國家皆加入聯合國成為國際正式成員。

加拿大法語區魁北克曾於 1995 年舉行第二次公民投票，決定魁北克是否要脫離加拿大成為獨立國家。公投結果 49.42% 選民認為魁北克應脫離加拿大，50.58% 選民反對，即便主張魁獨的魁北克人黨積極鼓吹，魁北克仍然留在加拿大國家內。另一個特殊的例子是美國在加勒比海的自治邦波多黎各，西班牙在美西戰爭戰敗後將波多黎各割讓給美國，波多黎各多次爭取獨立皆失敗。2012 年美國總統大選時，擁有美國公民身分的波多黎各人民，以公民投票方式通過波多黎各從自治邦轉變成美國正式領土第 51 州。

此刻二十一世紀仍然存在一些領土爭議，有些居民甚少、甚至是無人島，所以無法舉行公民投票解決土地的政治歸屬。諸如日本與俄

羅斯爭議的北方四島、日本與南韓爭議的獨島、日本與臺灣爭議的釣
魚臺、南中國海六國都聲稱是領土的南沙群島等。喀什米爾是印度與
巴基斯坦屢屢發生衝突的地區，但喀什米爾的居民無法像薩爾區或魁
北克居民用公民投票來決定自己的政治歸屬。

六、公投經常是決定重大政治爭議的終極工具

　　無論是國體選擇或國內重大爭議的公共政策，當社會意見分歧、
國會又無足夠權威決定，訴諸公民投票可作為最終解決途徑。例如飽
受北愛爾蘭定位問題之苦的愛爾蘭共和國及北愛爾蘭政府於 1998 年
曾針對北愛問題舉行公民投票，兩方人民多數同意接受《北愛和平協
定》，將長達 30 年的北愛衝突暫時劃上休止符。即便是「議會主權」
的英國也舉行過幾次重大政治性公投，例如 1973 年的北愛爾蘭公投，
投票結果有 98.9% 的北愛爾蘭人同意繼續留在聯合王國內 ﹔ 1975 年
舉行全國性公民投票，結果有 67% 贊成加入歐洲共同體﹔1979 年舉
行同意威爾斯及蘇格蘭「權力下放」(devolution) 的公投。2012 年英
國首相卡梅倫 (David Cameron) 與蘇格蘭地方政府首席部長薩蒙德
(Alex Salmond) 達成協議，同意蘇格蘭於 2014 年舉行公投，以簡單的
「是／否」決定蘇格蘭是否脫離聯合王國而獨立。議會至上的英國也
曾以公民投票方式來決定聯合王國 (United Kingdom) 究竟要繼續聯
合 (united)，還是選擇王國解體 (disunited)。

　　仍然尊奉英國女王為國家元首的澳洲境內有不算熱烈的共和運
動，主張澳洲廢除君主制成立聯邦。在 1999 年是澳洲曾舉行公民投
票，決定是否脫離英國、改制共和國體，但投票率甚低且沒有通過，
遙遠的英國女王仍是澳洲的國家元首。

　　晚近著名的公投案例發生在冰島，2008 年全球性的金融海嘯導致
冰島三大銀行破產，冰島國會通過由全民分攤銀行爛帳的償債協議，
但冰島總統否決國會議案，並於 2011 年舉辦公投尋求社會真實意見。
公投結果逾半數民眾否決由政府償還積欠破產銀行欠英國與荷蘭政
府的債務（39 億歐元），有逾 59% 的公投民眾反對由全體納稅人收拾

爛攤子，認為冰島納稅人沒有法律義務支付私人銀行的損失，無須因英國政府催繳而導致沈重的財政負擔。英國則在 2016 年 6 月以公民投票方式，做出歷史性重大決定：退出歐洲聯盟。

臺灣亦於 2003 年 11 月立法院通過《公民投票法》，於 2004 年 1 月生效。至 2015 年已經舉行過 3 次 6 議案的公民投票（可參表 6-1）。公投方式跟一般民主選舉一樣以普通、平等、直接、不記名進行，我國 3 次 6 議案的議題都具有高度政治性，結果都未達通過門檻。

表 6-1　我國六次公民投票提案

	時間	議案內容
第一次	2004 年 3 月第十一任總統選舉	第一案：強化國防 臺灣人民堅持臺海問題應該和平解決。如果中共不撤除瞄準臺灣的飛彈、不放棄對臺灣使用武力，您是否贊成政府增加購置反飛彈裝備，以強化臺灣自我防衛能力？ 第二案：對等談判 您是否同意政府與中共展開協商，推動建立兩岸和平穩定的互動架構，以謀求兩岸的共識與人民的福祉？ （當時陳水扁總通稱為「防禦性公投」）
第二次	2008 年 1 月第七任立委選舉	第三案：討國民黨黨產 您是否同意依下列原則制訂《政黨不當取得財產處理條例》將中國國民黨黨產還給全民？中國國民黨及其附隨組織的財產，除黨費、政治獻金及競選補助金外，均推定為不當取得的財產，應還給人民。已處分者，應償還價額？ 第四案：反貪腐 您是否同意制訂法律追究國家領導人及其部屬，因故意或重大過失之措施，造成國家嚴重損害之

		責任，並由立法院設立調查委員會調查，政府各部門應全力配合，不得抗拒，以維全民利益，並懲處違法失職人員，追償不當所得？
第三次	2008 年 3 月第十二任總統選舉	第五案：臺灣入聯合國 1971 年中華人民共和國進入聯合國，取代中華民國，臺灣成為國際孤兒。為強烈表達臺灣人民的意志，提升臺灣的國際地位及參與，您是否同意政府以「臺灣」名義加入聯合國？ 第六案：務實重返聯合國 您是否同意我國申請重返聯合國及加入其他組織，名稱採務實、有彈性的策略，亦即贊成以中華民國名義、或以臺灣名義、或以其他有助於成功並兼顧尊嚴的名稱，申請重返聯合國及加入其他國際組織？

資料來源：作者整理。

　　臺灣的《公民投票法》常被批評為是「鳥籠公投」，認為設限太多，凡涉及主權、領土、國號都不能成為公投議題，而且公投門檻高，人民提案的連署人數需達 88 萬人，且由政黨依比例組成「公民投票審議委員會」審核人民的提案，以及立院多數壟斷提案權，排除行政機關及立法院少數議員之提案，都被視為違背人民民主權益與原則。而投票率需達到全體公民總數 50% 以上結果才具有效性、有效投票數超過二分之一同意者始獲通過，都被批評為違背民主常態。

第二節　總統直選制度及影響：他將決定我的生活、我將供養他一生

　　2 千多年前，柏拉圖在《共和國》一書建構理想的美好國度，而這樣的共和國是具備理性與勇氣的哲學家皇帝所統治。而孔子一車兩

馬、達達馬蹄也在尋找仁民愛物的君子。無論是哲學家皇帝或仁人君子，本質上都具備道德與智慧，甚至是人格者。但在民主時代，一國之君是否擁有德智兼修的品質已經不是首選，最重要的是他有能讓自己當選的本領。當代經由人民選舉產生的總統，之所以能當選，往往取決於他的競選政策、黨派團隊、競選經費，還有，他是否具備感動人心的說服魅力。

一、複雜古老的美國總統選舉制度

美國雖然是民主典範，是許多新興國家在建構民主體制與政策時的基本參考，但美國有 2 項憲法的規定，舉世沒有任何國家仿效：人民擁有槍枝權及總統選舉制度。美國總統選舉制度不是透過某個機關（通常是參議院） 代表選出的間接選舉 ， 也不是完全的人民直接選舉。每位公民都可以投票，但卻不是一人一票的計算總票數，再以總票數多寡決定勝負。美國總統選舉不是採用這樣簡單符合民主邏輯的計票方式。

美國總統一任 4 年，故總統選舉每 4 年舉行 1 次。美國總統選舉制度復雜、過程冗長耗時約 1 年。選舉程序包括 4 大階段：第一階段初選、第二階段各黨召開全國代表大會確定總統候選人、第三階段總統候選人競選、第四階段全國選民投票及選舉人團投票表決。

第一階段初選通常從選舉年的年初開始到年中結束，民主黨與共和黨有意競選者爭取該黨總統候選人提名。初選有兩種形式，分別是黨團大會和直接初選。黨團大會為兩黨在各州召開代表會議，選出該黨參加全國代表大會的代表。直接初選如同普選，兩黨選民同一天到投票站投票選出所屬政黨參加全國代表大會的代表，美國大多數州目前採用直接預選方式。

初選結束後進入第二階段 ， 民主黨與共和黨會召開全國代表大會，全國代表大會主要任務是確定該黨總統與副總統候選人，並討論總統競選政見綱領。

兩黨舉行過全國代表大會之後 ， 第三階段總統競選活動正式展

開。兩黨總統候選人在全國各地開展競選行程爭取選票，除了所費不貲的宣傳廣告塑造形象之外，各式熱鬧的造勢活動拉票、競選演說、記者招待會，以及舉世矚目即席轉播的電視辯論。

第四階段為投票日，定在選舉年 11 月的第一個星期二舉行，這一天被稱為大選日。這一天的全民投票，並不是選舉總統，而是選舉出代表選民的「選舉人團」(electoral college)。美國總統選舉實行選舉人團制度，因此選民投票時，不僅要在總統候選人當中選擇，而且要選出代表 50 個州和首都華盛頓哥倫比亞特區共 538 名的選舉人，組成選舉人團。美國絕大多數州（及首都）實行「贏者全拿」制度，在一州（及首都）獲得選民票最多者獲得該州或首都「所有」選舉人票。選舉人團投票表決在選舉年 12 月第二個星期三之後的第一個星期一舉行，選舉人在其所在州首府投票選出美國總統。

一般而言，選舉人團投票表決只是例行公事。贏得 538 名的選舉人的 270 張或以上選舉人票的總統候選人勝出。因此，根據各州選舉人票歸屬情況，大選日當晚就能得知哪位候選人當選。各州總統選舉的投票結果，將在選舉後隔年的 1 月 6 日由參議院主席在參、眾兩院聯席會議上公布，總統當選人在次年 1 月 20 日就職典禮上宣誓就職。

由上述歷程可知，美國總統選舉是介於間接選舉與直接選舉之間的特別制度。上述看似多餘的選舉人團總統選舉方式有其發生的歷史背景，當初，《美國憲法》起草人設計的其實是間接選舉制，由每 4 年組成的選舉人團挑選 5 位總統候選人，提名後由眾議院做出最後選擇。選舉人團由各州代表組成，大州因而占強勢。至十九世紀，政黨為該黨的候選人取得選舉團多數，形成今日以政黨主導的制度；各州議會又陸續把選擇選舉人的權力交給各州人民，於是演變成全國人民選出選舉人團來選出總統。

此外，贏者全拿的計票方式也常為法政學者詬病。在 2000 年總統大選時，高爾獲得的選民總票數比小布希多出 50 萬張以上，但小布希拿到較多州的選舉人團票數而勝出。究竟選舉人團制度是否仍符合時代需要？選舉人團制度的優點是，突顯美國國家的聯邦性質，候

選人從地區角度而不是單純從選民人口結構來擬定政見。但缺點是，由於大州的選舉人團票都全歸取得多數的候選人，造成候選人全力爭取最大的州（約 12 州），較為忽略其他確定會全拿或全輸的小州。一些小州擁有相對較多的選舉人團票數，導致其選民的選票分量高於大州。

二、總統直選相對多數制

人民用普選的方式選出最高掌實權的決策者，幾乎是當代民主政治的精髓與焦點。經由人民選出的總統享有實權而非虛位，且具備極高度的統治正當性，也很合民主邏輯。當然也有少數例外，諸如奧地利、愛爾蘭及冰島，總統雖然由人民直選，但仍實行虛位元首的內閣制。

在當今在全世界 193 個國家當中，約有將近 100 個國家元首是由人民直接選舉產生。直選總統的勝選產生方式，有相對多數決制 (Plurality System) 也有絕對多數決制 (Majority System)。實行相對多數決制的國家比較少，約 20 國，占實行總統直選國家的五分之一。在亞洲有菲律賓、南韓、臺灣，拉丁美洲有宏都拉斯、墨西哥、巴拿馬、烏拉圭，以及北非的突尼西亞等。實行絕對多數決制的國家比較多，包括第三波新興民主化國家，以及前蘇聯集團解體後民主化的中東歐國家，而且大多採取兩輪決選制 (Runoff Election)。諸如俄羅斯、波蘭、保加利亞、克羅埃西亞、愛沙尼亞、立陶宛、馬其頓、羅馬尼亞、斯洛凡尼亞、烏克蘭、亞美尼亞、外蒙古、巴西等。

總統選舉相對多數制的計算方式比較簡易，就像《中華民國憲法增修條文》第 2 條第 1 項規定：總統選舉「以得票最多之一組為當選。」不管票數多寡，無須過半數作為必要條件，所有競選者當中得最高票者當選。其優點是：

1. 簡單快速，不易造成絕對多數時一對一對決的社會對立；
2. 相對多數決制傾向產生兩黨制，絕對多數兩輪選制易形成多黨聯盟，政局更加不穩；

3. 絕對多數兩輪選制也可能誘使更多候選人及小黨投入總統大選，志在參與一輪後的政黨利益交易選邊，導致政局紛爭不穩；

4. 一般區域行政首長選舉均採相對多數決制，總統選舉無須標準不同；

5. 舉行兩輪投票增加選務造成行政負擔，且社會高度政治動員，有礙安定。

　　總統選舉相對多數制的缺點也很簡單：

1. 一局定輸贏，選前戰況激烈，容易訴諸情緒及其他非理性元素；

2. 容易產生「少數總統」，可能會形成朝小野大政局，政策不易施展；

3. 尤其在重大爭議時，政權的正當性易受到質疑。

　　臺灣在 1990 年代進行的憲政改革工程中，最大的制度變化應該是 1994 年的修憲，確立總統由中華民國自由地區全體人民直接選舉產生。此後，臺灣人民已經於 1996 年至 2016 年，舉行過 6 次激昂熱烈的總統直選，直接選出中華民國第九任至第十四任的總統，這 6 次總統直選是臺灣政治民主化進程的歷史性的里程碑。除了 2000 年陳水扁僅以 39.3% 的得票率當選總統，為少數總統外，其他幾位總統均獲 50% 以上選民的託付。

三、總統直選絕對多數制：二輪制總統選舉

　　有別於相對多數決總統選舉，絕對多數決是實行總統直選的新興民主國家絕大多數的憲政制度選擇。若第一輪即產生絕對多數的總統，就無須進行第二輪選舉；但若無人過半數，則得票最高的兩組正副總統候選人進行第二輪選舉，第二輪選舉時，獲得絕對多數的候選人當選。通常，總統直選絕對多數制的國家大多進行兩輪制選舉來產生多數總統。

　　絕對多數二輪制總統選舉有幾項優點：

1. 民選總統擁有過半數的選票託付，統治權有高度正當性，施政效率高，較少受質疑；

2. 相對多數決制度提供政治投機主義者空間，絕對多數決可整合政黨

歧見及主流民意；

3. 不會產生少數總統，有過半數選民之明白授權，民意基礎雄厚，符合民主多數決鐵律；

4. 總統作為國家元首居於政治運作樞紐，權力等於實力，有堅實明確的直接民意為後盾，更能擔任政治轉型時改革的基石，重大敏感政策與議題，較易凝聚社會共識；

5. 直選產生的總統不可能虛位化，實權總統應有高度民意基礎；採取相對多數決制，總統當選人的得票率可能偏低，選出的少數總統代表性不足。

絕對多數制的缺失有（如果算缺失的話）：

1. 對小黨有利，小黨志不在當選，而在利用第一輪大鳴大放，透過競選遊戲規則及媒體報導，可提高全國性知名度，宣傳該小黨堅持的某些特定議題；

2. 小黨可藉機擴張勢力，累積實力，用於其他次級選舉；

3. 一、二輪之間，各政黨須迅速整合，重大社經政策、意識型態和政治利益同質性接近的政黨建立政黨聯盟，以求過半數勝出；

4. 吸引對政治冷漠、不滿現狀、弱勢族群選民之反彈票，在第二輪時可造成壓力，影響大黨政見之擬訂；

5. 對大黨較不利，若缺乏黨內初選，一輪大選易成為大黨候選人之淘汰賽。大黨分裂，有志者互不相讓，第一輪成為大黨的黨內初選；

6. 第二輪才是真正總統選舉，第一輪是情緒投票，選民無戰略顧忌（無棄保效應即西瓜效應），投給最愛。第二輪是理性投票，出現的兩大政黨候選人，選民傾向投給較不討厭的候選人。

四、總統的彈劾與免職

除了上述民主國家的總統選舉產生方式之外，另外一提的是總統的彈劾與免職。總統由人民選舉產生，幾乎是實權總統的必要條件，然而卻不一定是民主的必然保證。〈禮運大同篇〉裡有「大道之行也，天下為公。選賢與能，講信修睦」，選出賢能之士尤其是總統人選的

當然要求。然而，具有民意選票支持當選總統，不一定會成為民主自由憲政主義的守護者，踰越憲法制約，濫權舞弊、貪贓枉法之事經常發生。對總統施政與行為最主要的制約是憲法，民主憲法通常會專門規定，對總統重罪 (high crime) 實行彈劾 (impeachment)、予以免職。重罪指的是對國家的犯罪，諸如叛國、賣國、瀆職與重大的腐敗行為。

　　前章有討論，在議會內閣制國家，令內閣總理／首相去職的方式有很多，國會議員以不信任投票追究總理政治責任，其他諸如國會改選未能取得多數、信任投票未獲通過，甚至重大政策未能通過，都能令內閣總理／首相去職。有些議會內閣制國家有針對虛位總統的彈劾制度，如德國。德國總統彈劾案可由兩院分別獨立提出，由憲法法院審理做最後判決。義大利也是由兩院通過後，交由憲法法院審理做最後判決。以色列虛位總統卡札夫 (Moshe Katsav) 於 2006 年遭指控性侵及性騷擾，雖然議會的彈劾案未能通過，但仍礙於社會壓力，於 2007 年總統 7 年任期屆滿前 1 個月辭職。

　　民主國家實權總統有固定的任期，即便國會多數黨與總統不同黨，總統仍能安穩在位。民選總統去職茲事體大，通常是經由憲法規定的彈劾與罷免程序。

　　以美國為例，《美國憲法》規定：「美國的總統因叛國、賄賂或其他重刑罪行及非重刑罪行而受彈劾並被定罪，須予以免職。」彈劾程序是由眾議院以簡單多數提出彈劾案，再交由參議院接受審判。審判由美國最高法院首席大法官主持，若三分之二議員認為總統有罪，彈劾案即成立，總統予以免職。美國歷史上總共有 3 位總統曾面臨彈劾：詹森總統於 1868 年因違反《職務任期法》而受到彈劾，在表決時以 1 票之差被宣判無罪；尼克森總統於 1974 年眾議院司法委員會因隱瞞水門竊聽案遭彈劾後辭職；柯林頓總統於 1999 年因民事訴訟案中做偽證和妨礙司法調查理由遭眾議院通過彈劾，但隨後被參議院宣布無罪。

　　而半總統制的法國《第五共和憲法》則規定：「共和國總統在其

任內除叛國罪外，享有免責權。起訴時，須經國民議會及參議院採取公開投票方式，經兩院議員總額之絕對多數同意，始能移送最高司法院 (Haute Cour de Justice) 審理。」最高司法院乃是由國民議會及參議院選出同額的委員組成，這條憲法設計機制並非法院性質、並非司法程序，而是追究政治責任。刑事責任之訴究必須等總統去職後，才能由具司法管轄權的機關按照司法程序，追究法律責任。因此，法國總統等於有著叛國罪之外的任內司法豁免權。法國史上總統未曾被彈劾，但是卸任後卻常面臨刑事及民事官司纏身。席哈克擔任法國總統14 年，卸任後為其 10 年前巴黎市長任內的貪汙案接受偵察；薩克吉 (Nicolas Sarközy) 總統連任未能成功，甫卸任便因 3 起政治獻金案被法院傳喚出庭，接受司法調查。少了《第五共和憲法》保護，卸任的法國總統也成了一般公民。

至於臺灣，採取的是以人民做最終決定的罷免 (recall) 程序。罷免對象從地方民意代表、民選行政首長，乃至全國性的民選總統皆可行使之，是政治責任的追究，選民認為欲被罷免者違背民意或辜負所託即可。罷免總統程序通常由國會發動，再以公民複決的方式做出最終決定。按《中華民國憲法》，罷免總統程序須經立法院全體四分之一委員提議與全體三分之二委員同意，然後經公民複決，中華民國自由地區選舉人總額過半數之同意，方能通過。罷免程序高門檻設計旨在避免罷免成為政爭工具，輕易動用導致政局不穩。

南韓總統的勒令去職也得經過兩階段的彈劾程序，由國會議員提出彈劾動議，經過半數的國會議員贊成。投票必須在彈劾動議提出後的 24 小時至 72 小時以前，以不記名方式投票。若有超過三分之二的國會議員投贊成票，彈劾案便通過。彈劾議案通過後，總統的職能會被暫時凍結，並由總理代理總統職務。隨後彈劾案交由憲法法庭審理，做最後裁決。若憲法法庭通過，則總統就必須下臺；反之，總統復職。南韓曾發生建國 56 年來首宗總統彈劾案，2004 年 3 月南韓總統被國會議員指控違反行政中立助選、親信貪汙及怠忽職守 3 項罪名，並以法定的三分之二絕對多數票通過彈劾總統盧武鉉動議案。盧

武鉉被即刻中止總統權力，由國務總理代理。5 月南韓憲法法庭宣判「違法情事沒有重大到須彈劾總統，因此彈劾申請被駁回。」3 項彈劾指控中只有第一項成立，但並未構成嚴重瀆職，因此不足以罷免總統，盧武選總統旋即復職。只是 4 年後，2009 年 5 月，盧武鉉卸任總統後捲入貪腐醜聞並遭到檢方調查，跳崖身亡，結束悲劇的一生。

第三節　左右共治之法國實踐

　　在總統制的美國，若總統與國會多數黨議員分屬不同黨，總統仍然安穩在位，各行其事、各盡其職，稱作「分立政府」。總統與國會議員各有固定任期，各自對選民負責。總統與國會在重大政策上可能相互妥協，也可能相互杯葛。但在雙首長制的法國，總統與國會之間多了一個擁有行政人權對國會負責的總理，於是產生世界民主憲政史上「左右共治」的現象。

　　法國自從 1986 年在國會大選首度產生與總統政治理念不同的多數黨，史無前例地造成分屬左右兩大黨派的總統／總理同時存在並分享權力的局面，學政界將此特殊現象稱作「左右共治」 (La cohabitation)。左右共治現象在法國總共發生 3 次（1986 至 1988 年，1993 至 1995 年， 1997 至 2002 年），是許多雙首長制國家參考的範本。

　　法國《第五共和憲法》及相關規定，總統及總理在許多權限模糊且重疊。非共治時期，相當程度上總理均配合總統執行政策，行政權縱向一致。然而共治時期，總理為國會多數黨領袖，且代表新民意，與總統分屬不同政黨，於是出現架空民選總統或總統保留某些權限的爭議與實踐。法國 1986 年首次出現左右共治局面時，總統是否有「保留範圍」引發學政熱烈討論。按《第五共和憲法》規定，國防及外交政策是總統及總理的「共享範圍」，但因總統的強勢領導及總統／總理屬同一政黨，總統因掌握國會多數及總理任命權等政治現實下，第五共和憲法雖然賦予總理在國防及外交政策的權力，總理並未充分行

使。直到左右共治局面出現，提供總理行使國防及外交政策決定權的法理空間，而總統亦提出「保留範圍」法理依據，以爭取主導國家對外政策的實權，因而在實踐上有許多磨合及衝突之處。

法國第五共和政府自 1958 年成立及 1962 年修憲後，成為雙首長制體制，或稱半總統制，運作至今有下列特色：

（一）行政權力二元化，國會多數變化是重要變項

法國自從 1962 年總統直選後，權力結構產生巨大變化，國家主權的化身轉移至總統，不再是國民議會，行政權力分流至總統／總理手中，但同時國會多數變化仍然決定行政權力行使之關鍵變項。國會產生過半數之執政黨（或執政聯盟）若與總統相同，則總統獨攬行政權，總理成為總統的政策總執行長，對總統及國會雙向負責；反之，國會所產生過半數的執政黨（或執政聯盟）與總統不同，則總理取代總統成為真正掌實權之行政首長，只需單向向國會負責，而總統除了作為國家元首的象徵權力外，僅保留部分與總理分享的實權。

（二）行政權力擴張，國會權力削減

雖然國民議會多數黨的席次變化，是法國憲政發展中的最主要變項，但其真義在反應最新又多變的民意，而非國會權力的強化。相反地，有鑑於第三及第四共和時期，國會議員擁有如英國內閣制的重要權力，成為法國不穩政局的主要亂源，《第五共和憲法》刻意將國會的權力進行「合理化」，諸如：

1. 國會有相當多權限被剝奪，失去對總理提名的認可權、不能兼任閣員；
2. 國會權力被限制：如不信任案通過之高門檻、隨時得被解散、只能審判總統之叛國罪、而無一般彈劾權；
3. 國會權力遭抵制：如行政部門透過各項優勢主導立法、公民複決權取代國會決定權、釋憲及覆議之設計又可否決國會通過的法律；
4. 國會權力被移轉：隨著歐洲聯盟制度深化發展，法國（及其他夥伴國的）國會在國際經貿之立法權限，已被政府逐次以條約形式，正

式轉移至歐盟決策機制當中。

（三）「左右共治」成為另類對行政部門之制衡

在上述情況下，國民議會成為議員們，尤其是反對黨、獨立派人士、執政黨離心同志，作秀和施壓的論壇。法國民意未如美國般欲加強國會功能以對抗行政部門，反而是在行政二元化中，讓總統／總理相互對立牽制，此點亦是左右共治最根本的深層結構因素。

自政治文化角度來看，由於深受孟德斯鳩及盧梭等哲學家政治思想的啟蒙薰陶，法國人民已將政治領袖除魅化，是個深刻懷疑權威的國度，個人主義色彩濃厚的法國選民擁有高度的批判意識，對掌權者具有與生俱來的懷疑，常傾向拒絕現狀。而掌權者——法國總統——卻如上述兩大特色，有著「王室般」的權力，除非受到選舉制裁，否則在政治上及憲法上均享有「不負責任」的特權。再加上行政權強勢及國會萎縮的雙重憲政結構下，選民藉由選出不同黨派的總理與總統分享行政權，成為平衡總統大權獨攬的體制內（唯一）方式。

由於法國總統及國會選舉在不同時間舉行，且總統及國會任期不一，1986 年 3 月右派聯盟 (RPR-UDF) 勝選，無意辭職的社會黨總統密特朗，赴國民議會宣告：「為了讓國家能持續運作」，決定任命右派領袖為總理，從此開啟法國政治史上，也是世界民主政體政治史上，左右共治的先例。至 2002 年為止，3 次共治的共同點是：

1. 總統既不回應部分民意要求辭職（效法戴高樂總統因公投未過而主動辭職），但又都能體察最新民意任命政治對手為總理；
2. 總統無論是哪個政黨，皆屬於弱勢、挾《憲法》以捍衛權力的一方；
3. 總理同時又都是下屆總統人選、強勢挾《憲法》以恢復權力的一方。

但 3 次共治經驗有許多不一致之處，諸如：

1. 總統／總理對所屬黨政之影響力；
2. 造成共治局面的主要因素；

3. 下次選戰考量；

4. 總統／總理的個性，都影響著總統與總理的互動。

按照總統與總理的互動，法國 3 次共治可以分為如下三種類型：

（一）第一次可視為「衝突型的共治」

兩位作風強烈、個性迥異且長期都是主要政黨領袖的密特朗總統及席哈克總理，各擁有憲法權限自重，在許多議題上公然針鋒相對。兩者又都欲參選下一屆總統故也需要製造衝突，以強化選民忠誠度。

（二）第二次可視為「共識型的共治」

總統與總理具有高度共識及相互合作必要性的認知，連任 2 屆總統的密特朗面對任期的最後 2 年，重視個人歷史地位遠勝過政黨利益；再者，12 年社會黨左傾政策並未成功，經濟不振，1993 年的國會選舉遭遇史無前例的大挫敗，故任由共和聯盟 (RPR) 巴拉杜 (Édouard Balladur) 總理主政；而一向被視為技術官僚的巴拉杜總理施政良好，欲參選下屆總統，任總理期間擁有過高民意「信任」的罕見現象，其主要競爭對象反而是同黨另一候選人席哈克，故也需要與左派總統維持和諧關係，累積施政成績並塑造國家元首之穩健形象。

（三）第三次則是「理性型的共治」

第三次左右共治的發生比前 2 次共治更加的非預期，前 2 次共治政府產生皆因國會任期自然屆滿而改選產生，第 3 次共治則是因席哈克總統在沒有特出重大理由情況下解散國會、提前改選而產生，讓社會黨在失去總統職權 2 年後再度執政。法國選民反對總統任意行使權力之意甚明，而席哈克仍有意爭取連任，故採取低姿態面對社會黨政府。約瑟班 (Lionel Jospin) 總理雖不是具政治超凡魅力的政治明星，但卻幾乎是士氣低迷的社會黨唯一可以推出的下屆總統選舉候選人，於是席哈克／約瑟班相容的選戰考量使得雙方均甚為謹慎自持，第 3 次共治長達 5 年之久，可視為「理性型的共治」。

雖然 3 次左右共治的經驗不一，但 3 次共治皆有如下共同特點：

（一）共治是不對稱權力的還原

　　《第五共和憲法》原本就賦予總理諸多實權，但在 1986 年前，總統／國會一致情況下，導致總理聽命於總統，而共治機制提供《第五共和憲法》再回歸及再詮釋的機會，反而還原總理之憲法職權，尤其是副署權，恢復總理是國家大政實際決定者的角色。在雙首長制度下，行政權力不對稱地往總統傾斜，共治時期則倒過來，行政權力不對稱地往總理傾斜，二者都依憲而行。左右共治不僅被「平常化」甚至被「價值化」，法國選民刻意分裂行政權的掌握者，使其彼此監督抗衡，觀乎此，共治不啻是「法國式的權力制衡」。2007 年 5 月當選的薩克吉總統無共治之虞，大權獨攬，對媒體直言：「是我在做主，（同黨）費雍總理只是個夥伴」，無疑又道出非共治時期權力大幅向總統傾斜，反映的是政治實力，而非《第五共和憲法》賦予的權力。

（二）共治是總統去神聖化之反應

　　戴高樂實乃法蘭西最後一位國王，《第五共和憲法》按其意志打造，初期實施又因其政治威望達頂峰而將總統權力無限極大化。但其後繼者均缺乏戴高樂的強勢領導魄力，又還原總統的憲法角色及政治實力。雖然《第五共和憲法》制訂者戴布瑞 (Michel Debré) 嘗言總統是「國家利益最高的裁決者」，但 3 次共治都是選民明白反對總統大權獨攬、政策失當卻無須負責的現象。故共治可視為對總統的不信任投票，並直接弱化總統權力，總統甚至成為執政團隊中唯一的反對黨。

（三）共治時「保留範圍」端賴總理／總統之高度共識

　　除了還原總理之權限外，某些《憲法》模糊或重疊的規定，則有待總統及總理彼此協調妥協，以免府院紛爭不斷。尤其在國防、外交方面，一般認為屬總統的「保留範圍」，從實際運作來看，一來法國之國防、外交政策有其長遠國家利益故延續性高，二來出於總理刻意禮讓，使總統在國際間仍然代表法國出席及發言，三來總統也都充分尊重總理對國防、外交重要的人事任命。故國防及外交範圍不應被視

為總統保留，而應視為總統與總理分享、依共識決定的範圍。

（四）共治時「保留範圍」之設計消弭在結構當中

　　法國對外政策自有其長期一致之利益與立場，並不因共治時期而有明顯改變。畢竟所謂（左右）共治，乃主要建立在對內經濟、社會政策及意識型態的差別上。從實踐上看，在共治時期總統／總理有關外交事務的決策，彼此聯繫、協調、溝通的時期仍然大過爭執次數。再進一步細究，在愛麗賽宮及總理府立場協調確定後，由總統對外代表法國發言，對國際重要事件宣示法國理想或無須短期具體落實之立場。如贊成德、日加入聯合國安理會之常任理事國，或支持巴勒斯坦建國等。但實際執行的外交行動指揮、談判及相關政策之擬定，則由總理率領各涉外部門主導。此外，幾次重大國際事件，例如蘇聯解體、德國統一、重返北約組織、美國出兵阿富汗及 2 次攻打伊拉克，恰巧都發生在非共治時期。至此，尚待檢驗的是：在後冷戰且共治時期，若遇到需要強勢斷決的緊急國家安全問題或重大國際衝突時，該是由「國家守護者」——總統，還是由「國政決定者」——總理，做出國防安全相關危機處理之決定？

　　從 3 次共治經驗可以看出，雖然總統多數權力移轉至總理，總理也都曾企圖在國防、外交方面取得局部主導權，但攸關法國國家整體重大利益的國家安全及總體外交政策，則仍由總統主導。畢竟總統乃由全國選民直接選出，一人承載全民付託，統領全國。其中，外環境對法國國防及外交政策的制約、總統／總理的個人意志（如密特朗總統對非洲及歐盟事務特別感興趣、 席哈克對日本及中國發展甚為注意、薩克吉總統不掩飾其對美國的好感）都是重要變數。

　　是故，與其爭議國防／外交是否是法國總統在共治時期的「保留範圍」，或許更值得深思的是，在高科技快速發展、人員大量流通的經貿全球化時代，內外政策皆相互牽連滲透，傳統政策部門的既定分類，是否仍足以涵蓋權力行使的範圍？並從而確認責任歸屬？最後，若純就決策效率而言，法國前總統薩克吉甫上任的一系列積極的外交

行動，諸如：改善對美關係、籌組地中海聯盟、斡旋俄羅斯出兵喬治亞危機等，皆是愛麗賽宮及外交部兩方溝通制訂及執行，而費雍總理則專門處裡國內經改、社會、內政等庶務。先姑不論其效果，僅論其決策過程效率，非共治時期無疑較為有效且強化法國對外行為的一致性。

第七章

民主與媒體：必要卻也危險的
矛盾關係

　　媒體的英文是 "media"，也就是居中的媒介。媒體在當代民治社會政治生活中扮演著關鍵作用，具多方功能，諸如：媒體的社會功能、政府與媒體的相互關係、媒體與閱聽大眾的相互關係。在媒體、政府、人民的三方關係當中，媒體的自由開放讓廣大閱聽者接觸多樣性訊息來源、充分認知議題，媒體並作為重要平臺讓人民在政府公共政策制訂過程有對話與參與，及掌握最後議程的結果，是現代民主生活的必備要件。

第一節　媒體「第四權」：人民知的權利與監督政府

　　媒體號稱大權在握的無冕王，民主國家在行政、立法、司法之外的「第四權」，被賦予發揮新聞自由與言論自由的功能。新聞媒體第四權理論有幾個特色：新聞自由是制度性的權利 (institutional right)，並非權力，亦非個人的基本權利。享有新聞自由之權利主體是新聞媒體而非一般大眾，人民有的是知的權利。

一、從言論自由到新聞自由

　　新聞自由具有工具性，並非以保障或促進新聞媒體自身利益為中心，而是將具有意義的重要政治資訊及社會事件或特定議題傳達給閱聽大眾。同時是美國開國元勳、《獨立宣言》起草人、第三位總統的傑佛遜曾說：「在有政府而無報紙與有報紙而無政府之間，如果要做一個選擇，我會選擇後者。」這句話成為新聞自由至上的圭臬。《中華民國憲法》也明定人民有言論自由，也成為新聞自由的源頭。大法官第 509 號解釋文：「言論自由為人民之基本權利，國家應給予最大限度之維護，俾其實現自我、溝通意見、追求真理及監督各種政治或社會活動之功能得以發揮。」第 364 號解釋進一步闡明：「新聞自由屬於《憲法》第 11 條保障之範圍。」

　　其實，所謂媒體第四權並非真的在行政、立法與司法之外，政府設立第四個權力部門，而是指媒體對閱聽大眾的影響力及發揮輿論監

督政府，甚至反制政府的重要社會功能。所以與其說是權力 (power)不如說是反制權力 (counterpower)。美國發生的水門案是媒體第四權的經典範例，尼克森總統於 1974 年眾議院司法委員會因隱瞞水門竊聽案遭彈劾後辭職。事件發生於 1972 年水門飯店的一樁竊案，在《華盛頓郵報》2 位記者鍥而不捨地追蹤調查下，揭發竊案背後的政治醜聞——尼克森幕僚僱人潛入民主黨在水門飯店的總部竊取選情機密，事情披露後導致尼克森總統政治聲望暴跌而被迫辭職下臺。2 位記者還獲得普立茲 (Pulitzer Prize) 社會公益獎。美國政府曾以洩漏國家機密之罪名，控告《華盛頓郵報》，但最後《華盛頓郵報》勝訴。

水門案成為民主國家新聞自由的歷史里程碑，媒體不再是政府的傳聲筒而是擔任人民的守門員。不只是水門案，在當時關於越戰的「真實」報導也為《華盛頓郵報》與《紐約時報》帶來與美國總統及國防部的對立與訴訟壓力。所幸美國聯邦大法官裁決「唯新聞自由不受限制，才能有效揭發國家政府的欺瞞行為」，確立了新聞媒體監督政府、揭發弊端、搜尋重要議題的神聖功能。

二、知的權利在國內層次與國際層次

新聞自由是民主社會不可或缺的機制，媒體提供具新聞價值的多元資訊，促進資訊多方且充分的流通，不僅滿足人民知的權利，也形成公民的公共意見並傳達之，監督政府公權力的行使與施政作為，以維持民主社會從上而下、從下而上及橫向對話的交互活絡發展，進而防止政府濫權，發揮制度性功能。

然而，前述司法院大法官第 509 號解釋文雖然將言論自由延伸至新聞自由，但仍指出「惟為兼顧對個人名譽、隱私及公共利益之保護，法律尚非不得對言論自由依其傳播方式為合理之限制。」由此觀之，新聞自由的至高無上原則並不具絕對性，新聞自由如果侵犯個人名譽、隱私或公共利益時，法律當予以介入限制，個人或媒體不得無限上綱，以新聞自由之名或聲張知的權利，侵害隱私權及公共利益，甚至國家安全。

　　此外，媒體的第四權不只應用在國內層次，它的影響力更外擴到國際層面，嚴格說來，應該是國外層面。一方面，媒體，尤其是西方媒體，對獨裁政權及威權國家某種程度上也有著監督反制的作用。一些半封閉政權及需要外援的國家，諸如西非及東南亞，礙於形象建立，受西方媒體壓力而改變政策的可能性，往往高過其國內社會的批評抗議；另一方面，則是媒體將國外發生的重要事件在其國內傳播。這種外擴功能已不只是滿足人民知的行動，而是將嚴重現象或重大議題引導入國內，讓政府及閱聽大眾在知曉之餘，採取實際行動。

　　許多國際議題如非洲大飢荒與愛滋肆虐、烽火連天的戰事、激進伊斯蘭對婦女的殘暴、地球暖化氣候變遷等，透過媒體公諸於世，政府及閱聽大眾沒有不知的權利。諸如：越戰時美軍對當地老弱婦孺的威嚇新聞與照片，是造成美國民眾洶湧反戰潮最直接的因素；而中國六四天安門鎮壓次日，長安東路上白衣男力擋坦克車震驚全世界；數以百張美軍在伊拉克殘酷虐囚照在美國重要媒體刊登後於也引來全球憤慨，尤其是伊斯蘭世界的抗議，加速美國自伊拉克撤軍。

　　此外，每年由紐約哥倫比亞大學選出的普立茲新聞攝影獎是對當今新聞傳播影響力無遠弗屆的具體象徵。新聞不只是平面靜態文字敘述，也不只是電視動態報導。動靜之間，新聞攝影記者捕捉事件的重要剎那及具象徵意義的影像，保留住關鍵時刻，提醒善忘的人們某些不該被遺忘的片刻。透過全球無數電視頻道、報紙及雜誌報導，不斷傳送紀實題材影像，為重要事件留下鮮明不滅的在場證明，成為閱聽大眾及政府重要資訊來源及行動的媒介。

第二節　誰來監督媒體？媒體、人民及政府三方弔詭關係

　　很諷刺的是，為大我的自由平等而奮鬥不屈的印度聖雄甘地，曾經因為媒體大肆報導他的私生活（小我），不堪其擾地說出：「我相信每個人都是自由平等的，但記者與攝影師除外。」聖雄這句話，無疑

點出許多媒體已經龐大到成為無法掌控又不知節制的怪獸。

一、政治人物與媒體相互需要

政治人物及許多名人其實需要與媒體維持一種友善關係，透過各式平面及數位媒體宣傳立場與建立形象，博取版面以增加曝光率、提高知名度。再者，媒體幾乎是政治人物與名人的興奮劑，由於媒體的輻射力量無遠弗界，政治人物喜歡透過媒體發表政見與立場，政論性節目澎湃播放，濫用浮誇的政治語言及過度操作媒體，以吸引視聽大眾及選民的目光與認同，有媒體在場，政治人物面對群眾容易有激情的臨場演出。許多名嘴在政論節目上評論時事、爆料獨家，賺取通告費。媒體也因政治人物的戲劇演出及炒作話題增加收視率，雙方魚水相生。

二、媒體、人民及政府三方的弔詭關係

另一個現象是，在當代資本主義體系當中，媒體、人民及政府三方存在著弔詭的關係。政府力量逐漸退出媒體之後，取代的是商業力量主導媒體動向。按照市場經濟邏輯，媒體是傳播者、營利者、販售者（賣方），閱聽大眾是訊息接收者、批評者、也是消費者（買方），政府與政治人物是管理者、也是利用者。媒體與人民及政府三方，不再是上一小節所說的權力 (power) 與權利 (right) 之間的辯證關係，而是還原回單純的牟利動機，於是產生下列現象：

（一）收視率掛帥

利潤來自廣告，廣告來自收視率、訂閱率。平面與數位媒體在眾多同行之間（電視頻道、日報、週刊、雜誌、廣播）生存競爭，追求利潤是最高目標，為了增加收視率及閱聽率，爭相搶獨家不轉臺、SNG 連線及時現場播報。就連美國知名的 CNN 有線電視臺的口號都強調「最先知道」(Be the first to know)。各大小媒體在播放娛樂消費、政治事件、社會動態、經濟民生新聞之餘，常見誇張渲染、政治立場

偏頗、血腥暴力、情色迷信、簡化極化、言行聳動、追蹤偷窺、不經求證的即時新聞 (breaking news)，甚至涉及國家機密及國家安全等影音畫面，充斥報導內容。

（二）廣告付費者決定新聞內容

在追求利潤的最高動機下，新聞價值及客觀性受付費的廣告主影響，財團甚至直接介入媒體營運及壟斷，模糊新聞和廣告的界線。財團若有明顯政治立場、凌駕專業倫理，更會形成操控新聞篩選與問題焦點、做大或忽略某些議題，導致報導立場偏頗的現象。

（三）置入性行銷

另一方面，政府已經很難再像威權封閉時代擁有御用的官方媒體，或從上而下一紙命令透過媒體政令宣導，取而代之的是「置入性行銷」(placement marketing)，用廣告經費購買媒體，在報導及節目中推銷政府立場與政策，讓閱聽大眾不經意地接收到訊息，並內化成為自己的價值。

（四）消費者品質決定媒體生存與格調

當然，如果真的按照市場邏輯，面對上述現象，消費者，也就是視聽大眾，可以抵制抗議、拒絕購買及收看。這又涉及到視聽大眾的品質及人性中偏好偷窺、喜歡爭訟及糾結內容的暗黑面。新聞戲劇化很難避免，像公共電視這類高品質節目內容，不訴諸多餘情緒，反而收視率低。收視率低就沒有廣告主、沒廣告來源表示營運不佳，有關臺倒閉之虞。於是，媒體運作為了求生存，無可避免進入資本主義營利競爭的迴圈當中。

三、自律與他律

資本主義的利潤導向加上自由主義的開放多元，使得「無冕王」放送尺度之寬鬆幾乎成了民主政治之慢性病，逐漸腐蝕第四權的天職——超越政府三種權力之外的社會力量。在度過後冷戰初期、自由主

義激昂歲月之後，資本主義性質的媒體商業化現象越發受到質疑。隱含社會責任的「自律」原則成為現今對媒體的期待與共識，以維持公正的社會公器，諸如：1.媒體搶鮮、搶獨家之前，需經求證或至少有致力求證的動作；2.重大爭議有各方平衡報導，避免二元衝突對立框架；3.尊重相關當事人的個人隱私。

「自律」之外還有「他律」，媒體的新聞自由應該且必須受保障，才有利民主持續發展且充分展現人民活潑自由精神。是故直接保障媒體的新聞自由，如不准立法機關制訂任何妨礙人民新聞自由的法律；但同時也有間接保障，立法機關基於維持社會秩序及公共利益的需要，可制訂特別法規範媒體，以免產生上述收視率為最高目標、廣告付費者決定新聞內容、財團壟斷言論自由市場、媒體為求生存低俗格調等現象。然而，新聞自由雖然是言論自由的主要保障機制，但人民基本言論的保障與色情傳播、犯罪與自殺教導、種族宗教族群歧視之間的分寸定義，以及知的權利可否無限延伸到個人隱私及國家機密，這些問題若用他律手段企圖規範媒體營運方式常常動輒得咎，招致箝制言論自由的指控，可謂當代民主政治另一個恆常兩難的困境。

第三節　　政府對媒體的管理與掌控

媒體自由是政治民主化的基本盤。在威權時代、獨裁政府可以擁有官方媒體及御用學者，從上而下透過媒體政令宣導，像蘇聯時代的《真理報》沒真理，《消息報》沒消息。但在民主社會自由主義大勝的國家，政府、政黨、軍方均被要求退出媒體經營，還給人民言論自由的公共論壇空間。

如前所述，臺灣媒體多元澎湃發展。經過早期爭取言論自由（包括出版、集會遊行、新聞自由等）階段之後，進入媒體自由化階段。立法院於 2003 年在《廣播電視法》、《有線廣播電視法》及《衛星廣播電視法》，增訂「黨、政退出媒體」條款。不只黨、政退出媒體，還開放媒體經營及有線電視頻道。由於媒體的多元開放競爭，也因而

衍生出上述諸多弊端，臺灣參考美國聯邦通信委員會，經過立法院多次激烈討論後，於 2006 年 2 月成立「國家通訊傳播委員會」(National Communication Committee, NCC)。希望能「落實憲法保障之言論自由，謹守黨政軍退出媒體之精神，促進通訊傳播健全發展，維護媒體專業自主，有效辦理通訊傳播管理事項，確保通訊傳播市場公平有效競爭，保障消費者及尊重弱勢權益，促進多元文化均衡發展。」

　　NCC 的成立及運作象徵臺灣言論自由歷史進入另一階段，委員會成員的組成及方式經過朝野政黨角力與妥協。有別於之前負責審查 (censorship) 的行政院新聞局，NCC 引入民間專業人士組成委員會，委員共 7 人由行政院長提名、經立法院同意後任命。任期仿照大法官，採取交叉制，任期 4 年，期滿後可無限制連任。議決程序採合議制及任期保障制，用意是強化 NCC 的獨立性及專業能力，NCC 被期許具有獨立性，超越黨派立場，是臺灣負責有關電信通訊、網路和廣播電視等訊息流通事業的最高主管機構，以執照管制（取得及更換）以及懲罰（罰款）等限制性工具為手段，透過所有權的管理及分配，建立較為健全的媒體環境，防止財團以雄厚資金壟斷媒體，以達成確保媒體市場公平競爭、保障消費者權益及弱勢族群的近用媒體權，並促進多元文化發展。

　　NCC 成立後處理幾個重要案子，諸如壹電視的執照申請案、富邦集團併購凱擘案，旺中寬頻併購中嘉案。在言論自由媒體開放及言論避免高度集中化的爭議中，NCC 延宕多時，很難做出最後裁決。其實，法律與制度是規範媒體的最後防線，媒體應先內部自律，專業編審節目，以及外部公民社會監督制裁媒體的他律機制，最後才是政府公權力的規範。

　　另一個趨勢是，隨著科技高速發展，電子 3C 產品日新月異，大眾媒介以更加多元綿密的形式出現。尤其是網路時代，許多社群網站 (social networking sites)，諸如 Facebook、Twitter、blog、YouTube、Google+、Skype、Line、Instagram、手機 APP 等，已經成為民主政治

的另一對話平臺，現在全球有 77% 的國家領導人使用社群網站。

　　美國總統歐巴馬於 2008 年第一次出馬競選時，成功利用社群網站 Tumblr（輕型部落格）推銷自己而入主白宮。歐巴馬用輕鬆的方式，以照片、文字、影像介紹他的日常生活，還自製動態圖檔，並親自上網即刻回應網友，例如在 Reddit 網站的 AMA（Ask Me Anything，什麼都可以問）功能裡，透過螢幕面對面回答選民對失業率、選舉經費、外太空計畫、支持哪個籃球明星等議題。歐巴馬總統現在有全球 3 千 3 百多萬粉絲，他的社群網路行銷策略成為許多政治人物的重要仿效模式。天主教教宗、非洲國家的領導人也都有專屬的網路社群帳號。陳水扁當選總統後，總統府自 2001 年 10 月發行《阿扁總統電子報》，電子報內容以輕鬆方式鋪陳「私房寫真」、「心情筆記」、「阿扁會客室」。而馬英九總統除了總統府架設的「治國週記」，在 Facebook 也有一個「馬英九總統」以第一人稱口吻敘述重大事件與政策的心情記錄。

　　在收放之間，還出現政府透過網路媒介掌控民眾的隱憂。英國作家喬治歐威爾 (George Orwell) 曾在《1984》這本書指出獨裁封閉政權政府對人民一舉一動的監視，連念頭都不放過，一句「老大哥正在看著你」(Big Brother Is Watching) 成為諷刺名言。Big brother 不是人，是權力符號，象徵國家機器之龐大綿密掌控，對照組是 Little people ——小人物、無權無勢的老百姓。其實，在冷戰時期就已經存在著透過精密的電子通訊衛星取得個人資訊，即使是愛因斯坦 (Albert Einstein) 都被 CIA 監聽他的電話，愛因斯坦終身被監聽直到死後 3 天才停止。馬英九總統第一次就職演說時曾信誓旦旦宣布：「臺灣民主將不再有非法監聽。」

　　美國在 1980 年代至 1990 年代有龐大的 "Echelon"（梯陣）計劃，透過遍及盎格魯薩克遜國家（英、加、紐、澳）的大型監測基地，早期是專門取得蘇聯及社會主義共產政權的軍事政治機密。蘇聯解體後，梯陣計畫仍然繼續進行，軍用轉商用，性質轉為取得各國商業機密以及監視反恐活動，太空中的間諜衛星對世界上任一個國家任何目

標（政府部門、跨國公司、個人）的一切電子通訊，包括電話、電報、傳真、電子郵件，以及短波、民用航空、航海通訊在內的各種無線電信號進行竊聽及取得資料，每天擷取全球上億則鎖定對象的訊息儲存及分析。

在高速網路發達的現代社會，人民更是生活在一個大資料庫 (Big Data) 時代中，在恣意便利使用各種電子產品之餘，衍生出另一個現象：國家對「資料的取得和控制」。凡走過必留下痕跡，凡在網路上瀏覽過，也必留下痕跡。而這些痕跡，老大哥——也就是政府，在電腦的另一端可以快速輕易、鉅細靡遺地取得。美國由於在網路資源和技術方面取得優勢，具備對全球網路空間的數十億網民監視控制能力。無論是反制及監控恐怖主義活動，還是掌握商業機密或軍事活動，美國國家安全局 (National Security Agency, NSA) 透過與各大搜尋引擎及社群網站（諸如 Google, Microsoft, Facebook 等）的「合作」，執行許多綿密的採擷個人資訊計畫，進行存儲和分析；中國也於 2012 年成立「大資料專家委員會」。

2013 年 6 月發生的史諾登事件是一個具體證明，美國國家安全局的一名雇員史諾登 (Edward Snowden)，在香港向英國《衛報》揭露美國政府透過網路大規模監控全球政府與個人的「稜鏡計畫」(prism) 內幕機密文件，頓時成為世界各國政府及媒體關注焦點。美國政府撤銷史諾登護照並阻止各國給史諾登庇護，但俄羅斯政府於 2013 年 7 月給予史諾登難民身分的臨時政治庇護。除歐盟國家表示抗議之外，世界大多數國家的政府都對美國網路監控計畫及追捕史諾登保持緘默。反而是聯合國人權事務高級專員皮萊 (Navi Pillay) 公開指出：史諾登事件顯示揭發涉嫌大規模侵犯隱私權的個人應受保護的必要性，各國應尊重國際法所規定尋求庇護的權利。

以國家安全和預防犯罪活動為名的監控理由須具體、監控項目必須特定、範圍也必須限縮，並以最小程度進行，且行政機關應提出合理解釋。在沒有採取足夠的隱私權保障措施的情況下進行監控，將產生對人權和基本自由造成負面影響的危險。

根據《世界人權宣言》第 7 條和《公民權利與政治權利國際公約》第 17 條：「任何人的私生活、家庭、住宅或通信都不應成為任意或非法干涉的對象，而且每個人都有權受到法律保護，免受干涉或攻擊。」隱私權、接近取得資訊的自由與言論自由之間有著密切的聯繫，民眾享有參與公共事務的民主權利，僅靠官方授權發布的資訊，無法有效行使這項權利。各國的法律體系必須確保有足夠的方法保護個人在揭露侵犯人權、表達自身關切之後，不必擔心遭到報復。

作為民主典範的美國政府，無論是較保守主義的共和黨政權或較自由主義的民主黨政權，長期大規模、有系統地透過各大網站綿密監控取得它所想要的個人資料，上述聯合國人權事務高級專員皮萊的慷慨陳詞，句句都值得深思。

第四節　網路時代來臨，人民透過社群媒體監督反制政府

在大眾傳播尚未如二十一世紀超高速發達的時候，人們的政治意見交流透過不定期、定期聚會，如希臘羅馬時期的公開議論時事；在政治高壓時期因較難公開，所以有小型的讀書會、祕密結社，甚至以室內樂 (Chamber music) 方式來討論時局。十八、十九世紀出現報紙、小冊、雜誌評論時事政局；二十世紀廣播、電報及報紙更加廣泛使用，戰時反抗軍甚至利用地下電臺激勵人心、互通情報。到了二十世紀末二十一世紀初，網際網路的出現，使得監督政府的公共意見 (public opinions) 在民主社會更容易形成且能有效採取行動。

在當今網路風行的時代，執政黨及政府過去靠掌握行政資源控制媒體宣傳的方式，已經證明不管用。現在的網路平臺，特別是 Facebook、Twitter、BBS 論壇、YouTube、Line 等社交網站及平臺大量運用，已經顛覆政黨組織傳統的政治動員方式，根本改變現代政治生活模式。網路晚近 10 年發展成為政治傳播工具有幾項特色：

（一）網路去中心化與高度開放性

網路傳遞效力既快速又廣泛、穿透力強，觸控滑撥之間立刻傳達訊息。網路提供使用者無限制的平臺，人人都能掌握自主性發聲權。

（二）動員門檻低

陌生人之間只要理念相同便可快速連結成共鳴者，無須加入政黨或組織號召、無須召集人動員，不用成為會員或黨員，降低加入門檻。即刻加入，也可能即刻退出，但無人情負擔及義務承諾。

（三）年輕人生活基本配備

年輕世代想在彈指之間獲取及交換意見、串連活動，訊息大量八方流通，產生社群擴散效應。像變形蟲一般流動不居，卻也自成體系，建立另類信任感。

（四）從虛擬到現實、從隱性到顯性

即使是一個看似無意義的按「讚」、簡單幽默的圖檔，都可能橫向連結出驚人的集氣效果。一個開版要成話題、話題變議題，就可能足動員令。

（五）從局外人到局內人

手機隨時可拍攝及錄影，立刻將圖檔上傳至網路上公開，每個人都可能成為記者或見證者，人人都可以從局外人瞬間成為局內人。

（六）線上隨時參與

網路使用者不用到場 (on place)、不用及時 (on time)，只要在線上 (on line) 就可以表達相關意見與支持。在線上簽署請願書、在線上捐款、在線上與來自地球各個角落的人交換意見、辯論討論、號召參與某個活動，甚至衝刺按讚人數。

冷戰時期，國際特赦組織 (Amnesty International) 於 1970 年代成立，是公民運動非常成功的例子，該組織除了一人一信之外，充分利用當時新發明的傳播工具—— 傳真機。針對某議題，國際特赦組織號

召支持者傳真給某個政府部門表達抗議與訴求。隨著科技無遠弗界，二十一世紀網路及智慧型手機加乘速度，活絡公民社會運動的運作。

快閃族的出現便已經預告網路時代對集體政治生活可能的轉變，快閃族是一群互不認識、不特定的網路使用者，透過網路交換訊息，臨時起意約在某時、某地從事某種活動，活動完即散會的族群。這樣的模式意外地在新世代展開來，形成政治社會運動新模式。

新世代的群眾社會運動可以不用跟政黨或是任何利益團體掛勾，因為網路跟社群平臺將社會運動所需的召集人群、凝聚意識、媒體造勢這幾個最大成本的手續極度簡化。在某個平臺「按讚、留言、討論、分享、連結」等幾個動作便已經是一種價值集體凝聚，迅速從冷漠的局外人變成參與的局內人，而且隨時連結，保持知曉狀態 (keep informed)。

2010 年至 2011 年間發生的北非茉莉花革命中，網路工具是當時非常重要的媒介推手。透過 Facebook、blog、Twitter，北非青年突破政府對傳統媒體的掌控，快速串連傳播訊息，大量集結，風起雲湧改寫歷史。美國在 2011 年 11 月至 2012 年初出現的「占領華爾街」(Occupy Wall Street)，也是自發性的公民運動。起先是美國人民在紐約抗議高失業率及資本主義金融體系不公不義的掠奪與貪婪性質，隨後數萬民示威者透過網路訊息，發起「占領華爾街」運動，集結在首都華盛頓示威抗議、駐地紮營。這個運動沒有名人領導、沒有政黨號召，迅速蔓延到紐約、舊金山市、波士頓、丹佛等美國 50 多個大城市，一時間蔚為風潮。

臺灣這幾年以網路作為溝通傳播及動員媒介的人民自主性社會運動也是澎湃發展，諸如：反《集會遊行法》的野草莓學運、反樂生療養院拆遷、反蘇花公路興建、反大埔農地拆遷與林文苑都更案、反國光石化興建、反核四興建等。這些重要政治社會議題透過網路的應用，突破過往社運團體難以近用主流媒體及政黨組織動員的窘境。在 2013 年 7 月及 8 月因洪仲丘事件而透過網路集結的 2 場大型抗議活動，更是浩大驚人。25 萬穿著白色上衣的抗議者純粹由網路相互號

召，集結在總統府前，理性激昂訴求軍中人權與司法正義，展現出強大社會力量。那股力量象徵對政府及軍方掌權者的強烈不信任，反對黨不是帶頭動員者，也不敢順勢沾染政治利益。洪仲丘案已部分定讞，整個事件過程中，臺灣已確定進入新公民運動的網路時代。此外，臺灣 2014 年 3 月 18 日至 4 月 10 日期間學生與公民團體占領立法院的太陽花運動（亦稱三一八運動），也是社會高度自主性力量的展現，即使有政黨背後支持的痕跡，但政黨仍隱居幕後，由新一批年輕世代主導。

網路提供的平臺與產生的動能，比起過去政黨組織動員，更能深化與廣化人民的政治參與機會及議題設定，參與者不一定為自身所屬的利益發言，而是為不認識的他人採取行動。就此觀之，傳統政黨、政治人物以及政府顯然跟不上時代。

第八章

人權的思潮演進與實踐：人權兩公約之內涵

　　政府存在的理由是要讓人民享有美好的生活，透過各種權利來確保美好的生活。人權 (human rights) 在人類發展史上一步一腳印前進，隨著人權思潮的推演以及許多理想主義者的切身實踐，相對於政府權力 (powers) 及貴族或少數集團的特權 (privileges)，人民權利 (rights) 在上個世紀有著豐富的斬獲，越來越具體且充實。以人類集體而言，聯合國是主要制訂、推廣及監督人權的國際組織，在全球層次上，訂立許多人權相關條約、宣示及機制。有的不具有拘束力，只有道德高點；有的則對簽約國具拘束力，尤其是《公民及政治權利國際公約》及《經濟社會文化權利國際公約》，俗稱人權兩公約。當然，人權的演進及發展，不限於聯合國的規範，仍有許多針對個人幸福的權益觀念在發展中，但仍然有爭議。

第一節　世界人權進展特色與歷史文獻

一、人權進展特色

　　人權是人類 200 多年來才有的概念，是人類品質進步的一大關鍵點。200 多年來逐步落實，具有以下幾點特色：

（一）普遍化

　　封建時代只有社會高階層，諸如政治集團、貴族、宗教團體、軍官等少數權貴才享有諸多權利，也就是特權。所謂人民權利是指不分各種社會、政治、經濟、種族、文化、膚色等差別，所有平民百姓皆自動享有的權利。人權從哲學家個人的理論空想，演變到普遍遵循的理想規範，並成為現代憲政主義的基礎。

（二）兩性化

　　人權的進展另一特色是女性權利的發展與保護，一方面，女人也是人，所有給男人的權利，女人可自動、無須聲張地享有，消除系統性的性別歧視與待遇，確保女性的人格尊嚴、人身安全、生命自我成

長，諸如受教權、財產權、工作權、參政權等。另一方面，則特別保障女性特質與母性，諸如妊娠假、育嬰假、生理假及夜班限制等。

（三）普世化

　　無可諱言，人民普遍享有人權的理念與實踐是從西方國家開始，歐陸、英國及美國有許多人權政策的具體制訂與落實。如前幾章討論的民主參政及言論與新聞自由，西方國家都是先鋒部隊，甚至國際輸出，成為非西方國家仿效的對象或指標。人權的理念與實踐在全球越來越普及，不再是西方專利。但也出現某些西方價值適不適合非西方社會及以此干涉非西方國家法制的辯論與爭議，諸如伊斯蘭世界對女性權益的保守態度、亞洲社會對廢除死刑的保留排斥。

（四）恆常關切的焦點

　　以時間軸而言，民主法治國家的人權實踐已經大有斬獲，尤其在政治參與、言論自由及經濟勞動條件方面。然而，人權是永遠存在的議題，諸如平等、尊嚴、公平正義等是人權恆常關切的焦點。

（五）與時俱進

　　許多已開發社會在物質高度發展下，已進入後現代主義社會，人權議題除了關切「人」的權利之外，也外溢到「非人」的弱勢者，諸如動物權（生存與保護）及地球環境保護及永續經營。

二、人權之重要歷史文獻

　　人類一直對於美好生活有所嚮往。中國、英國、法國及美國都有許多偉大文獻。

（一）中國：〈禮運大同篇〉的人道關懷

　　中國政治哲學除了偏向個人在天地間逍遙之外，對理想國度最經典的描繪就屬孔子嗚嘆的《禮記》〈禮運大同篇〉：「大道之行也，天下為公，選賢與能，講信修睦。故人不獨親其親，不獨子其子，使老有所終，壯有所用，幼有所長，鰥、寡、孤、獨、廢疾者皆有所養，

男有分，女有歸。貨惡其棄於地也，不必藏於己；力惡其不出於身也，不必為己。是故謀閉而不興，盜竊亂賊而不作，故外戶而不閉，是謂大同。」全篇除了「男有分、女有歸」仍屬保守封建思想之外，蘊含了以民為本、關懷弱勢族群的人道主義。2 千多年前的〈禮運大同篇〉呈現大同世界的理想主義，誠為人權理念之瑰寶。

（二）英國：三大法典對人權在法制面的落實

英國在中世紀國王絕對權力、貴族特權、國會議員民權的多次權力角力中，為人權歷史立下多份重要的里程碑。

1.《大憲章》（ Magna Carta，1215 年 ）

維護人身安全之保障，《大憲章》闡明國王與貴族的關係，以成文法方式列舉國王權力，建立王權受到外在限制的憲政主義精神，堪稱人類憲政史重要轉捩點。

2.《人身保護令》（ Writ of Habeas Corpus，1640 年制訂，1679 年修正 ）

英國臣民不受國王無正當理由、無合乎程序的拘提，得以保障人身自由。《人身保護令》首次建立司法機關須有具體理由、依法逮捕拘禁之正當程序，為現代司法程序正義之濫觴。

3.《權利清單》（ Bill of Rights，1689 年 ）

《權利清單》 接續 1628 年未能真正落實的 《權利請願書》(Petition of Rights)，規定國王不得干涉法律；未經議會同意，國王不得徵稅、不得創制或廢止任何法律；人民有向國王請願的權利；人民有選舉議會議員的權利；人民有不遭受殘酷的自由；國王不得干涉國會議員的言論自由（言論免責權）。

《大憲章》、《人身保護令》、《權利清單》三份歷史性文件也是構成無成文憲法的英國憲政核心價值。

（三）法國：《人民及公民權利宣言》（Déclaration des Droits de l'Homme et du Citoyen，1789 年）

法國為十八世紀啟蒙運動的大本營，人權思潮土壤豐厚，在大革命時頒布《人民及公民權利宣言》，等於是啟蒙運動的總集，「人權」二字首度出現在官方文獻上。《人民及公民權利宣言》中有許多觀念在今日仍然迴盪，諸如：政府對人民權利的藐視與忽略是政府腐敗的原因，任何人都享有「自由、財產、安全與抵抗壓迫」的權利、天賦人權（人生而自由，且始終是自由的）、法律是總意志的表現、主權在民不在君、罪刑明定主義、法律之前人人平等、非依法律正當程序不得控訴、拘捕或監禁任何人、人民享有信仰、言論、出版自由、私有財產之保障、無罪推定論、軍隊國家化、國家賠償法。《人民及公民權利宣言》頒布後，告別封建王朝舊制度、進入新社會，自由、平等、博愛成為法蘭西民族的靈魂價值，當然，是否能做到？那就另當別論了。

（四）美國：三大法典對人權在法制面的落實

1.《獨立宣言》（United State Declaration of Independence，1776 年）

美國傑佛遜於 1776 年起草的《獨立宣言》也是擷取洛克、盧梭等哲學家的思想，宣告人民革命的正當性：人人生而平等乃不證自明的真理，人人擁有生命、自由和追求幸福等不可讓渡的權利。為了保障這些權利，人們成立政府，政府的正當權力來自於被統治者的同意。當政府危害這些權利時，人民有權改變它或廢除它，並建立一個新的政府，新政府必須使人民獲致最大的安全與幸福。

2.《權利清單》（Bill of Rights，1791 年）

《美國憲法》重點在政府的權力分立，對人權並未著墨，後來於 1791 年修改《憲法》時仿英國的《權利清單》，增加 10 條人民權利。尤其是第 1 條：「國會不得制訂確立某宗教或禁止信教自由、不得剝奪言論自由或出版自由、不得剝奪人民和平集會及向政府請願伸冤的

權利。」確立了美國人民言論及宗教自由、集會請願的權利。但第 2 條擁槍權：「人民擁有和攜帶槍支的權利不得侵犯」是現今所有國家參考《美國憲法》時，都不會仿效的條款。

3.羅斯福總統的四大自由

第二次世界大戰方酣時，美國總統羅斯福在 1941 年於國會的宣言也規劃人類的理想世界：「人人享有言論自由、信仰與崇拜自由、免於匱乏的自由、免於恐懼的自由。」戰後這四大自由直接嵌入聯合國 1948 年的《世界人權宣言》前言當中：「一個人人享有言論和信仰自由、並免於恐懼和匱乏的世界的來臨，已被宣告為普遍人民的最高願望。」(a world in which human beings shall enjoy freedom of speech and belief and freedom from fear and want has been proclaimed as the highest aspiration of the common people.)

上述英國、法國、美國關於人權的歷史性決典，推動人權理念及政策的具體落實。不過，《人民及公民權利宣言》中的「抵抗暴政權」以及美國《獨立宣言》的「追求幸福權」卻也是當今各國政府很少宣揚及入憲的價值。抵抗統治者壓迫可以追溯到啟蒙運動時期對君權神授的批判，將統治者去神聖化，若實行暴虐則人民可以推翻。抵抗暴政可能失控成鼓勵革命的弒君行為及暴民政治。1793 年法國《第一共和憲法》第 30 條明示：「抵抗壓制是其他人權之總結。」，第 35 條則規定：「政府侵害人民之權利時，人民所為之叛變是最神聖之權利，而且是至高無上的義務。」是抵抗暴政權首次入憲。二戰後西德《基本法》也有類似條款。1968 年西德國會將「抵抗權」嵌入第 20 條：「對於任何從事破壞（聯邦共和、權力分立及法治原則）秩序之人，倘無其他救濟之方法，所有德意志人民，有抵抗之權利」。西德將「抵抗權」用來作為反獨裁、平衡總理濫用緊急命令權、回復憲法秩序的最後手段，預防歷史複製。

「追求幸福權」也是陳義相當高的價值，其實，美國初期殖民者來到北美洲尋找新的伊甸園，從殖民地拓荒到國家建構完成，本身即

是追求幸福權之實現（此處是以歐洲移民的史觀，而非北美洲印第安人的歷史經驗）。由於概念廣泛、難以具體定義與規範、鼓勵離開原生國家，所以各國也都沒有入憲。例外的是二戰後的日本，日本在麥克阿瑟將軍主導下制訂憲法，其中第 13 條明文規定：「全日本國民應以身為人而被尊重，有關對於生命、自由及追求幸福之國民權利，在不違反公共福祉之限度下，立法及行政機關應予以最大之尊重。」這段規定直接呼應康德所說的人民是目的，不是工具。麥克阿瑟見識日本皇民思想以天皇及國家為最高價值而犧牲自我權益及生命，特別將追求幸福權導入《日本憲法》，預防歷史複製。

第二節　聯合國體系的人權法典

二戰之後有鑒於戰爭對人類生命的大規模殘害，不只戰爭不再視為追求國家利益的合法手段，甚至，過度強調「國家」都是引發戰爭的禍端。聯合國起草制訂《普遍人權宣言》、《公民及政治權利國際公約》、《經濟社會文化權利國際公約》。這 3 份文件號稱聯合國人權 3 大憲章，是核心的國際人權建制，人權不再只是個別國家的理想與規範，而是全人類都應享有的權利。

一、聯合國《普遍人權宣言》的普世價值

聯合國大會於 1948 年 12 月 10 日通過《普遍人權宣言》，48 國透過正式外交的方式集體宣示，《普遍人權宣言》沒有實質的法律拘束力，但涵蓋面廣泛，強調作為「人」的生命品質。但宣言具備道德高度，成為普世價值，12 月 10 日也成為國際人權日。

《普遍人權宣言》共 30 條，文中充滿理想主義與人道關懷，第 1 條便跨越國家、跨越種族侷限，呼籲：「人人生而自由，在尊嚴和權利上一律平等。人類有理性和良心，應以兄弟情誼相互對待。」並且認為人權不分種族、膚色、性別、語言、宗教、政治意見、國籍、社會條件、財產、出生或其他身分等任何區別（第 2 條）。其他諸如：

人人有權享有生命 （第 3 條）、 任何人不得使為奴隸或奴役 （第 4 條）、任何人不得加以酷刑，或施以殘忍的、不人道的或侮辱性的待遇或刑罰（第 5 條）、人人在任何地方有權被承認在法律前的人格（第 6 條）、法律之前人人平等，並有權享受法律的平等保護，不受任何歧視（第 7 條）、任何人不得加以任意逮補、拘禁或放逐（第 9 條）、人人完全平等地有權由一個獨立無偏私的法庭進行公正公開的審訊（第 10 條）、有未經獲得公開審判而依法證實有罪以前，有權被視為無罪（第 11 條）、任何人的私生活、家庭、住宅和通信不得被任意干涉，榮譽和名聲不得加以攻擊（第 12 條）、人人在各國境內有權自由遷徙和居住及返回他的國家（第 13 條）、人人有權在其他國家尋求和享受庇護避免迫害（第 14 條）、人人有權享有國籍。任何人的國籍不得被任意剝奪（第 15 條）、成年男女，不受種族、國籍或宗教限制，有權嫁娶和成立家庭（第 16 條）、人人有財產所有權，任何人的財產不得被任意剝奪（第 17 條）、人人有思想、良心和宗教自由的權利（第 18 條）、人人有權享受主張和發表意見的自由 （第 19 條）、人人有權享有和平集會和結社的自由（第 20 條）、人人有直接或透過自由選擇的代表參與治理本國的權利（第 21 條）、人人有權享受社會保障（第 22 條）、人人有權工作，自由選擇職業、並享受免於失業的保障（第 23 條）、人人有享受休息和閒暇的權利（第 24 條）、人人有權享受為維持他本人和家屬的健康和福利所需的生活水準（第 25 條）、人人都有受教育的權利（第 26 條）、人人有權自由參加文化生活，享受藝術，並分享科學進步（第 27 條）。人人對社會有義務，因為只有在社會中他的個性才可能得到自由和充分發展（第 29 條）。

在二戰之後聯合國揭櫫人類理想境界，雖然是外交宣示性質，卻為世界人權史向前跨進一大步。聯合國會員國在 1966 年同步進行起草討論 《公民及政治權利國際公約》 與 《經濟社會文化權利國際公約》，簡稱人權兩公約。在聯合國大會同步進行討論與通過後，並同時交由會員國簽署及批准，對簽約國具法律拘束力，生效後便接受聯合國相關人權監督及檢驗機制。

　　《公民及政治權利國際公約》規範的權利著重「自由」，國家有實現的義務，應立法保障。人人有權對抗來自於國家對個人自由與尊嚴的干預與壓制，並於公、私領域的各項侵害得採取有效司法救濟及請求國家賠償，至 2014 年時，本公約已有 168 個締約國。《經濟社會文化權利國際公約》著重個人向國家爭取「平等」的權利，需國家權力主動介入，整體施政目標、財經政策等層面的擬定與執行以及攸關人民集體權益與福利等，至 2013 年已有 153 個締約國。公約涵蓋面廣泛，尤其是工作權，工作條件、勞動基本權（組工會、罷工）、社會保障、對家庭之保護、生活水準（人人享有免於飢餓權）、心理健康權、教育權、文化參與權等，相當於《中華民國憲法》第 10 條的基本國策，下兩小節將會進一步分析。

　　除了上述人權兩公約之外，聯合國其實持續進行對人類普世人權的典範建立。諸如：1954 年生效的《有關難民地位的公約》(Convention relating to the Status of Refugees)，1969 年生效的《消除一切種族歧視國際公約》(Convention on the Elimination of All Forms of Racial Discrimination, ICERD)，1981 年生效的《消除一切形式歧視婦女公約》(The Convention on the Elimination of all Forms of Discrimination Against Women，CEDAW)，1987 年生效的《禁止酷刑和其他殘忍、不人道或有辱人格的待遇或處罰公約》(Convention against Torture and Other Cruel, Inhuman or Degrading Treatment or Punishment)，以及該公約於 2006 年生效的附加議定書，批准議定書的國家，有義務設立獨立的國家防範機制，負責在國內層級防範酷刑及不人道待遇。此外，還有 1990 年生效的《兒童權利公約》(Convention on the Rights of the Child)，2006 通過、仍有待批准國生效的《殘疾人權利公約》(Convention on the Rights of Persons with Disabilities) 以及 2007 年通過的《原住民權利宣言》(Declaration on the Rights of Indigenous Peoples)。二戰後至今 70 年，聯合國總共擘劃 2 個普世宣言、7 個國際公約。整體而言，聯合國建立典範、推廣價值、設立制度，將人類文明歷史一再向前推展。

第三節 《公民及政治權利國際公約》逐條內涵與 臺灣實踐

《公民及政治權利國際公約》一開始便承認「人類家庭的所有成員擁有與生俱來的尊嚴及平等且不可割讓的權利」 (inherent dignity and of the equal and inalienable rights of all members of the human family)，這些權利是世界自由、正義與和平的基石。唯有創造環境，使人人享有經濟社會文化權利及公民及政治權利，才能實現自由人類免於恐懼、免於匱乏的理想。羅斯福總統的四大自由，從美國普及於全世界，成為人權朗朗上口的價值。

《公民及政治權利國際公約》共 53 條，其中 27 條是人權內涵，第 28 條之後是相關法律及制度建制措施，第 2 條至第 5 條屬原則性規範，人權的實質意涵從第 6 條起。第 28 條至第 53 條是聯合國與締約國相關程序規範，故本節只討論前 27 條。

第 1 條「人民自決權」

公約英文用的是 "peoples"，可翻成人民或民族，原先聯合國的中文版本是「民族」，但後來改成「人民」。公約認為所有人民均享有自決權，自由決定其政治地位並自由從事其經濟、社會與文化之發展。而且所有人民得為本身之目的，自由處置其天然財富及資源。無論在何種情形下，人民之生計，不容剝奪。此處指的人民自決權包括兩個面向，可以是對外自由決定政治地位，也可以是對內自由發展經濟、社會與文化，並且自由處分天然資源。

公約初始目的是以二戰後的殖民地、託管地及非自治領土民族為主。但隨著大多數殖民地及託管地紛紛獨立或確定最終政治歸屬，人民自決權的行使主體比民族自決權更廣，是以集體人民為主體，而不限以民族為單位，如原住民或世居某處的集體族群。

在臺灣，全民直選總統及公民投票都可以視為是人民自決的廣義

解釋與適用；但若以狹義而言，蘭嶼被政府指定為核廢料的永久儲存場卻否定了人民自決的原則。根據《原住民族基本法》第 31 條，未經原住民族同意，政府不得將危險物質儲存在原住民族地區。

第 2 條「所有人平等享受所有人權原則」

此條款為一般性原則，要求簽約國針對公約所臚列的公民及政治權利，無分種族、膚色、性別、語言、宗教、政見或其他主張、民族根源或社會階級、財產、出生或其他身分，一律享有，無差別待遇。《中華民國憲法》第 7 條也鄭重主張「無分男女、宗教、種族、階級、黨派，在法律上一律平等。」

第 3 條「男女平權原則」

同第 2 條，也是一般性原則，要求簽約國針對公約所臚列的公民及政治權利，不分男女性別，一律平等享有，無差別待遇。《中華民國憲法》第 7 條也是規定男女在法律上一律平等。

第 4 條「人權權利的限制」

屬一般性原則，認為締約國若發生足以危及國本的緊急危機，在經當局正式宣布緊急狀態後，得以減免履行本公約所負之義務。但此種措施不得造成純粹以種族、膚色、性別、語言、宗教或社會階級為依據之歧視。

第 5 條「對限制的限制──對公約使用之解釋」

也是一般性原則，本公約條文不得解釋為國家、團體或個人有權從事活動或行為，破壞本公約確認的任何一種權利與自由，或限制此種權利與自由逾越本公約規定之程度。

第 6 條「生命權」

人人皆有與生俱來的生存權，生存權利應受法律保障，任何人的生命不得被無理剝奪。凡未廢除死刑的國家，非犯最重大之罪行，不得處以死刑。死刑非依管轄法院最終判決，不得執行。被判處死刑

者，有請求特赦或減刑的權利；一切判處死刑之案件均可請求大赦、特赦或減刑。未滿 18 歲的人犯，不得判處死刑；懷孕婦女被判死刑，不得執行其刑。前述條文不得被締約國援引來延緩或阻止死刑之廢除。

　　廢除死刑是人類人權發展的另一趨勢，瑞典自 1910 年便廢除死刑，許多北歐及西歐國家在二戰前後均正式廢除國家剝奪人民生命權的極刑。聯合國鼓勵廢除死刑，聯合國大會也屢次決議呼籲各國至少要暫停執行死刑，現在全世界 193 個國家中已有超過 150 個國家正式廢除死刑或維持死刑但長期不執行。至 2015 年，臺灣是少數 20 國仍然執行死刑的國家。死刑之廢除在臺灣社會引起極大反對與反感，報復式正義、受害者家屬人權、嚇阻作用以維持秩序是臺灣社會堅實普遍的民意。雖然廢死是國際趨勢，卻是臺灣最不想跟隨的國際主流價值之一，廢死目前在臺灣較無討論空間。

第 7 條「禁止酷刑或不人道刑罰」

　　本條文規定任何人不得被施以酷刑，或予以殘忍、不人道或侮辱的待遇或懲罰。非經本人自願同意，不得對任何人做醫學或科學試驗。

　　法國大革命時的《人權宣言》便宣告「任何人即使被認為必須予以逮捕，但為扣留其人身所不需要的各種殘酷行為都應受到法律的嚴厲制裁。」後來的刑法皆明文規定酷刑為犯罪行為，《美國憲法》第 8 條修正條文也禁止「施加殘酷和非常的懲罰」。許多威權國家的司法警察部門慣用虐求逼供或屈打成招，目前民主法治國家均禁止虐待囚犯，以科學辦案，講究證據及正當程序。美國攻打並占領伊拉克及阿富汗後，發生許多以殘忍或侮辱手法虐待這兩國囚犯事件，圖片傳出引來舉世譴責與伊斯蘭世界的公憤，美國總統歐巴馬及中央情報局皆否認美軍系統性虐囚行為，這不啻是美國這個人權價值輸出國家的雙重標準、偽善的本質。

第 8 條「禁止奴隸與強制勞動」

本條文規定任何人不得被充當奴隸及奴工；不論出於何種方式的奴隸制度及奴隸販賣都應該被禁止。此外，任何人不得被迫行使強制勞役。

非洲曾在十八及十九世紀多數淪為西方社會奴隸階級，1986 年簽署並生效的《非洲人權與民族權利憲章》第 5 條規定：「每一個人的固有尊嚴有權受到尊重，其合法地位有權得到承認。對人一切形式的剝削和侮辱，尤其是奴隸制度、奴隸買賣、拷打及殘忍不人道或汙辱性的刑罰和待遇，均應予以禁止。」此外，日本在侵略東亞國家時的慰安婦──性奴隸，也是對弱勢女人身體與精神尊嚴的集體侵害。前南韓總統李明博就曾說：「慰安婦是戰爭時期女性人權問題，是違反人類普世價值觀和正確歷史觀的行為。」東亞國家至少有 30 萬婦女被強行徵召充當慰安婦，但僅能透過民間機構向日本法院訴訟，且皆遭敗訴。東亞政府高層外交並不迫切關心慰安婦議題，反而是美國眾議院外交事務委員會於 2007 年 6 月 26 日，以 39 票贊成 2 票反對的壓倒性多數，通過第 121 號決議案，譴責日本在二戰期間強徵亞洲婦女充當日軍「慰安婦」。國際特赦組織及美國國務卿希拉蕊將這個含混的日語「慰安婦」（いあんふ）更正為「性奴隸」(sexual slaves)，來還原真相，並呼籲日本政府官方道歉，因為這些性奴年事已高，仍然在等待遲來的正義。

第 9 條「人身自由及逮捕程序」

本條文可謂是英國《人身保護令》及《權利清單》的現代化版本，詳列法律正當程序以保障人身自由。人人有權享有身體自由及人身安全，任何人不得無理被逮捕或拘禁，除非依法定理由及程序，不得剝奪任何人之自由；而且執行逮捕時，應當場向被捕人宣告逮捕原因，並應隨即告知被控案由。因刑事罪名而被逮捕或拘禁之人，應立即解送法官或依法執行司法權力的官員，並應於合理期間內審訊或釋放。候訊人不得加以羈押，審訊時，於司法程序的階段、並於執行判

決時，候傳到場。任何人因逮捕或拘禁而被剝奪自由時，有權聲請法院提審，以迅速決定其拘禁是否合法，如屬非法，應立即釋放。任何人受非法逮捕或拘禁，有權要求執行損害賠償。

《中華民國憲法》第 8 條仿照本公約，詳細規定人身逮捕的法律程序：「除現行犯之逮捕由法律另定外，非經司法或警察機關依法定程序，不得逮捕拘禁。非由法院依法定程序，不得審問處罰。非依法定程序之逮捕、拘禁、審問、處罰得拒絕之。人民因犯罪嫌疑被逮捕拘禁時，其逮捕拘禁機關應將逮捕拘禁原因，以書面告知本人及其本人指定之親友，並至遲於 24 小時內移送該管法院審問。本人或他人亦得聲請該管法院，於 24 小時內向逮捕之機關提審。法院對於前項聲請，不得拒絕，並不得先令逮捕拘禁之機關查覆。逮捕拘禁之機關對於法院之提審，不得拒絕或遲延。人民遭受任何機關非法逮捕拘禁時，其本人或他人得向法院聲請追究，法院不得拒絕，並應於 24 小時內向逮捕拘禁之機關追究，依法處理。」針對告知被告或犯罪嫌疑人逮捕原因的規定，臺灣司法院已審議通過並交由立法院審議《刑事訴訟法》第 89 條，明訂執行拘提或逮捕，應當場告知被告或犯罪嫌疑人拘提或逮捕之原因。

第 10 條及第 11 條「人道權」

本條文規定被羈押之嫌疑犯與少年犯之人道權，被剝奪自由的人應受合乎人道及尊重人格尊嚴的待遇。除非特殊情形，被告應與判決有罪之人分別羈押，且應另給予未經判決有罪身分相稱之待遇。少年被告應與成年被告分別羈押，並應儘速判決。監獄制度所定監犯之待遇，應以使其懺悔更生及重新適應社會生活為目的。少年犯人應與成年犯人分別拘禁，且其待遇應與其年齡及法律身分相稱。任何人不得僅因無力履行契約義務，即予監禁。

第 12 條「遷徙自由、住所選擇自由、返鄉自由」

本條文規定人人有在其國家或合法居留人士在該國領土內，自由遷徙往來及選擇居住的權利。人人也應有自由離開任何國家，包括其

本國。人人有進入其本國之權，不得被無理褫奪。

《中華民國憲法》第 10 條：「人民有居住及遷徙之自由。」大法官釋字第 443 號進一步解釋：「人民有居住及遷徙之自由，係指人民有選擇其居住處所，私人生活不受干預之自由，且有得依個人意願自由遷徙或旅居各地之權利。」但早期白色恐怖年代，許多政治異議分子被列為黑名單，不得返回臺灣。現在臺灣已無黑名單問題，大概只剩服役時叛逃到中國的林義夫尚未能如願返鄉。

臺灣每年約有 5 萬人因各種理由被限制出境，其中大多是因財務、稅賦及司法訴訟理由被限制出境。目前比較有爭議的是流浪漢，或稱街友，依其意願自由遷徙，並未違反社會秩序，卻違反社會觀感，有時會遭政府單位善意勸導、柔性驅離。從這方面觀之，魏晉南北朝時的竹林七賢，袒露上半身在林子裡彈琴長嘯臥睡，在當時充滿快意雅趣，現在應該會被當作逗留公園的怪叔叔，被柔性勸離吧。

第 13 條「不得非法驅逐外僑」

與第 12 條相同意義，境內合法居留之外國人，非經依法判定，不得驅逐出境，除非事關國家安全必須急速處分者外，應准其提出不服驅逐出境之理由，及聲請主管當局或主管當局特別指定之人員予以覆判，並為此目的委託代理人到場申訴。

除非是非法入境的偷渡客，否則將境內合法居留的外國人驅逐出境事關重大，如條文所述，事涉國家安全之緊急狀況。當發生國家安全之緊急事件時，國家通常按國際慣例以「不受歡迎的人士」(personna non grata) 請之出境。例如 1979 年美麗島事件時的美國籍人士愛琳達 (Linda Arrigo)，不受當時政府歡迎，遭到驅逐，在女警陪同下從機場離開臺灣。

第 14 條「公正審判、公開宣示及無罪推定」

本條文將法國《人權宣言》的無罪推定與公平審判原則詳細臚列正當程序，人人在法院面前地位平等。任何人受刑事控告或因其權利義務涉訟須予判定時，應有權受獨立無私之法定管轄法庭公正公開審

問。法院得因民主社會之風化、公共秩序或國家安全關係，或於保護當事人私生活有此必要時，或因情形特殊公開審判勢必影響司法而在其認為絕對必要之限度內，禁止新聞界及公眾旁聽審判程序。但除保護少年有此必要，或事關婚姻爭執、子女監護問題外，刑事、民事之判決應一律公開宣示。受刑事控告之人，未經依法確定有罪以前，應假定其無罪。審判被控刑事罪時，被告一律有權平等享受下列最低限度保障：1.立即以其通曉之語言，詳細告知被控罪名及案由；2.給予充分時間及便利，準備答辯並與其選任之辯護人聯絡；3.立即受審，不得無故稽延，到庭受審及親自答辯或由其選任辯護人答辯；4.未經選任辯護人者，應告知有此權利，法院認為審判有此必要時，應為其指定公設辯護人，如被告無資力酬償，得免付之；5.得親自或間接詰問他造證人，並得聲請法院傳喚其證人在與他造證人同等條件下出庭做證；6.如不通曉或不能使用法院所用語言，應免費準備通譯協助之；7.不得強迫被告自供或認罪。

　　此外，少年之審判，應顧及被告年齡及宜使其重新適應社會生活，而酌定程序。經判定犯罪者，有權聲請上級法院依法覆判其有罪判決及所科刑罰；經終局判決判定犯罪，如後因提出新證據或因發現新證據，確實證明原判錯誤而經撤銷原判或免刑者，除經證明有關證據之未能及時披露，應由其本人全部或局部負責者外，因此判決而服刑之人應依法受損害賠償。任何人依一國法律及刑事程序經終局判決判定有罪或無罪開釋者，不得就同一罪名再予審判或科刑，這一條文影響民主法治國家至鉅。

第 15 條「禁止溯及既往之刑罰」

　　本條文規定任何人的行為或不行為，於發生當時依國內法及國際法均不構成犯罪者，不定罪刑，確定之刑罰不得重於犯罪時法律所規定。犯罪後之法律規定減科刑罰者，得從有利於行為人之法律。任何人之行為或不行為，於發生當時依各國公認之一般法律原則為有罪者，其審判與刑罰不受本條規定之影響。

臺灣相關法律規定對於追訴處罰犯罪之程序規定，與公約上述幾條規定大致相符，可謂達到國際水準。

第 16 條「法律人格權」

人人在任何所在有被承認為法律人格之權利，《公約》第 10 條也規定 「自由被剝奪之人 ， 應受合於人道及尊重其天賦人格尊嚴之處遇。」

根據臺灣《羈押法》第 12 條：「被羈押者以號數代其姓名。」被羈押者皆以數字取代姓名，似乎否定其法律人格。誠如司法院釋字第 399 號：「姓名權為人格權之一種，人之姓名為其人格之表現。」

第 17 條「隱私權」

本條文規定任何人的私生活、家庭、住宅或通信，不得無理或非法侵擾，其名譽及信用，亦不得非法破壞。對於此種侵擾或破壞，人人有受法律保護之權利。隨著時代推進，個人隱私越發受到重視。

臺灣於 2012 年通過實施的《個人資料保護法》為時代一大進步，舉凡個人資料（包括自然人之姓名、出生年月日、身分證字號、護照號碼、特徵、指紋、婚姻、家庭、職業、教育、病歷、醫療、基因、性生活、健康檢查、聯絡方式、犯罪前科、財務狀況、社會活動等），公務或非公務機關蒐集非由當事人提供之個人資料時，應在處理或利用前告知當事人資料來源與蒐集目的，但已經合法公開或自行公開，或學術機構於研究目的，或大眾傳播基於報導之目的，不在此限。意圖營利而違法蒐集利用者，可處 5 年以下有期徒刑、併科 1 百萬元以下罰金。《個資法》比本《公約》第 17 條更加鉅細靡遺保護個人隱私，是臺灣人權的一大進步。

第 18 條「思想、良心和宗教自由」

本條文指涉作為人內在的精神自由，規定人人有思想、信念及宗教之自由。此種權利包括保有或採行自己選擇的宗教或信仰之自由，以及單獨或集體、公開或私自以禮拜、戒律、躬行及講授表示其宗教

或信仰之自由。任何人所享保有或採奉自己選擇的宗教或信仰之自由，不得以脅迫侵害之。人人表示其宗教或信仰之自由，非依法律，不受限制，此項限制以保障公共安全、秩序、衛生或風化或他人之基本權利自由所必要者為限。

臺灣在信仰自由方面非常寬容，傳統正信宗教與新興教派各自山頭林立、蓬勃發展。人民充分享有宗教信仰自由，也可以不信任何宗教，或同時擁有很多信仰及從事各種宗教活動，無神論也可以。比起許多國家政教合一、以政領教，或以教領政，臺灣政教分離，宗教世俗化算是徹底，很少因信仰而造成政治糾紛，宗教信仰自由若有問題是在社會層面，神棍斂財騙色，但不在此節討論範圍。

第 19 條「表意自由」

本條文規定人人有保持意見不受干預之權利以及有發表意見之權利；此種權利包括以語言、文字或出版物、藝術或自己選擇的其他方式，不分國界，尋求、接受及傳播各種消息及思想之自由。對表義自由的限制須經法律規定，且為下列各項所必要者為限：1.尊重他人權利或名譽；2.保障國家安全或公共秩序，或公共衛生或風化。

表意自由是非常重要的人權，臺灣經歷威權統治的封閉年代、現在充分享有以各種方式表達意見的權利，政治論政空間及網路社群澎湃發展，在上一章已經討論。

第 20 條「禁止宣傳戰爭及煽射歧視」

本條文為上述表意自由的限制，規定任何鼓吹戰爭之宣傳，應以法律禁止之。任何鼓吹民族、種族或宗教仇恨之主張，構成煽動歧視、敵視或強暴者，應以法律禁止之。德國由於曾經發生種族歧視而大屠殺的歷史悲劇，官方禁止任何涉及種族歧視的納粹崇拜，連納粹文物的交易行為無論買方或賣方均屬犯罪行為。

第 21 條「和平集會之權利」

本條文要求簽約國確認人民有和平集會之權利，除依法律之規

定，且為民主社會維護國家安全或公共安寧、公共秩序、維持公共衛生或風化，或保障他人權利自由所必要者外，不得限制此種權利之行使。

比之戒嚴時期禁止人民集會聚眾，臺灣《集會遊行法》已大幅放寬舉行示威遊行的相關規定。然而《集會遊行法》第 8 條規定：「室外集合、遊行，應向主管機關申請許可。」事先核可的規定仍然對人民的示威遊行有所限制，可以改為登記制。許可制在形式上需經主管機關批准及審查的程序；登記制直接承認集會遊行是人民的基本權利，方便主管機關維持交通與社會秩序，必要時才由主管機關糾正。

第 22 條「結社之自由」

本條文規定人人有自由結社之權利，包括為保障其本身利益而組織及加入工會之權利。與上一條文相同，除依法律規定，且為民主社會維護國家安全或公共安寧、公共秩序、維持公共衛生或風化，或保障他人權利自由所必要者外，不得限制此種權利之行使。依此，人人可與他人自由集結組織社團，包括組織政黨、參與工會。

與和平集會的權利相同，比之戒嚴時期，臺灣政府已大幅放寬人民結社的相關規定。根據《人民團體法》，職業團體及社會團體須經主管機關許可，政治團體和政黨的設立僅須備案。《人民團體法》第 2 條規定：「人民團體之組織與活動，不得主張共產主義，或主張分裂國土。」臺灣內政部對於政治結社相當寬容尊重，政治團體和政黨的成立採取報備制。此外，《人民團體法》第 2 條似乎是形同具文，主張臺灣獨立建國的民進黨、建國黨和臺灣團結聯盟，並無因為主張分裂國土而遭強制解散。唯有臺灣共產黨，內政部以其主張共產主義違反國家安全，不予備案。臺灣民主發展至今，人民充分享有物質舒適與資本主義的自由價值，再加上言論自由，政府可以再更有信心一點。

第 23 條「對家庭之保護」

本條文規定家庭為社會自然基本的團體單位，應受社會及國家保

護。男女已達結婚年齡者，其結婚及成立家庭之權利應予確認。婚姻
非經婚嫁雙方自由完全同意，不得締結。締約國應採取適當步驟，確
保夫妻在婚姻方面，在婚姻關係存續期間，以及在婚姻關係消滅時，
雙方權利責任平等。婚姻關係消滅時，應訂定辦法，對子女予以必要
之保護。

　　華人社會乃集體主義重視家庭，視婚姻為終身大事，傳宗接代幾
乎是必須完成的人生目標與生命價值。臺灣《民法親屬編》對婚姻的
責任與權利義務有詳細規定。《家庭暴力防治法》是亞洲第一份直接
處理家庭內暴力情況的法律，不再是清官難斷家務事或法不入家門的
封建迂腐觀念。

第 24 條「兒童之權利」

　　本條文規定兒童有權享受家庭、社會及國家為其未成年身分給予
之必需保護措施，不因種族、膚色、性別、語言、宗教、民族本源、
社會階級、財產或出身而受歧視。所有兒童出生後應立予登記，並取
得名字；所有兒童都有取得國籍之權。

　　與上一條文相同，華人社會乃集體主義重視家庭，傳宗接代幾乎
是必須完成的人生目標與生命價值，許多華人將兒童視為附屬財產而
非獨立的個體。臺灣的《兒童及少年福利法》及其施行細則對嬰兒、
孩童及青少的福利及權益有非常詳盡的規定，以促進兒童及少年身心
健全發展，諸如身分權益、監護人、收養、受教權、醫療及保健照護
及工作等。

第 25 條「公民參政權利與機會」

　　本條文規定凡屬公民均應有權利及機會：1.直接或經自由選擇之
代表參與政事；2.在真正、定期之選舉中的選舉投票權及被選舉權。
選舉權必須普及而平等，選舉應以無記名投票法行之，以保證選民意
志之自由表現；3.以一般平等之條件，服本國公職。

　　臺灣在公民參政權利與機會方面已經充分實現，自 1980 年代末
民主化運動以來，人民參政權澎湃發展，本書第二章已經討論過。臺

灣於 1994 年國會全面改選，2000 年總統由另一政黨參選人當選，首
度政黨輪替，結束 50 年一黨專政，中央及地方政府，均由獲勝政黨
執政。

　　臺灣至 2013 年，已經舉行過 5 次總統直選，幾乎每 1 年都有中
央或地方層級選舉。臺灣人民行使公平、公開、平等的選舉權及被選
舉權，進入人人論政、參政的大自由時代，選前激昂、選後接受開票
結果，選舉過程無重大暴力事件，2000 年 3 月 19 日陳水扁總統槍擊
案是唯一的意外。

第 26 條「法律之前人人平等」

　　本條文規定人人在法律上一律平等，且應受法律平等保護，無所
歧視。在此方面，法律應禁止任何歧視，並保證人人享受平等而有效
之保護，以防因種族、膚色、性別、語言、宗教、政見或其他主張、
民族本源或社會階級、財產、出身或其他身分而產生之歧視。

　　就像電視劇《包青天》在臺灣及中國播出時大快人心所反射出的
社會意義，司法是正義的最後一道防線，而正義是人心普遍的渴望。
《中華民國憲法》第 7 條即明示：「無分男女、宗教、種族、階級、
黨派，在法律上一律平等。」也有所謂「司法像皇后的貞操不容懷
疑。」然而，即使在民主法治國家，許多現象諸如：政商權貴知法玩
法，重罪輕判、媒體指揮辦案、檢調機關選擇性辦案或起訴、恐龍法
官不符合社會期待的荒謬判決等，都是令人感到挫折與憤怒的事實。

第 27 條「保護少數族群」

　　本條文規定凡有種族、宗教或語言少數團體之國家，屬於此類少
數團體之人，與團體中其他分子共同享受其固有文化、信奉躬行其固
有宗教或使用其固有語言之權利，不得剝奪之。

　　臺灣在保護少數族群方面，也有長足發展，幾乎與民主化發展同
步進行。政經強勢的漢族不再以國家制度方式剝奪少數族群的文化
權、宗教權、語言權。1994 年原住民族條款正式入憲，刪除「山胞」
字眼。1996 年行政院設立「原住民委員會」，2001 年實施《原住民族

工作權保障法》及施行細則，以優惠政策作為歷史性補償，規定政府機關以及各公立學校、公營事業單位，每僱用 100 人就必須僱用原住民 1 名，促進原住民就業，保障原住民工作權。2005 年立法院更通過《原住民族基本法》，明文保障原住民族土地、自然資源等權利，並保留原住民族傳統領域。2007 年實施《原住民族傳統智慧創作保護條例》，保護原住民傳統音樂及手工藝。透過上述各項法律建構，臺灣少數民族權利與法制架構逐漸成形，臺灣政經強勢的漢族應該持續進行歷史補償與補課。

第四節　《經濟社會文化權利國際公約》逐條內涵　　　　與臺灣實踐

《經濟社會文化權利國際公約》共 31 條，前言及第 1 到第 5 條屬原則性規範，核心部分是第 6 條到第 15 條，第 16 條到第 31 條是聯合國與締約國相關程序規範，故本節只討論前 15 條。

第 1 條「民族自決權」

與《公民與政治權利國際公約》完全相同，如前小結所言臺灣是個移民社會，政經強勢的漢族持續進行歷史補償與補課，不再以國家制度方式剝奪少數族群的文化權、宗教權、語言權。尤其是《原住民族基本法》，明文保障原住民族土地、自然資源等權利，並保留原住民族傳統領域。只是原住民傳統領域如何詳細劃分成自治區？自治區的權限有哪些？都仍待決議。

第 2 條「國際合作與發展援助」

本條文要求締約國承允盡其資源能力所及，各自並藉國際援助與合作，特別是經濟和技術方面，以便用一切適當方法，尤其包括透過立法措施，逐漸達到本公約中所確認之各種權利充分實現。發展中國家在適當顧及人權及國民經濟的情況下，得決定對非本國國民享受本公約中所確認經濟權利之程度。

臺灣在國際合作與發展援助方面從受惠者到施惠者，很值得讚賞。臺灣於 1950 年至 1980 年曾接受美國 50 億美元的援助，也以此完成許多重要基礎建設。自 1990 年代，臺灣對外援助是外交部的重要政策之一，以技術、物資、金錢實質回饋國際社會。至於本條文規定發展中國家得決定對非本國國民享受經濟權利之程度，臺灣在統計數據上應該已經不是發展中國家，一方面為吸引外資，給予外國企業許多優惠措施，但對境內外國勞工，卻仍然有許多顯性限制與隱性歧視。

第 3 條「消除歧視」

第 3 條至第 5 條也是一般原則性規定，在第 2 條條文也有消除歧視的規定，要求締約國對本公約所宣布的權利應予普遍行使，不得有種族、膚色、性別、語言、宗教、政治或其他見解、國籍、財產、出生或其他身分等任何區分。第 3 條要求締約國消除性別歧視，針對公約所臚列的經濟、社會、文化權利，不分男女性別，一律平等享有，無差別待遇。《中華民國憲法》第 7 條也是規定男女在法律上一律平等。

第 4 條「權利的限制」

締約各國承認，在依據本公約規定的權利享有方面，國家對此等權利只能以法律明定其限制，這些限制不得與權利性質有所抵觸，且加以限制的目的僅能是為了增進民主社會之公共福利。

第 5 條「對限制的限制」

本公約中任何部分不得解釋為任何國家、團體或個人有權利從事任何旨在破壞本公約所承認的任何權利或自由，或對它們加以較本公約所規定的範圍更廣的限制之活動或行為。對於任何國家中依據法律、慣例、條例或習慣而被承認或存在的任何基本人權，不得藉口本公約未予承認或只在較小範圍上予以承認而加以限制或減少。本條文非常拗口，意旨與《中華民國憲法》第 23 條規定的「以上各條列舉

之自由權利，除為防止妨礙他人自由、避免緊急危難、維持社會秩序，或增進公共利益所必要者外，不得以法律限制之。」相同。

第 6 條「工作權」

　　公約核心部分是第 6 條到第 15 條。人人應有機會憑其自由選擇和接受的工作來謀生的權利，並將採取適當步驟來保障工作權。締約國為充分實現人民工作權而採取的步驟應包括技術和職業指導與訓練，以及保障個人在基本政治和經濟自由的條件下達到穩定的經濟、社會和文化的發展和充分的生產就業的計畫、政策和技術。

　　關於公約的工作權部分，臺灣的實踐很矛盾。臺灣每年經濟成長率都持續正成長，一方面經濟部、勞委會、職訓局、《勞動基準法》皆有詳細規範；但另一方面臺灣上班族及勞工的處境卻日益困窘，諸如失業威脅、工作脆弱化（短期約聘僱、無預警倒閉）、工作貧窮化（薪資降低及物價上漲）、變相責任制、派遣人力（非正式僱員、契約外包的打工族）等。

第 7 條「良好勞動條件之保障」

　　本公約認為人人有權享受公平良好的工作條件，締約國特別要保證最低限度給予所有工作者下列報酬：1.公平的工資和同質工作同酬而沒有任何歧視，特別是保證婦女享受不亞於男子所享受的工作條件，並享受同工同酬；2.保證工作者和他們的家庭符合本公約規定之合理生活；3.安全衛生的工作條件；4.人人在其行業中晉升的同等機會，除資歷和能力的考慮外，不受其他考慮的限制；5.休息閒暇和工作時間的合理限制，定期給薪休假以及公共假日報酬。與上一條文利益相同，這部分臺灣勞委會、《勞動基準法》、《兩性工作平等法》對於勞動條件的保障皆有詳細規範，但在實踐上卻有許多缺失，如上所述，無論是內環境的政策不彰或外環境的經濟不景氣，臺灣上班族面臨失業威脅、無預警倒閉、薪資降低、物價上漲、變相責任制、短期約聘僱增加、派遣人力等壓力。

第 8 條「參加工會及罷工權」

本條文要求締約國保證：1.人人有權組織工會和參加他所選擇的工會，以促進和保護他的經濟和社會利益；這個權利只受有關工會的規章的限制；2.工會有權建立全國性的協會或聯合會，有權組織或參加國際工會組織；3.工會有權自由地進行工作；4.有權罷工，但應按照各個國家的法律行使此項權利；5.不應禁止對軍隊、警察、行政機關成員行使工會及罷工權利，加以合法的限制。這部分臺灣已有長足進步，諸如《團體協約法》、《勞資爭議處理法》及《工會法》。只是臺灣的現役軍人不得組工會，老師也無罷教權，因為學生受教權更加神聖。

第 9 條「社會保險」

本條文很簡短，要求締約國承認人人有權享受社會保障，包括社會保險。所有人（包括工作者、失業者、老殘弱小、失婚、未婚媽媽）均得到政府的社會保障，納入安全網絡。這部分臺灣已有長足進步，開辦強制性的全民健康保險及非強制性的國民年金，以及各項社會福利、救助與補助津貼。自 2010 年起社會福利支出占中央政府總預算的約 20% 左右，各縣市政府也有《社會救助法》補助中低收入戶的基本生活。

第 10 條「對家庭、母親與兒童的保護」

本條文認為家庭是社會自然基本的單位，要求締約國對於家庭的建立和照顧教育未獨立兒童時，應給予廣泛的保護和協助。締結婚姻必須經男女雙方自由同意，對母親在產前和產後的合理期間，應給予特別保護。在此期間，對有工作的母親應給予有薪休假或有適當社會保障福利金的休假。締約國應為一切兒童和少年採取特殊的保護和協助措施，不得因出身或其他條件而有任何歧視。兒童和少年應予保護免受經濟和社會的剝削，僱傭兒童和少年做有害身心正常發展或對生命有危險的工作，應受到懲罰。締約國亦應規定工作年齡限制，凡僱傭限制年齡以下的童工，應予禁止和依法應受懲罰。

本條文與《公民及政治權利國際公約》的第 23 條及第 24 條很類似，都是在確定家庭價值與保障母性及兒童。華人社會乃集體主義重視家庭，視婚姻為終身大事，傳宗接代幾乎是必須完成的人生目標與生命價值，普遍視兒童為附屬財產而非獨立人格的個體。臺灣《民法親屬編》對婚姻的責任與權利義務有詳細規定，《戶籍法》將結婚合法性採登記，以雙方當事人為申請人，以顯示當事人的自由意願。《家庭暴力防治法》是亞洲第一份直接處理家庭內暴力情況的法律。《勞動基準法》及《兩性工作平等法》對女性受僱者妊娠前後工作權益保障均有詳細規定，《兒童及少年福利法》及《勞動基準法》對於童工也都有嚴格規定。

第 11 條「相當生活水準免於饑餓權」

本條文要求締約國承認人人有權為他自己和家庭獲得相當的生活水準，包括足夠的食物、衣著和住房，並能不斷改進生活條件，以及確認人人享有免於飢餓的基本權利。

基本上臺灣已經是豐衣足食的社會，各縣市政府也有《社會救助法》補助中低收入戶的基本生活。尤其在食物方面，糧食充足，各種異國風味餐廳林立；吃到飽餐廳、火鍋店、百貨公司美食街大多生意興隆；夜市小吃更是臺灣觀光局推銷國外旅客主打的特色之一。物質生活水準達已開發國家的程度，遠超過本條文的要求。食物在臺灣沒有「量」的問題，但是有「質」的問題，也就是層出不窮的食品安全問題；住的方面，財團與國際投機客炒作土地，令都會區房價居高不下，也是一大問題。

第 12 條「身心健康權」

本條文要求締約國承認人人有權享有達到最高的體質和心理健康的標準，為充分實現這一權利而採取的步驟應包括：1.減低死胎率和嬰兒死亡率，使兒童得到健康的發育；2.改善環境衛生和工業衛生的各個方面；3.預防、治療和控制傳染病、風土病、職業病以及其他的疾病；4.創造保證人人在患病時能得到醫療照顧的條件。這部分臺

灣的健康醫療水準也已達開發國家的程度，醫療技術進步，實施全民健保以及架設全國醫療網，建立普遍的國家醫療照護體系，遠超過本條文的要求。

第 13 條「受教權」

　　締約國承認人人有受教育的權利，且教育應鼓勵人的個性和尊嚴充分發展，加強對人權和基本自由的尊重，並應使所有人能有效地參加自由社會，促進各民族間和各種族、人種或宗教團體間的瞭解、容忍和友誼。本條文要求締約國為充分實現受教權，必須做到：1.初等教育屬義務性質，並一律免費；2.各種形式的中等教育，包括中等技術和職業教育，應以一切適當方法普遍設立，並逐步做到免費教育制度，以利人人都能受教；3.高等教育應根據能力，以一切適當方法，特別應逐漸採行免費教育制度，使所有人有平等接受的機會；4.未受到或未完成初等教育的人，應盡可能加以鼓勵或推進。

　　就像前面《公民及政治權利國際公約》的第 23 條及第 24 條以及《經濟社會文化權利國際公約》第 10 條都在確定及鞏固家庭價值，本條文在確定教育的重要性。華人儒家社會除重視家庭之外，另一個主要特色就是重視教育。受教育是人民基本權利的確立，國民中小學九年一貫課程於 2003 年正式推動，學齡兒童一律接受基本教育，免納學費。2014 年起高中職免學費，並提高排富門檻，等於是十二年國教。臺灣自 1990 年代以來進行一系列工程浩大的教育改革，多元入學、普設大學及研究所碩士班、博士班，幾乎人人皆可進入大學接受高等教育。

第 14 條「免費義務初等教育」

　　與上一條文相同，本條文要求締約國讓所有人民均得受免費的義務性教育。當許多國家，尤其是在廣大的亞、非、拉國家不重視教育，有許多童工、文盲、禁止女孩上學的強烈對比下，華人社會非常重視下一代教育，臺灣的教育制度與受教情況遠超過本公約的要求。

第 15 條「參加文化權」

本條文要求締約各國承認人人有權：1. 參加文化生活；2. 享受科學進步及其應用所產生的利益；3. 對其本人的任何科學、文學或藝術作品所產生的精神上和物質上的利益，享受被保護之權利。

此條文應該是本公約對人類最大的貢獻，指出人類不只在物質的各種權利，政府更應該滿足人類在精神上的享受，以及保護智慧財產權與原創者利益，臺灣目前有《專利法》、《商標法》及《著作權法》來保障原創者的利益。而修復歷史建築，與保護及提倡原住民、閩南、客家、新住民的傳統文化，使多元豐美的臺灣文化得以傳承並成為臺灣人民日常生活的一部分，是臺灣中央政府文化部及各地方政府文化局須要更加具體實現的理想。

上述《公民及政治權利國際公約》及《經濟社會文化權利國際公約》人權兩公約具有普遍性、不可分割，聯合國大會通過後開放給會員國簽署，並成立人權委員會檢討各簽約國的實施成效，監測落實程度。當時中華民國政府有簽署，但後來因退出聯合國，所以沒有後續批准動作。2000 年陳水扁政府推廣人權立國，籲請立法院通過批准國際人權法典，使其國內法化。經過多年法規準備，立法院於 2009 年通過人權兩公約及兩公約施行法，由國際條約轉置成國內法，馬英九總統簽署後於 12 月 10 日世界人權日正式生效，惟由於中華民國非聯合國正式會員國，無法按照國際法程序存放聯合國祕書處，算是臺灣單邊生效實施人權兩公約，聯合國人權機制並不對臺灣產生互動效果。

人權兩公約生效後，中華民國尚未與簽署國一樣在現有憲法架構之外，成立獨立的國家人權委員會。目前是行政院成立跨部會人權工作小組、人權保障推動小組，督促與追蹤兩公約之施行，而總統府也成立人權諮詢委員會，檢討政府機關執行人權狀況，促進臺灣人權與國際接軌，並每年發表國家人權報告書。過去臺灣人權狀況都由國際非政府及非營利組織，如國際特赦組織，進行長期觀察與督促；或是美國國務院公布的年度世界人權報告臺灣篇；也有國內民間人權團

體，如臺灣人權促進會與司法改革基金會，針對臺灣人權缺失提出檢討報告。

　　人權兩公約成為國內法施行後，中央設立官方人權報告與檢討法令及行政措施制度、優先編列經費，各級政府機關行使職權時，必須符合兩公約有關人權保障之規定與原則，避免侵害人權，也必須保護人民不受他人侵害，積極實現兩公約的各項人權，人權不再是抽象理想、不切實際、偶而聲張的國外概念，而是臺灣人民全面的生活品質。

第九章

時髦又混淆的全球化：現象與困境

　　本書前面八章討論的民主政治內涵，主要是以國家為場域，討論公共政策制訂與現象缺失，諸如民主化、人權、媒體、參政權等。接下來三章將討論的場域拉出，以全球為一個單位，討論全球化的意涵與現象缺失，後冷戰時期的國際政治、全球治理與區域整合。

第一節　全球化的內涵與比較

　　全球化 (globalization) 大概是後冷戰時期至今，最時髦又浮濫的國際政治經貿用語，幾乎人人朗朗上口，卻又常常混淆，許多預言及評論也南轅北轍、莫衷一是。諸如英國倫敦政經學院院長紀登斯 (Anthony Giddens) 樂觀認為「全球化是小國的機會」；美國耶魯大學資深研究員華勒斯坦 (Immanuel Wallerstein) 悲觀認為「資本主義全球化正在全面崩潰當中」；德國當代法蘭克福學派最具代表性的哲學家哈伯瑪斯 (Jürgen Habbermas) 則認為「全球化是後主權的實驗室」。

一、定　義

　　全球化是一種過程，一種現代化的現象。在此過程中社會群體觀，從個人到國家，產生相對的無距離、無疆界、即時感的現象，空間的壓縮與開展，使人類生活（政治、經濟、貿易、社會、文化）越來越相似，越來越相互依賴、彼此開放與交互影響，而趨於一致。

二、時間軸

　　以時序上而言，從十五世紀地理大發現，尤其是十八世紀以來，歐洲帝國主義挾其工業革命技術、個人向外探險尋奇，及進行貿易取得珍貴物資，大肆在全球掠奪，3% 的歐洲人掌控 85% 的地球資源，發生政治、經濟、社會、文化等根本性影響。全球化現象持續進行直至二十世紀初，兩次世界大戰造成全球化進程的停擺。冷戰時期，全球化現象也因兩極世界、敵對陣營間壁壘分明而局部緩慢進展。直至後冷戰時期，人類不再以意識型態作為彼此隔離，進入大和解、大自

由的年代，加之透過日新月異的科技為工具，空間不再是個障礙，全球化現象普遍發展至今、沛沛然莫之能禦。

　　誠如《紐約時報》專欄作家佛里曼 (Thomas L. Friedman) 在其著作《世界是平的》(*The World is Flat*) 中，將全球化分為三個階段：

1. 全球化 1.0 時代，自 1492 年到 1800 年，主要推動力量是國家與政府；
2. 全球化 2.0 時代，自 1800 年到 2000 年，主要推動力量為跨國公司；
3. 全球化 3.0 時代，從 2000 年持續至今日，全球化主要動力是個人及網際網路，無論是天然的高山、海洋屏障或人為的領域疆界，都無法擋住全球化向前行進。

三、特　色

　　全球化以地球為單位，有形物質及無形理念都去疆界化 (debordization)、零距離，傳統國家的疆界可以被穿透、自由來去。全球化通常具有不可逆轉性 (irrevocability)，除了極少數國家刻意且頑強鎖國（如北韓）之外，世界絕大多數國家都捲入這場史無前例的浪潮當中，只是程度快慢的差別而已，尤其透過網路及交通科技，人類就生活在同一個地球村當中。

（一）就個人而言

　　生活與工作的場域將擴大範圍，1 臺電腦立即連結到全世界，接收爆炸的資訊與探索無限的未知，遠的人變近、近的人變遠。個人生涯也全球化，每個人都可以是馬可波羅 (Marco Polo)，跨國性移動成為普遍現象，除了觀光、留學、商務旅遊之外，低階勞力移工至富裕國家、高階菁英逐水草而居，人員在全球密集跨境流動與交叉定居，國籍成為只是出生認證的作用。東南亞的印尼、菲律賓人民來臺灣工作，臺灣年輕人赴新加坡、澳洲工作。網際網路發達及資訊科技的知識經濟時代，個人生涯也全球化。社會生產力決定性要素不再只是勞動力、機械設備、能源物資等實體物質，而是人的腦力創意、知識技

能等。我國前文化部長龍應台便是很好的例子，靠著比劍還鋒利的
筆，周遊列國。

（二）就企業而言

原料取得、工廠生產、消費市場供應鏈遍布全球，全世界至 2015
年已有超過 8 萬個跨國性多國籍企業 （Multinational Corporate，
MNC. 或 Multinational Enterprise, MNE）、無數分支分店密布全球，侷
限在本國市場規模的本土傳統小型企業面臨強大生存競爭。無論是貨
物、資金、技術、勞力都產生快速密集的全球流動，每個企業要生
存，就產品而言必須更快速、更好用、更新穎、更便宜。許多跨國企
業富可敵國，如美孚石油 (Exxon Mobile) 在 2000 年就被聯合國經濟
暨社會委員會公布年度總營收超過全世界 129 國家的 GDP。從早晨起
床的馬來西亞製造的高露潔牙刷開始，開豐田轎車去上班、打開
ASUS 電腦展開一天的工作、中午吃義大利麵、拿著 SAMSUNG 手
機、背著 Coach 想著 LV 包包逛街、晚上開電視邊吃青森蘋果邊觀賞
韓劇、週末休閒看場寶來塢電影，跨國企業深深影響著全球數十億人
的每一天生活模式與經濟行為。此外，全球在地化 (glocalization)，亦
即跨國企業利用在地資源，是另一個現象與議題。

（三）就國家而言

全球化在某種程度上意謂著國家政府宰制人民及社會的能力退
位。在全球化商品、資本、消費形成世界統一市場的年代，尤其是後
冷戰時期以來，國際關係以主權國家為唯一交往對象的西發利亞秩序
已經徹底改變，許多國家必須服膺、配合及吸引強權（這裡的強權包
括強勢國家、跨國企業及資本家），並遵循國際經貿組織所訂的經濟
遊戲規則。傳統商業及人才競爭層次提升至國家層級，政府必須制訂
各種優惠措施及自由化政策，以吸引外資及招攬設廠、技術轉移；又
要教育民眾提升知識技能，促進本國產業升級。在美國每年約有 14
萬的職業移民，其中取得綠卡的傑出人士名額高達 4 萬人，讓有專業
技術的人才直接當美國人。

　　泰國全力發展文創及觀光產業，是許多外國電影的後製中心；南韓更是一個鮮明的例子，政府傾全力培養人力、扶植大企業在全世界開疆拓土，將對外貿易視為生死大事的國際競爭。南韓在 2013 年時，就已經是世界第九大經濟體，氣勢尤勝失落 20 年的日本。二十世紀創造奇蹟的亞洲四小龍以經是歷史名詞，南韓在許多產業成功打造專屬的南韓奇蹟。

四、比　較

　　全球化一詞 20 多年來已經在學術界、政治人物、經貿專家以及媒體圈普遍用來作為對當代基本架構的論述張本，容易成為西方思維價值與科技文明的同義詞，常常混雜著現代化、西化、自由化等概念。這三個「化」有許多重疊之處，也有因果時序的不同。簡言之，全球化是橫向空間蔓延，人為限制消失，不可逆轉趨勢；現代化是直向時間的延續，是相對的概念，永遠都是越來越新穎、越來越進步，無止無境；自由化是經貿全球化（也就是資本主義市場經濟）的必要手段；西化則可以是客觀現象的描述，也可以是主觀政策的制訂，幾乎是所有「非西方」世界達到繁榮富裕的途徑。

（一）全球化

　　全球化有許多面向，諸如：

1.經貿全球化

　　全球化現象最明顯的主要是在經貿方面，人類進入史無前例的繁榮富裕，彼此高度連動的社會。自 1980 年代起，尤其是後冷戰時期，許多前奉行社會主義政權皆採取民主自由的政治經濟改革；採行保護主義、閉關鎖國的國家也紛紛對外開放貿易，包括中國、俄羅斯、印度、巴西等資源豐沛的大國門戶大開。加上世界貿易組織及國際貨幣基金等重要國際組織極力推廣自由貿易價值，並設計相關制度規範各經濟體，會員國之間舉凡貿易壁壘、投資限制、關稅及非關稅障礙等都逐漸消失，進出口限制措施越來越少，全球幾乎形成一個單一大市

場，互通有無、共存共榮，資源（尤其是資金、原物料及商品）在全球範圍內的自由流動和配置。

資金（熱錢）在全世界，以投資之名，無國界串流尋求獲利。以臺灣而言，臺灣製造的電子 3C 產品可以行銷全世界，是電子產品全球產業鏈重要的一環；同時，全世界的產品也都可以賣到臺灣，無論是流行精品或原物料。以前一些特殊名詞如「跑單幫」、「舶來品」等，幾乎銷聲匿跡。

2. 文化全球化

除了經貿面之外，文化也在全球化，只是文化不像經貿建基在具體物質（資金、貨物、服務業）上，文化是隱含的集體價值，有雙向及多向交流，也有單向輸出。所以，文化全球化的核心問題是：誰化誰？

以目前而言，美國文化在全界幾乎風行草偃。中國式唐裝及公園打太極、土耳其的抽水菸、猶太人的逾越節、日本相撲等都只是各別民族的文化，很少有外擴性。比起來，美國式生活價值、消費習慣、節慶習俗、休閒娛樂，在全世界都大受歡迎，被奉為仿效對象。阿拉伯世界的年輕人即使反美也喝可口可樂，美語補習班在全世界跟麥當勞速食店一樣多，臺灣許多大學生下課學嘻哈饒舌歌、跳街舞，對歌仔戲不感興趣，全球各國文化的美國化程度比商品全球化程度更加深層。

3. 人員全球化

隨著交通科技的發展，人類跟貨物一樣可以快速流通，不用像以前「環遊世界 80 天」、不用像王寶釧「守窯 18 年」、不用像唐玄奘徒步穿越西域到印度留學取經。如前所言，個人生涯全球化，每個人都可以是馬可波羅。跨國性人員流動成為普遍現象，觀光旅遊、留學、探親、商務考察之外，低階勞力移工至富裕國家、高階菁英逐水草而居，大量人員在全球各地密集流動與交叉定居，生活圈及社交圈大為擴展，國籍成為只是出生認證的作用。

4.環保全球化

國家是靠有形疆界來區分人民及土地，然而，新世紀人類面臨很多問題早已超越個別國家所能單獨解決。隨著工業化經濟發展，地球及生態被嚴重破壞，全球暖化及環境保護是當代最急迫的共同問題。印尼霾害及蒙古沙塵暴一吹就是吹向周邊幾個國家，不受人為疆界阻攔。其他諸如：流經東南亞五國的湄公河及貫穿中歐五國的多瑙河的汙染、觀光與水資源利用；車諾比核廠大爆炸；日本三一一海嘯及輻射災難；南亞大海嘯等環保議題，都需要周邊國家及國際組織共商大計。全球氣候變遷、保護瀕臨絕種的稀有珍貴動物、食品安全的制訂等跨國界議題，都是全人類必須凝聚的共識及共同處理。

（二）自由化

談到全球化作為背景的自由化時，通常是指經貿政策自由化。另一個政治意涵上的自由化，諸如社會多元、媒體開放、解除一黨專政、公平選舉、公民社會運動等議題已在本書其他章節討論，不是本節所討論的自由化。

自由化是當今全球經貿的遊戲規則，甚至是許多政府官員的基本教條。負責統領全世界各國開放市場的世界貿易組織於 1997 年 1 月制訂的《金融服務業自由化協定》，為自由化做出定義：「會員國對股市、證券、保險、銀行，解除不當管制，以方便資金自由進出。」從此，幾乎各會員政府皆奉為圭臬來制訂相關宏觀經濟政策，盡可能解除所謂的不當管制，也就是「去規則化」(deregulation)，以利外國直接投資本國製造業及股市。所以許多學者專家認為，所謂的全球化說穿了就是資本主義市場經濟自由化，了無新意。

在自由化解除管制的有利環境下，許多跨國企業、投資基金、金融集團，以及擁有雄厚資金的個人得以在世界各國的股市證券、銀行保險等自由來去不設限，投資與投機皆在彈指之間完成進出牟利。政府彷彿被套上金箍咒，為了吸引外資，競相去規則化，各部門不斷開放，設限門檻越來越低，遵守市場經濟供需自我調節的鐵律。這些跨

國企業、投資基金、金融集團以及擁有雄厚資金的個人以買進、投資來獎勵高效率配合的政府，以賣掉、撤資來懲罰不合作的政府。政府這隻看得到的手必須退縮，不可干預市場，變成配角，全力升級軟、硬體設施以方便外資外商悠遊，冀圖增加競爭力，帶來經濟成長與就業率。自由化政策方便投資是許多發展中國家所必須的要件，但幾乎成為金融炒作的幫兇。

（三）現代化

現代化是一種進程，一種時序向前推演的線性發展，速度有快有慢，但始終「越來越進步」。它可以是精神的，也可以是物質的。當人們普遍要求平等權利、不再忍受貴族的世襲特權時；當民主自由共和成為人類普遍價值、拒絕封建迂腐的社會制度時；當人們不再迷信鬼神英雄、相信個體理性意志可以決定命運時，人類精神層次大躍進，走向「現代」。

現代化當然也是物質的向前推演，從游牧走向農耕、從農耕走向工商業，幾波的工業革命及科學發展為人類帶來物質上的進步。在這物質文明發展推演的時序進程中，約 300 年前西方人掌握科技發展，率先工業化，加上啟蒙運動等智識上的大躍進，西方成為現代的表率，現代化幾乎等是西化的同義詞。人類此刻的現代化發展被稱為全球化，以地球為單位，或許隨著太空科技進步、基因改造，人類更能適應極異環境，加之地球生態被破壞殆盡，下一個現代化進程，可能就是向外太空發展的宇宙化，也不無可能。就像《莊子》〈逍遙遊〉中的深海巨鯤、怒飛大鵬，現代的核子動力潛艦、空中巴士都已經實現。

（四）西　化

西化是一種不自覺的現象，也可以是一種刻意的政策。西方，也就是歐美國家，500 年前大出航、大發現、大占領、大掠奪。300 年來在政治、經濟、社會、科技、知識、資訊、飲食、教育、藝術文化、觀念價值，全面主導並影響非西方國家，幾乎全世界非西方國家

都被迫做出攸關國族命運的選擇：要不要接受及模仿西方？中國經歷一番痛苦糾結的心路歷程，從清末「師夷之技以制夷」、「中學為體、西學為用」、民初「全盤西化」的拿來主義、文革「反美、反霸、反帝、反殖」、開放初期「清除精神汙染」、「反對資產階級自由化」，直到鄧小平為改革定調「走自己的道路，建設有中國特色的社會主義」。

日本面對西方，沒中國那樣的心靈折磨，除了早期有「蘭學」學荷蘭科技文明，在鴉片戰爭見證工業大國英國的戰力之後，日本現代化之父福澤諭吉擬定「脫亞入歐」大戰略，擺脫亞洲固陋隊伍，全面學習西方，展開明治維新，西化過程順利；俄羅斯也面臨西鄰強勢挑戰，老朽帝國欲透過西化政策實踐國家現代化，但本質上又是獨特的東方斯拉夫大國，恆常擺盪，無法融入西方，始終是西方集團的「他者」。

以上僅指出中、日、俄三國的西化過程，許多國家都面臨相同的歷史課題，西方始終掌握現代化必備的科技源頭，內部權力消長由歐洲移至美國，但仍是基督文明集團。在全球化的當代，地理制約已經被跨越，傳統習俗、文化價值也悄悄退去，全球範圍都在重新組織——類似西方（美國）的社會生活。除非是強烈的民族主義及宗教的基本教義派才能抵擋西化，但西化（二十一世紀是美國化），又幾乎是國家走上現代化必備的鑰匙。

大哉問五　臺灣的全球化程度高嗎？

臺灣在上述全球化、自由化、現代化、西化（美國化），各方面的程度都相當高，過程平和。這四個「化」無論是政策或趨勢，在臺灣社會都具有高度共識，政府與人民上下承載與呼應，以自由化達到全球化，以西化達到現代化，戰後 50 年順利進入已開發國家之林。

誠如紀登斯所言，全球化是小國的機會，跨國物流頻繁、對外貿易開放程度越高的小國，全球化程度越高。很多開放型小規

模經濟體的全球化程度都非常高，諸如香港、新加坡，尤其是北歐的挪威、瑞典、丹麥、芬蘭以及比利時、荷蘭、瑞士，都是小而美的富裕國度。

臺灣是外銷導向型及服務型的經濟體，與世界經濟高度連動、相互依存，在進出口貿易開放程度、金融投資、商品與勞動力流動、網路鋪設率、文化整合性等各項指標都名列前茅，臺灣比較缺乏的是高階人才的流通及以臺灣為總部的大型跨國企業，也就是說，**臺灣是全球化的配合者及被整合者，而不是主導者及整合者**。

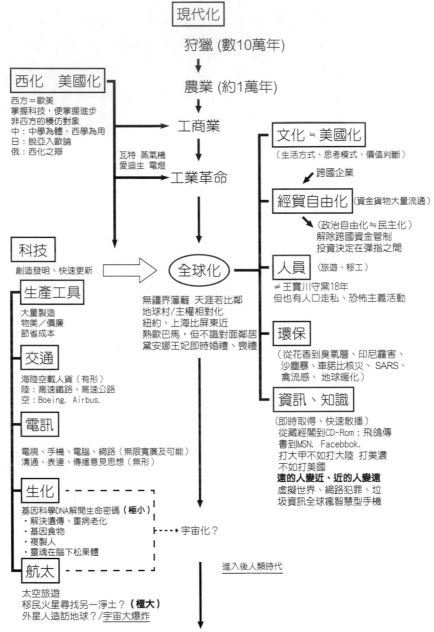

資料來源：作者自繪。

說明：現代化是時間軸（直向），人類物質上始終更為現代。
　　　全球化是空間軸（橫向），科技是推進器，全球皆不同程度捲
　　　入全球化。

圖 9-1

第二節　全球化下的困境

在後冷戰初期自由主義大獲全勝，世界大多數政治、經濟、社會菁英都樂觀宣布並迎接全球化時代的來臨。的確，全球化時代，人類經驗了歷史上從未有過的物質豐饒及科技帶來的便利舒適，全球化幾乎是許多國家義無反顧的方向。然而，經歷了 20 多年的實踐，許多負面現象一一浮現，至今仍找不到解決辦法。在全球化時代，沒有敵人、沒有朋友，只有競爭者與合作者，也一直都有經濟危機，貧富差距日益擴大是一直存在的老問題 ， 而環境遭工商業化汙染則是新問題。

一、全球化時代：沒有敵人、沒有朋友、只有永遠的競爭

全球化最明顯的現象就是國際間頻繁的自由貿易，象徵國家主權疆界的關稅及非關稅限制一一拆除、政府法令管制也一一鬆綁，外部關稅及內部法令的消除，提供各種經貿活動恣意流通的有利環境，於是「競爭」成為「個人－企業－國家」都必須面對的挑戰，提升「競爭力」也成為「個人－企業－國家」的課題。

（一）個人的職場競爭全球化

個人的職場競爭擴展到全球層次，許多傳統習慣與價值都遭到顛覆。所謂世界變平了，沒有圍牆、也沒有國界，意謂著沒有國家限制，也沒有國家保護。國際觀、英文溝通能力、團隊合作、能夠接受各種文化的開放態度、願意離鄉出國，都是當代年輕人面對全球競爭的基本配備。20 年前臺灣年輕人求職時要求的條件——「錢多、事少、離家近」已不復存在，現在必須具備馬可波羅勇於好奇探險、成吉思汗敢於開疆拓土的精神，走出舒適圈，才能在激烈的全球化國際競爭展露頭角，規劃個人生涯。

（二）企業是全球化的推手

企業，尤其是跨國公司，是全球化的先鋒部隊。馬克斯 (Karl Marx) 宣稱「工人無祖國」是個錯誤命題，商人才沒有祖國，經貿全球化基本上有利於資本家投資逐利，勞動階級在全球化時代更需要祖國。馬克思另外一句名言「在資本主義世界，什麼都可以成為商品」就非常正確，在全球競爭的大架構下，無論是行銷手段（限量版、明星代言、新一代產品等）、企業組織管理、創新研發、市場探勘與開發、消費心理學、附加價值（美感、質感）建構，都為當代社會創造更為舒適的物質享受與便利，擁有知名跨國企業的產品成為消費者幸福的來源。二十一世紀全球化時代，人類最大的集體心靈演變就是物質主義、消費主義。

（三）國家就是全球競爭品牌

在全球化時代，主客易位，企業是主導者，國家是配合者。企業不僅富可敵國，更可影響政府決策。政府的角色扮演，可以再細分為幾種：對開發中國家政府而言，"producing"（生產製造）是第一要務，必須善用勞力充足、天然資源豐沛等強項，吸引本國及外國資金，投資設廠；已開發國家的要務是 "branding"（品牌化），強項不是天然資源、也不是密集勞力，而是腦力。腦力包含科技、技巧 (know-how) 與創意設計。

國家就是品牌、品牌代表國家，政府與企業魚水相生。日本就是 3C 電子王國，優質產品行銷全球；德意志製造的汽車獲得世界普遍信任及讚賞；美國不斷創新科技，引領潮流；法國在精品界獨樹一格，是時尚優雅的代表；瑞士精密無煙囪工業傲視全球；北歐的設計樸拙耐用，瑞典、芬蘭、丹麥、挪威小而美，4 國人口加起來是一個臺灣，但人均 GDP 是臺灣 4 倍；澳洲農牧業天然無汙染，賺取高額外匯收入，這些都令許多開發中國家望塵莫及。

比較例外的是南韓，政府與企業相互支援，南韓大財閥在政府挹注下在全球攻城掠地，從 1998 年的國家破產至 2013 年已是世界第九

大經濟體，為曾經是殖民地、開發中國家成功轉型晉級的新案例。

二、永遠都有經濟危機

在後冷戰初期自由主義大獲全勝，全球化開始加速進行，當時全人類對未來無比樂觀，就像日裔學者福山在他那本暢銷書《歷史之終結與最後一人》(*The End of History and the Last Man*) 中所宣稱的，人類從此過著幸福金三角的日子。這金三角指的是政治民主、社會自由以及市場經濟，市場經濟是經貿全球化的最主要體質。然而，這樣的樂觀預言很快就破滅，經貿全球化裡的資金自由化流動造成全球性災難，就像前國際貨幣基金副總裁史迪格利茲 (Joseph Eugence Strglitz) 所說，全球化許諾繁榮卻也帶來很多失落。

專門投資及炒作國際金融的索羅斯 (George Soros) 為搓破全球化許諾的第一人，1992 年索羅斯放空英鎊，襲擊英格蘭銀行，造成英鎊對馬克狂跌，淨賺 15 億美金。已經身陷債務危機的墨西哥，將金融對外開放、鼓勵外資流入，卻引發 1994 年底至 1995 年初比索匯率狂跌、外國投資者大量撤走資金、股票價格暴瀉的金融危機，連帶衝擊到巴西、智利、阿根廷等中南美洲國家。1997 年底至 1998 年初，索羅斯量子基金在東亞刮起金融風暴，印尼、泰國、馬來西亞相繼貨幣暴跌、外資一夕撤走，南韓及日本皆深受影響。1998 年金融危機吹到俄羅斯，盧布狂貶、國家債務高疊。阿根廷金融危機持續十多年，2007 年時銀行體系幾近崩盤。2008 年至 2009 年美國因次級房貸危機及銀行管理基金不當操作，刮起全球性金融海嘯，許多大型金融機構倒閉，已開發國家經濟衰退，嚴重程度堪稱 1928 年經濟大蕭條以來百年首見。2010 年起希臘發生債務危機，連帶相同體質的南歐國家都可能隨時爆發國債危機，造成歐元區至 2015 年仍然景氣低迷。

經濟危機 20 年來在全球化時代幾乎在全球繞了一圈，自由化政策下對外開放、降低管制資金設限是一波波經濟危機的主要原因，只要這項基本結構性因素不變，經濟危機仍然隨時會發生。

三、貧富差距日益擴大

「富者恆富、貧者恆貧」這句話在資本主義社會是個鐵則，全球化許諾帶來繁榮的另一個失落是貧富差距擴大。一方面，經貿全球化的確在廣大的開發中國家創造出一大批前所未見的富豪階級及中產階級，尤其是在中國及印度；但另一方面，全球化也讓已開發國家的中產階級萎縮，讓一小部分的人獲得不成比例的利益，也是造成年輕世代貧窮化的主要結構性因素。貧富差距現象廣泛地發生在全球層次、區域層次及國內層次。

根據聯合國經濟暨社會發展委員會發布《2005 年世界社會情勢報告：不平等困境》指出，已開發世界 10 億人口擁有全球 80% 的國內生產毛額，其餘 20% 則由其他國家的 50 億人分配。換句話說，這 80% 的人要去爭取不到 20% 的資源。同樣地，根據聯合國報告，全世界有六分之一，約 10 億人口住貧民窟，有 12 億人每天的生活費少於 1 美金。美國首富比爾蓋茲 (Bill Gates)，也是連續許多年都榮登全球首富，他的財富相當於 1 億 2 千萬美國人的總和。臺灣首富郭台銘也是平均 1 天賺 1 億。好萊塢女明星妮可基嫚 (Nicole Kidman) 拍香奈兒五號廣告，4 分鐘賺 1 億 4 千萬，相當於 1 秒賺 50 萬新臺幣。

後冷戰以來，全球的經貿交流頻繁、醫療衛生科技也達空前水準，但弱勢群體處境卻日漸困難。全世界 86% 的消費行為集中在最富裕的 20% 人口；最貧窮的 20% 人口，僅占全球 1% 的消費活動。全球貧富差距已惡化至最嚴重的程度，不只是國家間貧富懸殊，單一國家國內的社會貧富差距也日益顯著。聯合國開發計畫署表示，全球有 50 國的國民平均所得近 10 年來不增反減，其中大多是非洲撒哈拉沙漠以南國家。就地區而言，非洲幾乎是被詛咒的區塊，除了地中海沿岸的北非以及最南端的南非之外，中部非洲及東非幾乎都是全球化的「化外之民」。2010 至 2011 年，東非及東南非的「非洲之角」（索馬利亞、衣索比亞、吉布地、厄立垂亞、蘇丹、肯亞）六國，遭遇 60 年罕見大旱引發饑荒，衣索比亞、肯亞與索馬利亞甚至被稱為「死亡

三角」，連年的天災與戰亂，造成將近 1 千 2 百萬飢餓難民逃離家園。
（肯亞還是東非第一大經濟體）

　　根據聯合國糧食暨農業組織 (FAO)、國際農業發展基金會
(IFAD) 及世界糧食計畫署 (WFP) 於 2013 年 10 月聯合發表的《世界
糧食不安全狀況》報告，在 2011 年至 2013 年期間，全球大約 8.42 億
人，即世界八分之一人口，長期處於飢餓狀態。絕大多數飢餓人口生
活在發展中國家，其中非洲撒哈拉以南地區是糧食短缺發生率最高的
區域，約占四分之一非洲人口。相對而言，東南亞地區、拉丁美洲以
及高加索地區逐漸減少飢餓人口，而南亞和撒哈拉以南的非洲地區，
脫貧止飢的進展速度則較為緩慢。

　　以個別國家的國內情況而言，晚近國際經貿表現亮麗的金磚五國
（巴西、俄羅斯、印度、中國、南非），社會貧富差距也日益擴大。
例如印度首富安巴尼 (Mukesh Ambani) 是印度最大民營企業「信實工
業公司」(Reliance Industries) 執行長，一家 5 口居住在孟買市 27 層樓
豪宅，由 600 人服侍。屋頂可停放 3 架直升機，頂樓設有航管中心，
大樓內裝有 9 部電梯。另一個金磚國家中國也是財富分配不均非常嚴
重的國家，中國現在有超過百萬位土富豪，擁有至少 1 千萬人民幣的
資產，而且《富比世》雜誌公布的 2015 年全球富豪排行榜，中國共
有 319 位富豪上榜，至少擁有 10 億至 300 億以上美元，富人總數位
居全球第二。中國已大幅度脫貧，但仍然有將近 10% 的人口每日可
用花費不到 1 美元。美國是工業化已開發國家中，貧富不均最嚴重的
國家；而曾經以全國都是單一中產階級自豪的日本，因為經濟成長泡
沫化經歷失落的 20 年，政府被迫刪減福利如削減退休年金、終身僱
用制解體，改以約聘員工、時薪制等結構性變化，使得貧富差距問題
也持續惡化中。

　　若不分國別，另一個共同的趨勢是新貧現象，全球皆然。如前所
述，全球化是一場絕大多數國家都參與的大競賽。推動全球化浪潮背
後支撐的經濟與社會價值及信念是新自由主義，新自由主義強調「解
除法規管制」(deregulation)。無論先進與後進國家政府，都積極鬆綁

勞動法規，吸引外國資金及企業投資，希望因而創造就業機會。但另一方面，企業也藉著工作外包、派遣勞工（即所謂「非典型工作者」）、無償的加班責任制，來降低生產成本，增加企業競爭力。

　　臺灣也面臨同樣的窘境，全球經濟型態自 1990 年代出現劇烈變化，開發中國家釋出大量勞工，臺灣從勞力密集產業轉向技術密集。臺灣政府 20 多年來對中國是「保守開放、政策退縮、政治敵意、大幅躍進」幾個階段；但民間廠房及資金卻一直前進大陸。加入世界貿易組織之後，臺灣產業更加速外移，國內勞動市場供過於求。於是至 2015 年，物價上漲的同時，臺灣勞工與上班族成為世界工時最高之一，但平均薪資嚴重倒退至 1990 年代，年輕人工作貧窮化成為青貧族、窮忙族、月光族的困境。雖然整體而言，臺灣每年都有中低等速度的經濟成長，但經濟成長卻令一般上班族「無感」，並未雨露均霑，最大受益者是企業主及股東，並未分享給廣大勞工，令臺灣社會普遍充斥不滿現狀、悶煩的氛圍。再者，政府頻頻降稅及祭出多種優惠措施以吸引財團投資，是已開發國家實質稅收占 GDP 比例最低的國家，公共支出降低及債留子孫，都是隱憂。

四、環境保護與經濟發展孰輕孰重？

　　地球環境被破壞的問題一直存在，晚近 20 餘年尤甚，諸如：1.人類為獲取商業利益經濟開發，巧取豪奪地球供應的農林礦產等天然資源及可耕作地，一方面南北極融冰造成海平面上升，另一方面內陸連年乾荒大旱；2.工業化後果之一是工廠、汽車、空調等現代化設備無限量向天空排放一氧化碳、二氧化碳等有毒氣體，造成空氣汙染及溫室效應及臭氧層破壞，以及往溪水、河川、海洋傾倒化學鉛汞等有毒物質及日用廢水，也都造成土壤酸化，影響食物鏈，加速對地球環境的破壞；3.商業投資朝向山坡地恣意開發及砍伐森林及雨林，不僅破壞水土保持還侵犯許多野生及稀有動物棲息地，令其無家可歸，影響地球生物多樣性，甚至造成滅絕。人類共同天然資產越加貧乏，且一旦地球遭遇毀滅性破壞，很難再回復原貌。

　　整體而言，人類中心主義以及經濟發展至上的行為，造成全球暖化、工業汙染、生態變遷、資源耗竭等人為而非天災的環境破壞議題，對一般民眾、企業及政府而言，都是當代極需改正的現象，比恐怖主義還要恐怖。問題是，一旦遇到環境保護必須擱置經濟發展，以龐大經濟利益作為代價時，許多民眾、企業、政府卻又都卻步，就如同國家安全與新聞自由或個人隱私孰輕孰重，在已開發國家常引起重大辯論。

　　在國內層次方面，開發中國家已漸具環境保護意識，已開發國家的環保團體更是活躍，進入後現代社會，重視環境保護與生態保育的永續發展，參與許多產業政策及開發案環境評估，甚至組成政黨進入政府體制施展政策理想或影響重大產業及土地開發案的議程擬定，如德國的綠黨。也正因為已開發國家經濟結構成熟、民間及政府部門環境保護意識高漲，許多高汙染的產業大量移廠至成本低廉的開發中國家，國際熱錢也往低度環保意識的開發中國家投資，是造成全球化時代 20 多年來，國際間廠房關閉與興建、資金撤退與挺進、勞工失業與就業等生產要素全球大挪移的根本因素。全球化的資本高流動性賦予跨國企業許多替代選項與影響政府政策的籌碼，造成環保意識高漲、環保政策嚴謹的國家吸引外資及留住本國資金的競爭力相對弱化。

　　臺灣是個很好的探討範例，臺灣戰後至今，全民勤奮打拼及政府傾全力發展對外貿易，一方面創造個人富裕及國家現代化物質建設進步，曾是後冷戰初期亞洲四小龍之一，創造經濟奇蹟，是殖民地、農業出口、勞力密集產業國家順利轉型進入已開發國家的成功模式；然而，另一方面，臺灣社會也逐漸發展出環境保護意識，與政府相關產業政策背道而馳，且發生許多理念及行動的抗爭。諸如石化工業發展與廠房建設，在 1980 年代以來，反拜耳設廠、反中油五輕、七輕設廠、反中科三期、反國光石化，以及反對各地焚化爐及核四廠的興建與廢止。

第十章

二十一世紀國際政治的主要議題

　　國際政治在二十世紀之前，是片斷、疏離，且不一致進展的。在此之前，「國家」不必然是集體政治生活的單位，有游牧民族，如中東至中亞；有部落，如撒哈拉以南的非洲；有城邦及基督教會，如南歐及西北歐；有古老帝國，如沙俄、印度半島；有幕府統治，如日本。各個不同政治實體互不往來，往來也不密切廣泛，稱不上具有互動意義的國際政治。在清朝及之前的中國，則是千百年法度、厚往薄來的朝貢體系，作為中央帝國處理周邊從屬國及西洋紅毛國交往的軟制度。直至十九世紀，在歐洲才發展出以民族國家為主要單位、頻繁互動、正式往來且具現代意義的國際政治。

　　到了二十一世紀國與國之間更加綿密交往及高度相互依賴，國與國之間互動交往的國際社會，若與國內政治相對照，最大的不同是「無政府狀態」(anarchy)。國內政治呈現的是「有政府狀態」，例如在臺灣，無論是紅燈右轉要被開罰單、十二年國教實施與否、食品安全危機，一直到ECFA及兩岸貿易開放程度，都直指政府的決定與行為。但國際之間並沒有一個具強制拘束力的更高位階的政府，來決定及裁判國家行為與行為者的利益衝突。

　　從拿破崙戰爭之後的歐洲協調、第一次世界大戰之後的國際聯盟、第二次世界大戰之後的聯合國，建構出一系列處理國家往來原則及利益的非強制制度。直至二十一世紀，越來越多協調機制建立，例如世界貿易組織等國際組織，以及各種國際規範與制度，來處理日益複雜、複合多邊的國際議題。國際社會的秩序，靠現實主義與理想主義脆弱地維持，當今國際政治主要議題至少有以下四大範疇：

第一節　時間軸：歷史的終結與持續，或文明的局部衝突

　　1992年福山發表轟動仕林的《歷史之終結與最後一人》，樂觀宣告共產主義及制度結束，人類從此過著幸福鐵三角方程式：社會自由、政治民主、市場經濟。這樣的幸福方程式某種程度正確，但太過

樂觀評斷西方式的自由主義價值顛簸不破、放諸四海皆準，人類文明發展已經達到終極目標，不再有新的意識型態及更理想社會願景出現，自由、民主、市場三位一體必然站在歷史對的一方，無可挑戰，是故歷史終結定於一尊。

　　若以時間軸的歷史區段來比較，十九世紀是民族主義上場的時代，打破絕對主義與專制王朝。另一股潮流是帝國主義，西方挾著工業革命文明，優勢占領並取得全世界物質原料，故從另一角度觀察，是壓迫與反抗壓迫的歷史。二十世紀上半葉是民族主義與帝國主義的總爆發，兩次世界大戰要看成一場戰爭。解決德國與日本極端民族主義走上帝國侵略的戰爭，一、二戰之間的和平只是中場休息。二戰結束後，國際政治以敵對意識型態區分為以蘇聯為首的共產主義、社會主義陣營、以美國為首的資本主義、自由主義陣營，以及零散的不結盟國家。

　　與二十世紀相比，1990 年東西德統一及蘇聯解體進入後冷戰時期至今，人類歷史的進程與共同文明的匯聚，25 年來的確朝自由、民主、市場經濟方向行進，但也受到許多反噬。在中東歐及東亞社會，自由、民主、市場經濟越發深化，而中南美洲、中西非洲、中亞、南亞、中東、北非，社會自由、政治民主、市場經濟不是不可抗拒的歷史洪流，潮流已逐漸趨緩。限制人民政治參與、有限度發展人權，僅局部開放人民的經濟自由與社會權利的威權型態政府；以及全面性地控制人民的各方面生活、缺少民意監督機制，並強調特定的意識型態的極權專制政府，仍然存在。

　　另一位國際政治學大師杭亭頓沒有福山的自由主義那麼樂觀，預言後冷戰二十一世紀回復到類似的古老因素：文明間的衝突。杭廷頓指出，共產主義與資本主義的意識型態敵對抗衡已經結束，二十一世紀衝突的來源在某種程度上又回到古老的宗教與文化的文明間矛盾與爭執。杭廷頓將世界文明按地緣政治描繪得交錯複雜，將世界文明分為七大塊：1.基督教（以白人主導的美國、歐洲）；2.儒家（中國、日本、南韓）；3.伊斯蘭教（北非、中亞、中東）；4.印度教（印度、

南亞）； 5.東正教 （斯拉夫民族的俄羅斯及中東歐）； 6.拉丁美洲文明； 7.非洲，並且斷言西方基督教文明與亞洲儒教以及伊斯蘭教之間的矛盾最為明顯，戰爭不必然會發生，但衝突則難避免。

　　杭亭頓的診斷跟福山一樣只對了一半，各大文明之間交錯矛盾但不一定會起衝突。當今國際之間的衝突不只是文明因素，諸如：美國與中國是權力之爭；兩岸及兩韓是主權之爭；日本與中國、南韓、俄羅斯是歷史與領土之爭；中非大湖區是種族部落之爭；歐美與俄羅斯是地緣經濟利益與人權之爭，都與文明無直接關係。當然，杭亭頓點醒本世紀文明衝突取代上一世紀意識型態衝突，仍然局部正確。前南斯拉夫各民族間就是以宗教來分敵我認同及國界劃分；基督文明與伊斯蘭文明之間的衝突尤其準確，特別是在蓋達組織 (Al-Qaeda) 對紐約發動九一一恐怖攻擊事件之後，文明之間的對撞（杭亭頓的書名即是 *"Clash of Civilizations"*）似乎是國際政治主要特色。

　　無論如何，鋼鐵一般的事實是：自 1990 年至 2015 年，至少有 4 次，以美國為首的基督文明國家軍事結盟，以壓倒性的武裝力量壓制了 3 個伊斯蘭國家 ： 2 次波灣戰爭 ， 解決獨裁者哈珊 (Saddam Husscin) 政權、 阿富汗戰爭擊垮塔利班 (Taliban) 政權、 利比亞內戰中，北約直接就地軍事支援反抗軍，也推翻了另一位獨裁者格達費政權。但這些國家在獨裁體制崩解後，迄今並無穩定社會，政治制度設計與矛盾只帶來更嚴重的內部動亂與人民傷亡。

　　如果說，東方的儒佛道文明屬於寬容的泛神論，不堅持己念、不絕對排他。那麼，基督信仰、伊斯蘭教、猶太教都屬於一神論，相信至高無上的唯一真神、壟斷真理、為真理殉難、善惡二元對立、救贖與天職等，使得這三個文明衝撞對立，幾乎沒有相容空間。

　　基督信仰強調犧牲奉獻，但也讓一些決策者自以為義，以優越感及使命感教化被視為野蠻的他者，十世紀的「十字軍東征」、二十世紀的「白種人的負擔」(The White Man's Burden) 都是這種信念下的集體行為。小布希攻打阿富汗時便曾用「crusade」（十字軍東征）這個字眼；美國第二次攻打伊拉克時，美國在臺協會 (AIT) 發給各方的說

帖也強調，解放伊拉克是美國的「duty」（義務）。

　　信奉伊斯蘭的穆斯林大都友善和平，但一些激進的基本教義派及宗教長老卻局部放大《可蘭經》的教義，如《可蘭經》第 8 章及第 9 章的幾個片段：「你們當使信教者堅定。我要把恐怖投在不信教的人的心中。你們當斬他們的首級，斷他們的手指頭。」「誰違抗真主及其使者，真主就嚴懲誰。」「你們那些信教的人，當你們在戰場上遇到不信伊斯蘭之人，不要背對他們。」「你們沒有殺戮他們，而是真主殺戮了他們；當你射擊的時候，其實你並沒有射擊，而是真主射擊了。」「殺死那些偶像崇拜者，無論在何地，只要把他們尋獲，就要俘虜他們、圍攻他們和伏擊他們。」從歷史看，北約組織原本是冷戰時代的產物，但這個組織並沒有跟著冷戰結束，反而變得更積極，北約參加了 1999 年在塞爾維亞的戰爭、2001 年在阿富汗的戰爭、2011 年在利比亞的戰爭。

　　北約有擴大影響力的野心，1999 年，在東歐，它將捷克、匈牙利和波蘭納入聯盟；2004 再納入保加利亞、羅馬尼亞、斯洛維尼亞、斯洛伐克和波羅的海三小國；2009 年又納入克羅埃西亞和阿爾巴尼亞，北約和許多前蘇聯共和國像喬治亞和烏克蘭建立緊密的關係。

　　北約在這些地區的軍演、擴張，非常靠近俄羅斯，提高了俄羅斯的戒心，增加區域不穩定的機會。半島電視臺認為，北約對烏克蘭的支持，就像俄羅斯支持東烏克蘭一樣負面，這樣一個冷戰時期留下的產物，其實是該討論還有沒有存在的必要。

　　而許多伊斯蘭基本教義派組成的好戰團體、聖戰組織公然向美歐基督教國家挑戰，有戰術、無戰略，進行自殺式攻擊、武裝挑釁對決或濫殺無辜的恐怖活動，以暴制暴，對抗西方政府的軍事占領、財團的資源掠奪、扶植親美政權以及支持猶太人以色列建國與鎮壓阿拉伯人。

　　以色列與巴勒斯坦近一個世紀以來的悲劇，根本因素也是宗教。以阿衝突的原因糾纏了歷史、經濟、戰略，但最深層無解的，仍然是宗教因素。猶太人信奉的是《舊約聖經》中，神賜「奶與蜜流經的迦

南地」（今巴勒斯坦）給亞伯拉罕 (Abraham) 及其子民（創十七 8），
被猶太人視為神的「應允之地」(Promised Land)。在猶太人亡國流散
各地，神還應允拯救以色列人回到這迦南地（出六 2～5）。猶太人聰
明、團結、具商業頭腦，不僅自認為是神的揀選之民 (chosen people)，
在亡國後 2500 多年後，不但沒被同化，絕大部分成為寄居社會的菁
英資產階級，一戰後紛紛重返巴勒斯坦，並於西元 1948 年 5 月 14
日，在神應允之地復國，並被視為是允諾的應驗。

猶太人忽略的是，流亡 2 千多年來，阿拉伯人一直世居在巴勒斯
坦這塊土地上，造成以色列亡國與流浪苦難的並不是阿拉伯人。以色
列復國，輪到阿拉伯人四散流亡。有《舊約聖經》的支撐，猶太人堅
持獨占巴勒斯坦，進行國家級恐怖暴力，衍生出阿拉伯人集體或個別
的暴力反撲，進行「聖戰」，保衛家園與生存尊嚴。這是當今「恐怖
主義」最根本的源頭，幾乎無解。

第二節　時間軸：美國霸權的興衰

以直向時間軸而言，每個時期都有較為強盛的一個或幾個政治實
體，並對周邊政治單位產生影響。國際政治強權興盛與衰退是有定
律，沒有哪一個強權能逃過這個歷史魔咒。西方取得優勢地位是近約
500 年的國際政治現象，也是幾項深層因素的綜合結果：

1. 海洋文明的冒險探勘精神啟動大航海時代，歐洲人率先出航，地理
   大發現，我們被發現；
2. 基督精神積極向外教化施恩，一體兩面，也可以說是帝國主義，發
   現後占領，使得西方國家可使用的資源空間大開；
3. 文藝復興帶動個人主義興起，社會活絡、鼓勵創新；
4. 啟蒙運動進行思想革命，自由主義浪潮澎湃，崇尚理性思辨及科學
   實證；
5. 工業革命更是核心關鍵，西方取得飛速物質昌明的現代化優越地
   位。

　　這幾項因素造成以基督信仰為主體的白人西方國家，數百年來宰制非西方民族／國家。非西方民族／國家幾乎都被迫回應，有的起而效尤，例如日本的明治維新脫亞入歐；有的欲迎還拒，例如俄羅斯的西化徘徊；有的則苦澀接受，例如中國的中學西用、全盤西化，及建設社會主義特色的現代化改革；也有極端抗拒的，例如一些伊斯蘭國家與政治組織。

　　美國成為強權，是近 100 年的事。十九世紀時還是國際政治舞臺的小卒子，第一次世界大戰之後成為強國之一，國力極速增長，自日不落國大英帝國手裡接棒，旋即戰勝企圖建構國際新秩序的德國及日本，在廣島落下的核子彈蕈狀雲，即宣告美國世紀的來臨。

　　二戰後，美國是冷戰雙極體系的一極，蘇聯控制共產主義陣營，美國則強勢主導西歐、東亞等資本主義陣營及美洲國家。後冷戰時期，國際政治呈現一超多強結構，美國影響力擴張至全世界幾乎每個國家，成為在全球皆可運作權力的超級強權，是許多國際衝突與和平的決定性因素。即使當今一超多強體系，其他強國或金磚五國，中短期內仍無法挑戰及取代美國的超強地位，甚至有媒體及學者稱美國是沒有帝國名稱的（自由）帝國主義國家。

　　的確，美國的綜合國力在國際政治史上是史無前例的。西方的大英帝國是建構在殖民經營及商業規模，東方的中國千百年來則是側重形式面子的朝貢體系。美國在科技昌盛的當代，實質輻射影響力已達到全方位擴張。從以下幾點可以觀察：

一、全方位的軍事力量

　　美國不僅擁有全世界數量最多（諸如：陸海空傳統武器、飛彈、戰艦、航空母艦、生物化學核子等大量毀滅性武器）、品項最豐富多元、品質最先進的武器。除了現役軍人沒有中國多之外，美國每年軍事預算也是世界第一，其他強權的軍事支出總和都沒有美國多。美國的先進武器，加上在全球主要地區陸地上有軍事基地，以及控制三大海洋數十條主要航道，有著即刻全球投射的能力。美國國防安全部門

還進行多年期針對全球各區域的中短期戰略規劃與執行，可以同時兩面作戰，全方位的軍事力量提供美國極大採取單邊主義的行動自由。

再者，美國有著龐大綿密的軍工廠，是全球軍售武器最多國家。軍工複合體為世界最大遊說集團，軍售／軍購不只是商務貿易，賺取巨額利潤，也是美國全球戰略的一環，透過軍事合作，鞏固盟國、訓練及掌控盟國武器防禦體系及國安機密。

二、掌握核心關鍵科技

美國是全球高科技發源地，不只是軍事武器不斷提高效能，各類工業、商業、醫療、交通、電子數位產品等高端科技，皆領先全世界各國。美國政府研究發展 (R&D) 部門及民間私部門企業投入研發經費也是全世界最高，領先各國掌握核心關鍵技術。此外，透過日新月異的資訊衛星及網路科技，美國也對全世界重要政治、經濟、商務、社會重要領導人進行監控，掌握重要情資。歐威爾《1984》一書中的名言：「老大哥正在看著你。」於二十一世紀仍然在進行。

三、經貿規則的制訂者及推廣者

美國的國內生產總值（GDP）及人均國民所得（GDP per capita），都是世界第一。人口不是最多，但生產力、腦力創意都屬於年輕國家規模，不似歐洲及日本面臨人口老化問題，也不像中國、印度、巴西、俄羅斯面臨人口品質問題。美國是最大消費市場，也就是訂單來源，吸引最多直接外國投資。美元幾乎是國際共同的通用貨幣，各大經濟體的中央銀行外匯存底、國際貿易與投資、商務計價匯兌，最主要都是使用美元。即使 2008 年由美國本土刮起金融海嘯，全球商品市場及股票市場嚴重下挫，美元仍成為全球資金的避風港。

此外，美國是國際經貿的遊戲規則制訂者。美國雖然有嚴重的多重赤字：對外貿易赤字、政府財政預算赤字、國家債務赤字、國民儲蓄次字，但美國政府挾其政治、外交、經濟實力轉換成籌碼，維持經貿第一大國地位。用經濟制裁懲罰美國視為極不友善的邪惡國家，諸

如北韓、伊朗、伊拉克、利比亞等。或是單邊主導雙邊貿易，如制訂《特別 301 條款》、《超級 301 條款》懲罰重要貿易國家。更重要者，美國在當今重要國際組織裡發揮影響力，制訂相關規範，如在世界貿易組織推銷自由貿易及其規範指標、避免各國採取保護主義，要求開發中國家降低關稅及非關稅等貿易障礙，在世界銀行及國際貨幣基金強力要求借貸國政府進行符合「華盛頓共識」(Washington Consensus) 的各項緊縮政策的自由化經濟改革。

四、文化吸引力與正面形象

文化是美國另一個巨大的實力，文化是現今所謂軟權力的主要內涵，具吸引力的價值及生活方式。美國，（曾）是很多人心中的新伊甸園，全世界許多人民即使譴責美國帝國主義的行徑，但仍做著「美國夢」，想擁有美國綠卡或護照。才建立 200 多年的美，民主憲政制度運作順暢，鼓勵人民發揮充分才能 (show your best)，並因原創保護而致富，國力得以快速順勢倍增。除了政治相對安定及經濟繁榮發展之外，法治保障人民生活權益、社會運動與政府組織多元活潑、自由主義是普遍原則、強調個人特質發揮而不是集體的家族責任、視個體差異為正常。大眾文化的輻射力更是無遠弗屆，諸如好萊塢電影、HBO 電視劇、紐約當代普普藝術、輕鬆自在的口香糖及牛仔褲、流行音樂的創意等，都頗能引發全球閱聽者接受與共鳴。凡此，美式文化與生活方式都讓全世界無數年輕人及菁英心嚮往之，吸引全球人才並廣納之，是美國國家成功的金鑰匙。

另一方面，美國面臨正面形象腐損的趨勢。無可諱言，美國是第一次及第二次世界大戰的主要戰勝國，扮演戰爭結束的關鍵角色，對曾經被侵略的國家而言，美國是解救者、施恩者。冷戰時期的意識型態對抗，直接介入韓戰及越戰，也讓美國在自由資本主義陣營成功塑造「民主人權捍衛者」的角色。加上前述好萊塢電影發揚美式英雄主義，諸如《第一滴血》、《超人》、《不可能的任務》、《美國隊長》等，都在塑造美國解救世界危機的正面形象，這都是美國的龐大無形資產。

　　然而，後冷戰至今二十一世紀，除了第一次波灣戰爭是解放科威特之外，美國在師出無名、查無實據的情況下，侵略伊拉克、攻打阿富汗及利比亞等，造成這些國家政局更加混亂，形成無政府狀態，以及不人道虐囚事件頻仍，美國越發表現出侵略的霸道國家、雙重標準的偽善者的行徑。加上在軍事外交上長期支持以色列、強迫推銷有食品安全疑慮的產品給貿易夥伴國、2008 至 2009 年美國本土引發全球金融海嘯，突顯美式貪婪的資本主義，甚至被指責是國際經濟寅吃卯糧的「寄生蟲」，都嚴重侵蝕美國的正義形象。美國不僅面臨前述經貿赤字，也面臨形象赤字。

　　國際政治的某一特色或現象要確切論斷，差不多需要 20 年左右，亦即一個世代的沉澱與浮出。後冷戰 1990 年代至 2009 年是美國綜合國力最強的時期，無論軍事、經濟及文化都處於絕對的支配性地位，先發制人的單邊主義及新干涉主義大行其道。2010 年後，美國面臨從戰略擴張到戰略收縮，又被迫要持續擴張的尷尬困境，美國是否逃不出歷史上那些強國興起、擴張、衰退的必然循環，抑或，美國有自我糾正及調整的能力以避免衰退，未來 20 年必然有答案。

第三節　空間軸：中國又回來了！中國崛起等同於全球威脅？

　　中國又回來了，無疑是二十一世紀國際政治經貿最根本性的結構改變。許多媒體及學政界稱「中國崛起」(Rise of China, China's rising)，但其實，若參照歷史，應該說，中國又回來了。中國曾經缺席了將近 200 年，明清鎖國集體自滿、鴉片戰爭揭開中國外來災難序幕、甲午戰爭宣告中國不再偉大、八國聯軍徹底拆解天朝自尊、帝國解體，中國陷入空轉、日本侵略中國國力持續嚴重耗損、國共內戰及共黨建政中國進入殘破烏托邦、文化大革命讓中國全方位破壞殆盡。直至 1978 年三進三出的鄧小平確定改革開放總目標，終於開啟中國遲來 200 年的現代化運動。中國重返國際政治強權之林，可以從以下

幾個面向觀察：

一、就宏觀歷史而言

中國累積百年能量總爆發，從集體自閉鎖國到對外開放，漸進式與世界（資本主義）體系接軌，尤其是鄧小平九二南巡之後拍板定案，中國工業化、現代化終於踏上不可逆轉的道路。冷戰時期共產中國自外於「自由陣營」之經貿架構，現在一一恢復正常中。

二、就外部國際關係言

中國這個全球人口最多的國家從量變到質變，冷戰時期是敵人，很容易辨識、但不可預測。後冷戰時期，競爭與合作交疊，但越來越可以預測，中國對國際局勢的反應及對外政策的制訂越來越採取理性選擇，接受美國主導的既存國際體系，已充分利用穩定的國際大環境。其他大國、鄰國及臺灣，都在調適與因應，整個主旋律是：欲拒還迎。

三、就內部領導菁英而言

中國領導團隊不再強調僵固的意識型態，大多數都有專業背景或長期的栽培接班梯隊，共產黨中央委員會政治局集體領導，由極權轉為威權體制，集結中國共產黨（權力）、企業家（資金）、知識分子（歷史使命感）三合一的「超穩定菁英結構」。現今中共政權封閉、沒有採取西式定義的民主方式產生政權，權力交接來自內部自定接班，但卻是一批相對有效率的統治菁英，掌握國家發展的戰略機遇、終於改革的百年契機，將殘敗破落的社會逐步導向市場經濟及國家現代化道路。

四、就本質而言

無論是「中國崛起」還是「中國又回來了」，中國在恢復正常，而中國恢復正常時，它是個強國，幅員遼闊、廣土眾民，一國抵數國

（例如趨勢專家要日本年輕人接受日本是中國十分之一的國家），全球各國皆承受中國恢復正常的衝擊。

當中國恢復正常時，持續對內深化改革、對外廣化開放。上層執政者相對有效制訂執行改革開放政策；下層平民百姓更是迎接開放政策，上下呼應，對中國自身及世界都帶來廣泛衝擊與效應，各方數字讓人瞠目結舌。13 億人口順利轉換成充沛便宜又勤奮的勞工，以及什麼都需要的消費者。20 多年來經濟增長持續在 8% 至 10% 之間，中國匯集了許多前所未見的經濟成績，已經成為：1. 全球最大的製造工廠（全球 500 大跨國企業到位，且設立工廠及公司）；2. 全球最大的潛在消費市場（包括一般日用品、農工業產品、3C 產品、國際名牌精品）；3. 全球最大的全面建設工地（從廠房、住宅，到各項基礎建設）；4. 全球最大的原物料需求市場（大訂單、大採購）。世界銀行早在 1999 年便宣布：珠江、長江、黃河三角洲 1.2 億人已達到中等國家生活水平，其中上海、深圳、珠海已達臺北、首爾同等生活水平。小即，中國已經解決百年貧困。

此外，還有一些亮麗數字與排行：中國國民生產總值擠下日本與德國，急速升到世界第一、吸引的國外直接投資也是世界第一、人民基本工資年年上漲、人均 GDP 超過 5 千美元，已是中等國家水平、人民銀行擁有世界最多的外匯存底、上海是貨物總吞吐量世界第一大港、全球發展最快的汽車市場與手機市場、全球國外旅遊成長最快的觀光客，甚至中國企業與個人開始在全世界併購公司與土地。中國以持續傲人的經濟成長數字跨入二十一世紀，不再是世界影響中國，而是中國影響世界，超英趕美已經實現，是許多國家的經濟成長引擎，各項經貿政策與行為幾乎都會為世界帶來「蝴蝶效應」。

冷戰時自閉的中國在後冷戰至今，與世界接軌的不只是在經貿面，而是全面「入世」。除了 1970 年加入聯合國取得中國代表性之外，後冷戰至二十一世紀，中國先後加入亞太經合會、世界貿易組織、成功舉辦北京奧運及上海世界博覽會、與東南亞國協積極整合，是解決北韓問題的六邊會談的東道主、擔任世界銀行副總裁、增加國

際貨幣基金認股分量、 是 20 大工業高峰會 (G20) 及金磚五國的主要
成員，也是中非論壇，對 30 多個非洲國家扮演援外的老大哥，中國
正要回到屬於它的地位。

　　對全球許多國家的政府及人民而言，這樣國際政治、經濟高速進
展的中國，都無法視若無睹。中國崛起已經是事實，如何回應則眾說
紛紜。有謂中國威脅論，也有謂中國機會論；有認為中國像磁吸黑
洞，也有認為中國商機處處；有認為經改成功只會讓共產政權更加獨
裁倒退，也有期待中產階級的產生會帶來政權和平演變的效果。北京
領導人則謹慎看待各方疑慮，避免使用「中國崛起」字眼，甚至少用
「和平崛起」,「崛起」二字太動感，北京領導人及學政界採用「和平
發展」、「和諧世界」等較為冷調的形容詞。但無論如何，世界銀行的
預言是，2020 年中國將是世界第一大經濟體。

　　不過，在亮麗數字及驚人趨勢之外，中國面臨許多刻不容緩的問
題與挑戰，諸如：

1. 區域貧富差距擴大

　　除了東南沿海先行摸石過河實驗，華北、東北區域皆隨之開放發
展，已達小康社會，一線、二線城市也都繁榮先進。但中國中西部、
西南及西北貧脊農村，仍多數生活在聯合國貧窮線以下，如何安排 1
億多的剩餘勞動力， 共享物質建設果實是中國政府新一波的當務之
急。

2. 巨額財政赤字

　　中國也與美國及歐盟各國政府一樣面臨龐大財政赤字，目前靠經
濟成長與內需市場支撐。2015 年中國財政赤字約 1.62 兆元人民幣，
雖然不似美歐日嚴重，但也是如同未爆彈一樣的隱憂。

3. 官僚貪腐嚴重

　　貪汙一直是中國官場千百年來的常態，無法根治，中央與地方官
員經常利用職權侵吞財物或收受賄款。在制度面、文化面、社會心理

面打擊貪腐以建立廉潔政府，是中國內政改革的當務之急。

4.社會治安隱憂

中國經濟轉型快速發展伴隨而來的是激烈的社會衝突，諸如階級間貧富不平等、農民工弱勢族群、日益尖銳暴力的漢維民族紛爭。儘管官方控制城鄉流動人口，但都市盲流及國營企業下崗工人，都造成社會衝突激化的因子。

5.環保問題

另一個伴隨中國經濟轉型快速發展而來的是嚴重的環境汙染，開發與汙染幾乎同步進行。工業廢氣汙染、水資源汙染、森林及土地濫用造成自然生態破壞等，如何恢復、保護自然生態，與之共生，是中國政府下一個階段該積極進行的整體政策。

6.對鄰國的軍事威脅

這是主觀認知及客觀事實交疊的現象，中國現代化在經濟層面取得重大果實，另一個現代化——軍事，則令全世界，尤其是周邊國家疑慮擔憂。中國國防開支每年約以 15% 的幅度增長。在冷戰時期，共產中國幾乎與所有鄰國都有不同程度的軍事交火，從珍寶島衝突、韓戰、八二三砲戰、懲越戰爭與印度邊界衝突等，所累積的敵意形象不易改變。

1995 年對自由臺灣民主選舉時的飛彈恫嚇，更是失去道德制高點；晚近幾年又面臨菲律賓、越南針對南中國海領域的主權聲張、與日本在東海的主權紛爭。中國已積極制訂睦鄰安鄰政策，但如何建立友善無傷的形象，無疑是一個長期的工程。

的確，如何建立一個和平的正面形象，是中國二十一世紀的世紀工程。中國想要再度偉大，不能只是物質強盛、軍容壯盛，而要是一個令人心悅誠服的偉大國家。誠如有人問新加坡前總理李光耀，隨著中國的影響力不斷擴大，美國及世界應該如何看待中國？李光耀回答：「美國既然無法阻擋中國的發展，那就得學習接受一個實力更強

大的中國。你不能阻擋中國崛起，只有他們自己能這麼做。除非你想要向它們宣戰或是在經濟方面抑制它們的發展。然而，這麼做將適得其反。假設中國沒出問題，你們只得接受它會更加強大的事實……但縱使中國有可能成為世界最大的經濟體，它會成為最受敬佩、最具影響力的社會嗎？它會有其他國家所想要的生活方式嗎？這都需要時間去發展。」

中國需要時間，需要時間消化百年來的歷史恥辱、需要時間進行停滯多時的現代化物質建設、需要時間重整破壞殆盡的精神文明、需要時間在自大與自卑擺盪間重新建立健康的自信、需要時間解除鄰國焦慮的不安全感、需要時間建構整體正面形象、需要時間向世界證明，強大的中國是人類發展的正面能量，這些無疑是中國本世紀的浩大工程，另一個萬里長征。

第四節　空間軸：小國的崛起

中文常用「強大」及「弱小」來形容國家力量，但不夠精準。除了強大、弱小，還有弱大及小而強、小而美的國家。諸如巴西、印尼、巴基斯坦、孟加拉、菲律賓、墨西哥、奈及利亞，都屬於弱大的國家，人口均超過 1 億，但在國際政治棋盤上僅是配角，甚至是強權競逐的場域。波蘭也是，是中東歐面積最大和人口最多的國家，但卻曾是弱國的代名詞，歷史上被強國瓜分占領、亡國過 6 次，現在才比較上軌道。

在國際政治經濟上，有幾個小而強、小而美的國家。這些國家人口不多、資源不算豐富，沒有壯盛軍容、卻有著正面形象、令人佩服的制度或令人艷羨的生活方式。

東西方各有一個小國在國際政治經濟舞臺上亮麗發光，瑞士扮演著山中傳奇，在國際政治上謹守中立主義確保百年盛世；在國際經貿上與世界連結，成為許多跨國企業及非政府組織的總部所在；在制度設計上，委員制的聯邦民主機制運作順暢；在主要產業上，無煙囪精

密工業行銷全世界；再加上湖光山色、環保乾淨的生活方式，瑞士今舉世艷羨。新加坡也是，當年被逐出馬來西亞被迫獨立，寡頭菁英集團充分發揮麻六甲海峽要道的地緣戰略優勢，從小漁港躍升為國際經貿重要的樞紐。

南韓是小而強國家的新代表，近 10 年來以崛起之姿傲視國際政治經濟舞臺。嚴格來說，南韓並不小，人口 5 千萬算中型國家，但它曾經很弱。歷史上，就像波蘭左右有德國及俄羅斯染指，南韓左右有中國及日本掌控。冷戰至今國家分裂，南韓長期受另一個敵對政權（北韓）的軍事威脅。1997 年南韓還曾因亞洲金融風暴影響，國家經濟體系瀕臨崩潰，被迫向國際貨幣基金貸款，接受幾乎被接管的屈辱條款，被視為是繼 1910 年「日韓合邦」亡國之後另一個國恥。然而，15 年後，南韓成功甩掉歷史悲情開創新局，幾項指標顯示南韓已經擠進強國之林：

1.經濟大國

2012 年南韓躍升世界第九大經濟體，南韓傾全國之力，扶植大企業投資技術研發與建立全球品牌，提升價值。現今南韓各式商品，從汽車到 3C 產品，在全球市場高度滲透。政府也已經與東協、歐盟、美國三大經濟體簽訂 FTA，與中國的 FTA 也積極進行當中，即將完成。

2.外交大國

現今聯合國祕書長潘基文為南韓籍，2006 年潘基文獲得聯合國安全理事會一致同意擔任祕書長，也就是說，中、美、俄、英、法五大常任理事國都同意。潘基文代表全世界最大組織處理全球事務，第一任表現頗受肯定，於 2011 年獲得聯合國大會同意連任，任期將至 2016 年底。此外，世界銀行總裁金勇是韓裔美國人，於 2012 年由美國總統歐巴馬提名上任。

3.文化大國

最近 10 年，南韓電影、戲劇、流行歌曲、飲食、服飾、美容、觀光，在世界掀起狂熱旋風，南韓成為亞洲新形象的代表，造就「哈韓潮」，引領流行趨勢。例如南韓大叔 Psy 的 MV《江南 Style》紅遍全球，創下 YouTube 點擊超過億次的爆表紀錄；2016 年韓劇《太陽的後裔》更在全亞洲掀起熱潮。

4.體育大國

朝鮮剽悍的民族性格也轉換到國際體壇的表現上，南韓在棒球及籃球的國際賽事已經有亮麗成績，還於 1988 年成功舉辦奧運；2002年舉辦亞洲人較弱的世界盃足球賽，並踢進四強；南韓代表隊在 2012年的倫敦奧運是金牌國家第五名。

5.電子科技大國

南韓的國力正全方位上揚，隨著 3C 產品（家電、電腦及電子通訊軟體、硬體）席捲全球，觸角也伸向全球個人及家庭，南韓已經甩掉以往悲情民族的印象，建立自信滿溢的新形象。

北歐四國（此處指芬蘭、丹麥、瑞典、挪威，不包括冰島）代表另一類小而美的國家，更加深邃細微。芬蘭、丹麥、瑞典、挪威的人口總合 2 千 4 百多萬，只比臺灣多一點，丹麥的人口也相當於臺北市加新北市。北歐四國就像瑞士一樣，人均 GDP 全球最高，以軟權力、生活方式及正面形象備受國際高度讚揚與艷羨。例如《國家地理》雜誌盛讚丹麥是「近乎完美的國家」；而《經濟學人》雜誌則說出生在北歐等於重了樂透彩。在貧富差距擴大、中美霸權恣意而為、環境災難頻仍的二十一世紀，「北歐模式」備受矚目。所謂的北歐模式有：

1.政治民主穩定

除了芬蘭因總統直接選舉轉換成雙首長制之外，其餘 3 國的國體長期以來一直採行君主內閣制。數百年來政治穩定，相關爭議止於內閣，國王或女王是統而不治的國家象徵與團結代表。

2.政府廉潔有效能

　　法制嚴謹透明，人民對官員貪汙「零容忍」，北歐各國一直是國際 NGO 評比政府廉潔度最高的區域。

3.人權實踐徹底

　　無論是對弱勢及少數族群（如以麋鹿維生在北極圈的薩米人）的照顧、同性戀的開放，皆普遍地顧及每個個體的生命尊嚴。瑞典在 1910 年便廢除死刑，二戰後北歐國家已完全廢除死刑，監獄設備也相當具人性化。

4.高度兩性平權及女性賦權 (enpowerment)

　　尊重女性是人權重要的一環，北歐政府積極以制度設計提升女性社會參與及政治地位，率先以高比例代表制讓女性擔任內閣官員及議員；晚近甚至有「跨性別意識」、「去性別化」的趨勢。

5.平衡融合的資本主義與社會主義

　　有別於美國、亞洲四小龍及許多新興發展國家，北歐國家並沒有採取掠奪式資本主義。一方面在「生產投資」上，符合市場經濟運作邏輯，另一方面在「所得分配」上，採行社會主義慷慨的福利國家政策，對高所得族群（資方與中產階級）量能課稅，進行資源重新再分配，廉能政府將稅收用於教育、公共設施及每個國民生老病死的安養照顧，維持相對平等且富裕的社會。

6.外交中立和平主義

　　北歐國家比鄰俄羅斯，雖然民主自由價值與西方美歐國家相同，但外交上不挑釁俄羅斯，也不參與軍事行動，遇天災人禍依然進行緊急人道救濟。冷戰時期因地緣關係直接面對蘇聯的芬蘭，便採取上述外交中立傳統，被稱為「芬蘭化」(finlandization) 外交。後冷戰至今，北歐國家仍然按此原則，即使挪威加入北約；芬蘭、丹麥、瑞典加入歐盟，外交採不挑釁、不訴諸武力解決的和平主義 (pacifism)，始終是北歐國家的對外原則。

7.慷慨的人道援助

　　北歐政府及人民除了彼此友善進行次級區域整合，以及對俄羅斯與中東歐外交保持友善、經常救助政治難民之外，每年還慷慨援外，捐出國家 GNP 的 0.8% 至 1.0% 給國際救援組織，而且不求抵換回報 (trade off)。（許多先進國家的援外都要求抵換回報）

8.全球化經濟下的模範生

　　由於政府財經制度健全、鼓勵個體創意、產品質優極簡，北歐不僅是全球多次金融風暴經濟危機之綠洲，也在各種國際評比排名榜皆名列前茅，擁有全球最宜居、又不犧牲勞工權益的高度國際競爭力。

9.沒一個小孩被遺忘的教育

　　從前述幾點已經可以看出北歐深層遍及各面向的平等主義，就像政府照顧好「每一個」人民，教育也是照顧到「每一個」學生，不打成績數字，鼓勵原創而非複製，發揮自我個性。

10.環保堅持高標準

　　無論是對環境保護或是產品的品質，北歐的社會文化價值崇尚自然，少加工汙染，嚮往簡樸回歸自然的生活方式。另一方面北歐也是全球化程度最高的區域，網路普及率及準備度最高，隨時皆可連結，整體建構出適合居住、開放自由、和諧乾淨的現代化社會。

第五節　全球女性領導人崛起

　　福山曾於《外交季刊》(*Foreign Affairs*) 撰文表示女性統治的世界是和平、和諧、穩定的，因為女性主事者參與並主導公共事務，可以發揮女性溫柔、慈悲、照顧的美德，而絕大多數國際及國內的戰爭多是男性領導者的決定。

　　的確，隨著受教權與經濟權的大幅提升，全球女性獨立自主意識大增，釋放出巨大能量，在已開發及新興國家的政治、經濟、社會層

面，產生重大質變，東亞女性亦不缺席。《商業周刊》於 2003 年時便宣告「女人革命成功」，世界各國女性普遍在各行業展露頭角，臺灣女性甚至已經「攻占男人權力與財富的巔峰」。

在制度方面，聯合國是全球全面性關切女性生存處境的國際組織，具有規範性的機制與作用，也積極宣示許多具有典範 (regime) 效果的原則與指引。聯合國自 1975 起，每 10 年都會召開關切世界婦女的盛會活動。1995 年聯合國在北京召開「世界婦女大會」，有著屬地的時空意義，那是聯合國第一次在東亞舉行關於婦女議題的國際盛會。晚近聯合國制訂「性別主流化」原則，呼籲世界各國政府要由最高機關負責全面有系統地進行消除性別歧視、促進性別地位平等的具體措施與機制。

上個世紀英國鐵娘子柴契爾夫人參與無數次國內與國際重要的公共事務決策會議；二十一世紀初最有影響力的女性政治領導人，當屬德國聯邦總理梅克爾。梅克爾自 2005 年執政至 2016 年，已逾 11 年。無論在危及歐元穩定性的希臘債務問題、俄羅斯出兵干涉的烏克蘭分裂危機、中東難民收留與安置等棘手問題上，即使備受爭議，梅克爾總理仍展現卓越果斷的領導能力。

歐洲除了這 2 位鐵娘子引領時局、全球矚目之外，也盛產女性掌實權的領導人，除了英國、丹麥、荷蘭君主立憲體制出現女王之外，冰島最早產生女性領導人，1980 年芬博阿多蒂爾 (V. Finnbogadottir) 當選冰島總統，成為歐洲第一位民選女總統，且 3 度連任。還有挪威女總理瑟爾貝克 (E. Solberg，2013)、克羅埃西亞女總統吉塔若薇琦 (K. Grabar-Kitarovic，2015)、科索沃女總統亞雅加 (A. Jahjaga，2011)、立陶宛女總統格里包斯凱特 (D. Grybauskaite，2009)、馬爾他女總統普雷卡 (M-L. Coleiro Preca，2014)、波蘭女總理席多 (B. Szydlo，2015)。

中南美洲則有：巴西女總統羅賽芙 (D. Rousseff，2011)、智利女總統巴舍萊 (M.Bachelet，2014)、牙買加女總理米勒 (P. Simpson Miller，2012)；非洲亦出現 4 位女性政治領導人：中非共和國臨時總

統桑巴潘薩 (C. Samba-Panza，2014)、賴比瑞亞女總統瑟利夫 (E. J. Sirleaf，2006)、模里西斯女總統古里布－法基姆 (A. Gurib-Fakim，2015)、納米比亞女總理庫貢蓋盧瓦－阿馬蒂拉 (S. Kuugongelwa-Amadhila，2015)；亞洲出現孟加拉女總理哈希納 (Sheikh Hasina，2009)、尼泊爾女總統班達里 (B. D. Bhandari，2015)、南韓女總統朴槿惠 (Park Geun-hye，2013)，以及中華民國女總統蔡英文 (2016)。

女性出任政府部會首長方面，至 2015 年，全球 193 個國家的政府閣員約有 16% 為女性部會首長。日本小泉純一郎首相於 2001 年組新內閣，18 名閣員中有 5 名是女性，被視為政治創新之舉，創下戰後日本女性入閣人數最多紀錄；北歐是全球女性閣員比例最高的區域；加拿大新任總理杜魯道 (J. Trudeau) 於 2015 年底公布的新內閣，女性部長比例更是占了 50%。

至於亞洲部分，自從 1960 年斯里蘭卡出現歷史上第一位民選女總統後，50 年來東亞成為最盛產女性政治人物的區域。日本、南韓、菲律賓、泰國、印度等透過民主選舉組成政府的國家，女性政治人物逐漸列居高位，甚至出任總統、總理，但幾乎清一色是政治世家的成員（遺孀、妻子、女兒、妹妹）。與其說是接掌國家大政，不如說是承載著延續家族政治事業的使命來得貼切，很難解釋成是女性權力的崛起，諸如印度國大黨 (Congress party) 主席索妮雅甘地 (Sonia Gandhi)、泰國總理盈拉（Yingluck Shinawatra，2011 年 7 月）。緬甸的翁山蘇姬，不只因為她以理念對抗軍政府，也因為她的父親是緬甸獨立領袖翁山將軍而賦予她神聖光環。東亞女性政治人物的從政特色主要是：1.父權庇蔭；2.英雄夫君；3.家族要求；4.消極被動，四種交互涵蓋的型態，較少是出於個人主動的意志與對生涯的自主選擇。例外的是像臺灣前副總統呂秀蓮因「自我主張」而從政，及蔡英文總統取得政治高位的東亞女性，算是極少數。中國因共產革命切斷家族政治的封建世襲傳統，主要女性政治人物大多無家族背景，也是東亞女性從政的特殊現象。表 10–1 是幾位擔任重要政治職務或具重要政治影響力的東亞女性其政治生涯與象徵意義。

表 10-1　東亞任重要政治職務或具重要政治影響力的女性

國家／人名	主要政治職務與政治生涯	政治家族背景	象徵與意義
中國／吳儀	國務院副總理、外貿經部長、中央政治局委員、國務委員。歷經李鵬、朱鎔基、溫家寶三任總理。自稱退休後「裸退」，不再擔任任何官職	無	吳儀是繼江清之後 PRC 及中國共產黨職務最高的女性領導人；也是繼蔣宋美齡之後，首度多次獲國際政經媒體讚賞肯定的中國女性。號稱中國鐵娘子
中國香港／陳方安生	港英社會福利署署長、政務司司長、香港區立法會議員	無	英國殖民時期首位女性華人布政司，執行殖民母國利益。曾代表港府出席北京《中英聯合聲明》簽署儀式。特區成立後首位女性政務司司長
中國／陳馮富珍	香港特區衛生署署長、世界衛生組織(WHO) 祕書長。2005 年由 WHO 執委會選出，一任 5 年，2010 年獲連任	無	首位在聯合國體系重要國際組織的中國籍女性首長
臺灣／呂秀蓮	中華民國第十、十一屆副總統。臺灣早期婦女運動倡議者、臺灣獨立運動領導人之一	無	臺灣第一位女性副總統。民主直選產生。連任。執政後對臺灣主權與國際身分之關切度高過對臺灣女權之提升

臺灣／張博雅	衛生署長、嘉義市長、內政部長、國策顧問、中央選舉委員會主任委員、監察院院長	母親為許世賢，嘉義市政治世家「許家班」，40年兩代3人家族政治，以無黨無派著稱	張博雅先後於國民黨與民進黨執政時期入閣，許家班影響力淡出嘉義市。從集體的地方勢力到個人的中央政府發展
臺灣／葉菊蘭	客委會主委、行政院副院長、總統府祕書長	丈夫鄭南榕為捍衛言論自由，抗議國民黨以叛亂罪嫌拘提，自焚而死	代亡夫出征典型，❶高票當選並蟬連三屆立委。臺灣首位女性行政院副院長、首位女性客家籍總統府祕書長
臺灣／蔡英文	陸委會主委、行政院副院長、民進黨主席、中華民國總統	無	女性學者從政。任國統會研究委員時，參與李登輝總統《特殊兩國論》制訂、臺灣主要政黨首位女主席、中華民國首位女性總統候選人及當選人
日本／小和田雅子	外交官、王儲太子妃。	丈夫是日本皇太子德仁、公公是日本天皇。日本王室家族已40年未有男丁出生。直至2006年文仁親王之子誕生	平民女外交官嫁入日本王室。雅子期許「改變皇室傳統」、「為日本外交服務」、「展現女性自主角色」，但嫁入皇室後被迫專心「為皇室傳宗接代」（尤其是男嗣）。宮內廳公布雅子妃患有「適應障礙症」
日本／田中真紀子	小泉內閣的外務大臣、民主黨眾議院議員外務委員長	父親是極具權勢的首相田中角榮。田中角榮曾是自民黨第一大派田中派領袖，首相任內全力推動與中國關係正常化，1972年日中恢復邦交	日本歷史上第一位女外相。延續父親「親中派」立場，2011年11月日中建交40週年訪問中國。田中真紀子曾自稱是小泉的「政治妻子」，但於2008年退出自民黨轉投向民主黨

❶ 葉菊蘭於鄭南榕自焚後棄商從政，自稱「2%是自己的，98%是先生的」。

日本／小淵優子	眾議員、內閣特命擔當大臣（少子化對策擔當）	父親是首相小淵惠三，任內突然病逝總理府。小淵優子於父親病逝後旋即參選眾議員	日本史上最年輕的女性閣員（34歲）。連任四屆議員，皆超高票當選
日本／小池百合子	環境大臣與防衛大臣（國防部長）	無	日本首位女性防衛大臣，任職時間最久的女性閣員。遊走各大小政黨之間，被稱為政界候鳥。曾被小泉首相徵召為「女刺客」
日本／村田蓮舫	民主黨參議員、行政革新特命大臣	無	日本全國最高票當選的女性參議員、日本政壇首位臺灣裔國務大臣。後因傳出緋聞於野田內閣改組時未獲留任
南韓／朴槿惠	大國家黨主席，新世界黨主席，2013年起擔任總統	父親朴正熙是獨裁者亦是創造「漢江奇蹟」的總統。母親陸英修於1974年遭北韓特務暗殺，朴正熙於1979年亦被暗殺身亡。號稱三無女性（無父母、無丈夫、無子女），自稱是「嫁給國家的女人」	南韓及東北亞首位女性總統。朴槿惠2008年黨內初選以些微差距敗給李明博，2012年成為新世界黨總統候選人，並當選總統。極少數能超越政治家族框架的女性政治人物。2002年朴槿惠訪問平壤會見金正日，通過板門店回國。朴槿惠曾向Foreign Affairs撰文，呼籲國際採取對北韓更大膽的途徑
菲律賓／柯拉蓉·艾奎諾	總統	丈夫是菲律賓反對馬可仕政權的政治家艾奎諾，流亡回國遭政治謀殺身亡。艾奎諾夫人繼承亡夫遺志，於1986年終結馬可仕獨裁政權，恢復民主憲政	菲律賓及東亞第一位女總統。以「人民革命」力量，從家庭主婦一夕變總統。上任後調整與美國關係，停止《美菲軍事基地協定》，撤除美軍蘇比克灣與克拉克空軍基地，將基地改為自由經濟特區

菲律賓／葛洛麗雅·艾若育	破紀錄高票當選參議員、總統（接替艾斯特拉達擔任代理總統，隨後連任成功）、卸任後當眾議員	父親是帶領菲律賓經濟發展的馬嘉柏皋總統	菲律賓第二位女總統。2006 年 2 月，艾若育夫人發布緊急命令因應軍事政變陰謀和反政府遊行。任內被指控欲修憲連任。配合美國反恐清剿伊斯蘭激進組織阿布薩耶夫。卸任後遭控涉及多起貪汙及選舉舞弊案，於 2011 年 11 月被逮捕入獄
印尼／梅嘉娃蒂·蘇卡諾普翠❷	副總統、總統。瓦希德因貪污罪遭彈劾下臺，印尼人民協商會議決議由梅嘉娃蒂繼位總統	父親是領導印尼獨立、脫離殖民統治的蘇卡諾總統。蘇卡諾遭蘇哈托軍事政變推翻	印尼第一位女總統。以父之名進入政壇。梅嘉娃蒂在其繼任內實行總統全民直選，不再由印尼人民協商會議選出。但 2004 年舉行首次總統直選，梅嘉娃蒂未能成功連任。任內曾決定軍方鎮壓亞齊省獨立運動
馬來西亞／旺·阿茲莎	人民公正黨全國主席、國會議員	丈夫是副首相安華。遭「政治陷構」下臺且入獄	以夫之名進入政壇。家庭主婦一夕變黨主席。代獄夫出征、訴諸悲情正義之典型 安華入獄後，旺·阿茲莎籌組馬來西亞最大反對黨，任議員達 10 年之久。安華出獄後，旺·阿茲莎便辭去國會議員及國會反對黨領袖，由安華接任
泰國／盈拉	總理	哥哥是遭控貪汙、軍事政變流亡的前總理達信	泰國史上首位女總理。棄商從政、以兄之名一夕變為總理。在泰國政治動盪時期，盈拉領導為泰黨在大選贏得下議院過半數席次。就任後組五黨聯盟政府，承諾要全國政治和解穩定政局。成功度過 2012 年水患及經濟衰退。2014 年 5 月被泰國憲法法庭判決違法濫權，隨即遭軍方扣留而下臺

❷ 蘇卡諾普翠 (Sukarnoputri) 意指「蘇卡諾的女兒」。梅嘉娃蒂有兩次婚姻仍依父姓，以父之名展開政治生涯。

緬甸／翁山蘇姬	全國民主聯盟(NDL) 領袖、民主派領袖。1990 年 NDL 贏得大勝（86% 得票率），軍政府作廢選舉結果。其後 21 年間，翁山蘇姬被軍政府斷續軟禁於寓所達 15 年，2010 年 11 月大選後獲釋	父親是帶領緬甸脫離英國殖民的緬甸國父翁山將軍。遭政治謀殺身亡	翁山蘇姬 1991 年以非暴力反軍政府抗爭獲諾貝爾和平獎，❸為緬甸民主自由的象徵。翁山獲釋後，會見來訪的美國國務卿希拉蕊·柯林頓。翁山於 2012 年 4 月參與國會議員補選，當選後重返緬甸政壇，進入體制內改革，為緬甸邁向自由民主化之契機。由於《緬甸憲法》規定總統候選人家人不得擁有外國籍，導致翁山蘇姬無法參選 2015 年總統選舉，但其領導的全國民主聯盟仍贏得大選

資料來源：作者綜合整理自製。

　　從上表可以看出，在政治權力方面，東亞女性正在由「受害者」到「參與者」、「領導者」的角色轉變當中。誠如首位阿拉伯世界獲得諾貝爾和平獎的女性卡曼的受獎答詞：「女性作為受害者現身的時代已經終結，她們已成為領導者。不只引領她們的國家，或領軍從事各種奮鬥，她們也是世界的領航人。」❹臺灣首位女總統蔡英文也有相同的見證：「兩性平權已在臺灣生根發芽，臺灣女性越來越能憑著專業條件開創政治空間，可以『做自己』，而不用做『父系的代理人』。」❺女性領導人崛起是一個緩慢、不易察覺，但卻真實湧動的趨勢。

❸ 諾貝爾委員會給翁山蘇姬的讚詞：「翁山蘇姬是繼甘地以來，亞洲人民勇氣傑出的最佳例證。她以非暴力的方式，爭取民主與人權，已成為對抗壓迫的最重要象徵。」

❹ 2011 年諾貝爾和平獎得主頒給 3 位女性：賴比瑞亞現任總統（也是非洲首位民選女性國家元首）愛倫·強森瑟立芙、賴比瑞亞和平運動組織者雷瑪·羅貝塔·葛帛薇，及葉門人權記者塔瓦克爾·卡曼。卡曼是阿拉伯世界首位獲得諾貝爾和平獎的女性，也是歷來最年輕的諾貝爾獎得主之一。

❺ 蔡英文接受《台灣光華雜誌》訪問時的訪談內容。《台灣光華雜誌》，2012 年 7 月，第 353 期。

第十一章

國際經貿競爭與全球治理議題：全球—國家—企業

　　在全球化大行其道的二十一世紀，國際間各類經貿商品及服務的
高速交易是一大主要內涵，無論是個人、企業、國家三個層面皆須面
對且因應多方競爭，取得經貿全球化的正面利益，避開經貿全球化的
負面效應。但另一方面，伴隨全球化而來，在全球層次產生許多超越
國境的困境與挑戰極待解決，全球治理與區域整合都是企圖解決這些
困境與挑戰的制度化工具。

第一節　後冷戰時期國際政治經濟特色：經貿競爭大戰略

　　國家除了傳統的硬實力（軍事、武器、國防、外交）之外，當代
許多國家願景與戰略更加注重 ，同時兼具硬實力與軟實力的經貿發
展。國家經貿發展的三部曲：製造 (producing)、行銷 (marketing)、品
牌化 (branding)，不只涵蓋貿易數字與就業，更涉及文化產業與國家
整體形象，成為二十一世紀全球各國大戰略，兵家必爭的遊戲。

　　以臺灣而言，從十九世紀基隆淡水開港便加入國際貿易體系，二
戰之後，更是高度對外貿易，積極融入資本主義自由貿易。臺灣奉行
修補式資本主義，不像不丹等國採取保護主義鎖國戰略；也不像北歐
式社會主義福利國家。臺灣度過農業及輕工業之後，自 1980 年代起，
做出全球電子資訊產業代工製造的政策選擇，作為主要經濟策略，重
視工業及服務業，但也犧牲環境保護，自全球電子產業鏈分工中高度
連結，並以各項自由化政策提升競爭力，配合資方需求（無論是內資
還是外資），鬆綁法規、彈性化就業市場、排除投資障礙、解決工業
用地取得及環評效率、改善貨物通關、擴大基礎建設，再加上臺灣勞
工勤奮又高度教育，經濟發展所需的四大生產要素（貨物、資金、服
務、人力）質量皆備，順勢培養出台積電、聯電、華碩、宏碁、鴻
海、聯發科等巨型電子科技公司，搶占全球市場，諸如晶圓代工、筆
記型電腦、主機板、有線電視用戶終端設備、光碟片、DSL 終端設
備、LCD 監視器、無線區域網路產品等產品都曾是全球第一，並在全

球資訊產品供應鏈中扮演關鍵角色，至 1990 年代創造舉世艷羨的經濟奇蹟，被國際貨幣基金組織譽為亞洲四小龍之一，社會富裕中產階級壯大，進入已開發國家之列，

　　經貿全球化是一場有資源行為者的遊戲，許多新興發展國家強項都是豐沛廉價的勞動力與天然原物料，彼此競爭以吸引外國投資、設廠與技術轉移。除了製造之外，行銷更是精緻的技巧與策略，各個國家，尤其是大國，可以透過硬實力來推銷本國產品，而面臨全球激烈競爭，企業更是需要活絡的行銷策略，臺灣企業在這部分還在努力當中。

　　當代國際政治，國家的權力，除了所謂的硬實力，也就是傳統的軍事、武器、外交之外，各國也都極力發展軟實力，以經濟貿易為主軸，還有文化、價值、制度及形象等。軟實力在全球化世代更能發揮一國的影響力，類似古諺：「近悅遠來」，而非霸道的以力服人。就經貿層面而言，一些先進國家的形象及其企業與產品，相互影響，互為因果。美國、西歐、北歐、日本乃至南韓，已經展現出「品牌國家化、國家品牌化」的特殊現象。俄羅斯、中國、印度、巴西、埃及、印尼、南非等新興經貿大國，國家角色仍停留在工廠製造、原物料提供的整體形象。美國、西歐、北歐、日本乃至南韓等先進國家政府與民間企業長期投入龐大的研發經費、市場探索與開發，製造有附加價值（美感、質感、幸福感）的產品。以下將分別敘述：

（一）美　國

　　新天地的象徵，輕鬆自由的形象，又是高科技的主要發源地。此外，就像民主法治制度被許多新興民主國家參考一樣，美國的國際自由貿易思維與價值、組織企業管理模式也行銷全球，諸如去麥當勞消費的不是漢堡，而是速食管理、歡樂氛圍。

（二）瑞　士

　　瑞士是國家軟實力的經典例子，長期奉行外交中立政策，瑞士是國際政治小國，但卻是國際經貿大國。許多國際組織、跨國企業及非

政府組織的總部都設在瑞士日內瓦或蘇黎世。瑞士發展無煙囪精密工業，開創百年和平繁榮。

（三）加拿大

國家形象跟瑞士頗像，是楓葉旅遊的北國、和平宜居的生活環境是許多開發中國家移民的熱門處所。

（四）日　本

日本製造等同於優質產品，這樣的國家品牌形象，幾乎深入全世界消費者的心理。堅持、用心、耐用、價格平實，從動漫、影視、汽車重工業到電子產品，普受世界認可。

（五）德　國

跟日本的優質產品相同，德國各行各業的學徒、師傅將德國工藝精神與技術發揮至極致，從民生用品到機械汽車，皆耐用堅實、經典不敗。

（六）法　國

法蘭西流行時尚、奢侈精品的國家形象，深入人心。藝術氣息濃厚，普遍被視為浪漫，但辦事效率也很「爛慢」。是世界第一大觀光國，每年吸引超過 8 千萬的觀光遊客，創造 6% 的 GDP。

（七）義大利

義大利跟法國的國家形象相同，被視為浪漫的國度，但辦事效率也很「爛慢」。義大利不產咖啡豆，卻成功塑造咖啡王國的國家形象。咖啡沖泡方式 Capuccino、Latte、Espresso 等風行全球，其地中海飲食文化也影響全世界。

（八）荷　蘭

資源貧瘠的荷蘭是國際經貿強國，鬱金香、風車建構出正面的國家形象。

（九）北　歐

　　北歐四國生活方式極簡、天然、乾淨，社會均富，就像加拿大一樣宜居舒適，所設計的產品簡單耐看。四國人口加總起來大約是臺灣的總人口數，人均 GDP 卻居世界前茅。例如丹麥，人口只有臺北市加新北市，其畜牧業世界頂級，豬圈無汙染被舉世參考；此外，就像全世界鬱金香大多來自荷蘭，鮭魚也為挪威創造大量國家財富。

　　荷蘭鬱金香、義大利橄欖油、丹麥畜牧業，及挪威捕魚業向世界證明：農漁業不是產值低落夕陽產業，只有夕陽企業、沒有夕陽產業。只要生產、製造、行銷得當，農漁業是可以創造國家富裕並保持無汙染環境的產業，在國際貿易上，炙手可熱，並強化國家形象。

　　美國、西歐、北歐、日本長期累積的國家形象就是其國籍企業的鮮活廣告，帶動這些企業產品行銷全球。其中，不只是帝國主義遺緒、政治霸權、資本主義廣告巧門，更深的因素是產品製造背後的專注堅持態度，與深厚的文化底蘊。像歐洲普遍的工藝匠 (artisan) 精神與日本職場的達人文化，都使得這些國家與企業品牌魚水相生，國家品牌化，品牌國家化。

　　除了國家形象對國際經貿的影響之外，在企業方面，當代全球企業行銷策略不斷翻新、訴諸消費者的需要 (need) 與想要 (want)。諸如：

（一）特殊技術－偏方 (know-how, savoir-faire)

　　例如強調人工手採樹上果子；第一道冷榨油，如橄欖油、苦茶油。

（二）簡單易記的圖騰

　　像是迪士尼的米老鼠；紅底的可口可樂幾乎是年輕人的香檳；麥當勞的黃色 M 字母以及賓士的人字銀圈，無論在地球何處一看就認得。

（三）簡單易懂的的口號

像是訴諸愛情見證的「鑽石恆久遠，一顆永留傳」；訴諸年輕人坦率的 "Just do it"（儘管去做）、「就是要海尼根」。

（四）明星代言的認同心理

像是 Nike 運動產品由王建民及後來的林書豪擔任亞洲代言人；瑪麗蓮夢露 (Marilyn Monroe) 一句「我晚上只穿香奈兒五號睡覺」讓 Chanel No.5 從此經典不敗；而孫芸芸代言 Hitachi 吸塵器一圓亞洲家庭主婦的名媛貴婦夢，做家務清掃也可以很優雅。

（五）VIP 情結

平等是普世價值，但一般人其實喜歡成就感，甚至高人一等的優越感。通常是處於劣勢的人在要求平等。所以，Lexus 打出「堅持完美近乎苛求」的口號，愛馬仕 (Hermès) 提包、萬寶龍 (Mont blanc) 六芒星皮夾，都在訴諸有成就的男人。愛快羅密歐 (Alfa Romeo) 在賣高貴快感，勞力士 (Rolex) 手錶則是奢侈的自信。

（六）市場區隔 (market segmentation)

各大企業相互競爭，也自行摸索開發新消費族群。例如德國汽車之經典不朽，從 Mercede Benz、BMW 到 Audi、Volkswagen，幾乎滿足各個駕駛者族群的速度感與操控感。面對法國酒市場（紅白葡萄酒、香檳、白蘭地、XO 干邑）、德國啤酒、蘇格蘭威士忌、俄羅斯伏特加，薄酒萊 (Beaujolais) 則強調新酒，每年 11 月的第三個星期四全球新鮮開瓶，打破酒越陳越香定律，分食全球酒市場。

（七）通暢的管道通路

全球的華人社會及猶太人社會，最諳一條鞭的管路通道，無論是食品餐飲、衣飾雜貨等民生必需品，甚至觀光旅遊，幾乎都是家族關係企業從上游到產品最終端皆包辦。荷蘭占據全球龐大花卉市場，從生產、運銷到最後上架，鬱金香通路亦可隨時上架賣蘭花。

（八）科技創新 (Hi-technology)

隨著人類科技日新月異，國際貿易引領風潮的大都是新科技產品。二十一世紀最具體而微的，應該算是蘋果 (Apple) 電腦的觸控式電子產品，創造智慧型手機及平板電腦時代潮流，二十世紀末傳統優質手機諸如摩托羅拉 (Motorola)、諾奇亞 (Nokia) 遭市場刷下被迫被併購。再加上新科技始終能 "always one more thing" 創造話題便有新聞價值，智慧型手機至今方興未艾。其他像是綠能環保、藍光音響、3D 列印等創新科技產品，也都是本世紀相關產業新風潮。

（九）其他地方買不到的特殊性 (specialty)

在經貿全球化潮流下當消費者用的產品都一致化時，某些地方特產則是另一種無法取代的招牌。諸如充滿南洋風情的印尼泰國按摩、喀什米爾細羊毛、普羅旺斯薰衣草、加州櫻桃、北海道乳品、青森蘋果、靜岡綠茶、蘇杭蠶絲刺繡、馬賽香皂、保加利亞玫瑰。產品故事的特殊傳奇也是無法取代的招牌，例如 LV 皮箱傳頌著隨鐵達尼號 80 年沉海不爛不透水，也帶來品牌的特殊效果。

（十）公益形象與企業社會責任

製造企業的公益形象也是國際企業善用的行銷手法，尤其是先進國家的跨國企業在廣大的亞、非、拉地區取得便宜豐沛的原物料時，都會強調其取得及製造的道德正當性，也可以避免剝削童工及賄賂當地政府醜聞等。諸如金莎巧克力、無印良品及星巴克咖啡豆強調符合「公平交易」(fair trade) 原則；各大鑽石商強調其取得原礦管道按照「金伯利流程認證機制」 (Kimberly Process Certification Scheme, KPCS)。此外，臺灣花旗銀行每年底的贊助中華民國聯合勸募、鴻海蓋臺大癌症中心、歐舒丹 (L'OCCITANE) 成立專款給布吉納法索的乳油木果基金，都是透過回饋社會，建立公益形象與強調社會責任。

（十一）特殊的社會情境

國際企業行銷若要成功，反映銷售地區特有的社會心理學也是主

要元素。在伊斯蘭國度當然要避免豬肉產品、香水、酒精飲料等。日本的可愛文化（各種卡通人物造型）頗能反映亞洲女性喜愛粉紅、幼稚化的心理，Hello Kitty 在東亞始終受到熟女喜愛，讓日本觀光大臣親自授給 Hello Kitty 日本觀光大使頭銜。而德國的雙 B 轎車，在歐洲主要買家是大老闆及計程車司機，來到亞洲成為亞洲男人功成名就的表徵，銷售率始終成長。就跟瑞士勞力士反映著同樣的社會心理，亞洲男人證明社會地位的自我犒賞。

（十二）在地全球化 vs. 全球在地化

在全球化風起雲湧的趨勢下，進行國際貿易的大企業一方面可以將地方性產品透過行銷賣到全世界，也就是 "local globalization"，像美國小鎮的 Hershey 每日生產至少 3 千噸巧克力賣到全世界，雲南普洱茶也是，連星巴克也賣雲南普洱茶，或許萬巒豬腳加強行銷也可以像德國豬腳一樣夯世界大賣。另一方面，全球跨國企業也進行全球在地化 (glocalization)，也就是充分利用當地資源。諸如青島啤酒在臺灣強調用玉山龍泉水及在屏東生產；麥當勞自世界各地也盡量用當地的食材。

整體而言，經貿全球化讓廣大消費者（而非勞工）在物質上受益良多，不僅有多樣化選擇，價格亦相對便宜或至少可選擇可替代，隨著各種物資的方便取得，創造出消費者擁有時的富裕感及幸福感，造就了「物質主義」當道的世紀。就像《紐約時報》專欄作家傅利曼 (Thomas L. Friedman) 於 1996 年提出的麥當勞理論（有麥當勞的國家之間不會打仗），及 2004 年提出的戴爾理論（戴爾生產供應鏈的國家之間不會打仗）一樣，全球化程度越高、連結度越深廣的國家，其國民在經貿上是消費者與投資者，同時也是政治上的選民及公民。消費者及投資者已經嘗到了物質上的便利好處，不會允許諸如主權爭議、領土糾紛等因素導致戰爭發生而摧毀現有舒適生活。於是，政治衝突反而是靠經貿利益而緩和，這種現象很弔詭，也令人玩味。和平的建構不是靠武力或條約，而是超商網購與百貨公司。

第二節　後冷戰時期國際政治經濟特色：全球治理
　　　　　與區域整合

　　冷戰時期與後冷戰時期的國際政治經濟體系相比較，有幾個根本性的結構變化：全球化趨勢正盛、中國持續改革開放取得驚人成果、美國的單極霸權與衰退、世界貿易組織與區域主義之興起。後冷戰時期，國際行為者的基本組成單位擴增，不再只是以國家為唯一行為者，國家（中央政府）、國際組織、跨國企業、NGO 都是國際政治經濟的主要行為者。國家的對外政策也不再只限於軍事安全、領土主權，還包括經濟貿易、文化拓展等既合作又競爭的戰略，以增進國家利益。全球化不只影響國際經貿，也帶來各國政府政治運作與決策模式的變革，政府朝向「多層級治理」(multilayered governance) 及「政治權威分散」(the diffusion of political authority) 的趨勢發展，權威往外讓渡給國際組織、往內下放給地方政府或城市。

　　冷戰結束以來，國際間意識型態的政治對抗逐漸被經濟合作貿易交流所取代，區域組織的影響力逐漸擴大。全球自由貿易和區域經貿整合成為後冷戰時期國際經濟發展的主要趨勢。後冷戰時期，世界貿易組織與一些區域組織致力於消除跨國間貿易壁壘，以自由主義為核心，推動市場自由化與貿易自由化。

　　WTO 被稱為經貿聯合國，已經涵蓋世界超過 150 個會員國，幾乎全世界的已開發國家、發展中國家及主要經濟體（如香港、歐盟）都是其會員，占超過 95% 的世界貿易量。臺灣於 2001 年以「臺、澎、金、馬獨立關稅領域」(SCTTPKM) 的名稱加入。

　　WTO 前身是關稅暨貿易總協定 (General Agreement on Tariffs and Trade, GATT)，為大規模持續多年之諮商談判進程，1946 至 1993 年進行至少 8 次全球貿易談判回合，避免局部國際貿易衝突。1995 年為屬於協商性質的 GATT 制度化，進一步改制為 WTO，強化自由貿易原則及解決貿易爭端機制，降低會員國單方片面保護主義式的關稅

及非關稅貿易壁壘（諸如：解除所謂的政府不當管制、過度補貼政策、壟斷的國營企業、配額限制等），以便會員國持續開放其國內市場，自由貿易競爭。

WTO 的運作涉及經貿關稅高度技術（逐次開放的幅度、速度、額度、項目等），透過雙邊及多邊複合談判，制訂一系列國際規範，主要以非歧視原則 (principle of non-discrimination) 促進會員國間的自由貿易，包括：1.最惠國待遇 (Most-Favoured Nation treatment, MFN)，給予某一國的優惠措施無條件及於 WTO 所有其他全體會員國，避免歧視與障礙；2.國民待遇 (national treatment)，外國產品或公司一旦進入某國市場後，其在貿易所受待遇與本國之產品及公司相同，銷售、購買原料、運輸到通路上架，無差別待遇；3.透明原則 (transparency)，各國透過雙邊／多邊談判及簽約，達成千百項產品各式關稅減讓及政策開放之時間表，各國政府對內需制訂相關配套機構、規則、法律並執行之；對外正式公布，若有改變則有義務告知 WTO 及相關當事國，以方便他國及外資瞭解該國貿易之條件。

此外，WTO 設立的解決爭端機制 (Dispute Settlement Body, DSB) 可謂創舉，目的在透過和平、公正的法治規範解決會員國間的貿易糾紛。DSB 雖然設立專家組及上訴機構裁決爭端當事國的貿易訴訟，但 20 年的實踐結果，解決爭端機制程序曠日廢時，具拘束力的法律程序與比實力的外交管道同步進行，成為大國間相互控訴的場域，大國仍然有 WTO 體制外懲罰小國的政治手段。

WTO 成立後，對外國資金及貨物始終更為開放的自由貿易原則一時風起雲湧，成為各國對外經貿大戰略。已開發國家透過 WTO 合法正式進入他國市場，拆解保護主義措施，銷售其高品質之農工業產品。開發中國家政府陸續加入也循 WTO 精神開放市場，利用廉價原料及豐沛人力，賺取財富及科技，藉由對外貿易脫貧致富。然而，除了已開發國家彼此的貿易競爭與糾紛之外，已開發國家鼓吹自由貿易的好處，以便開發中國家開放市場，但卻在開發中國家利用比較利益的市場設立障礙，動輒以傾銷之名控訴或懲罰。WTO 自 2002 年起進

行的杜哈回合 (The Duha Round) 談判，至 2016 年 6 月，許多議題諸如補貼政策、勞工條件、產地來源、農畜產品、食品安全（基改作物及賀爾蒙牛肉等）、視聽文化、智慧財產權等，已開發及開發中國家會員國彼此杯葛，無法達成具體協議，造成 WTO 停滯不前。

另一個與 WTO 同步進行卻更有所獲的趨勢是區域整合，以地緣屬性為基礎的會員國，在自由貿易的大原則下，彼此談判協定採取較 WTO 開放幅度及速度更大、更快的貿易規範，成立自由貿易區。這種區域整合大趨勢，在全球經貿大三角尤為明顯：歐洲聯盟、北美自由貿易區 (NAFTA)、東南亞國協。

1992 年成立的北美自由貿易區，無論在開放項目、參與國家、規範內容等方面，性質較為單純。以美國為中心加上鄰國加拿大及墨西哥，三國在貨物上具互補性，彼此零關稅，消除貿易壁壘並擴大投資。

南韓深受北美自由貿易區成立及歐洲聯盟東擴深化的影響，政府以最高層級制訂自由貿易區國家級總戰略，積極與全球主要經濟體（國家或區域組織）洽簽自由貿易協定。一開始先找經濟規模較小的智利來練功，演練自貿協定之談判細節，再找經貿體質相容互補的新加坡來試驗國內產業衝擊。隨後便開疆拓土，大規模與世界各主要經濟體談判自貿協定，大有所獲，行銷南韓各類產品到全世界，自信滿溢。2015 年 2 月，南韓被彭博社評估為最適合投資的新興市場第一名，國運氣勢正旺。詳見表 11–1。

表 11–1 南韓簽訂或談判自由貿易協定之概況

國家或區域名稱	FTA 進展日程
一、自由貿易協定已生效之國家或區域組織	
智　利	2004 年 4 月
新加坡	2006 年 3 月
東協 (ASEAN)	2007 年 7 月商品協定生效 2009 年 5 月服務業協定生效 2009 年 9 月投資協定生效
印　度	2010 年 1 月

歐洲自由貿易區 (EFTA)	2006 年 9 月
歐盟 (EU)	2011 年 7 月
祕　魯	2011 年 8 月
美　國	2012 年 3 月
二、已簽署完成、尚待批准自由貿易協定之國家或區域組織	
土耳其、哥倫比亞	2012 年 3 月
中　國	2014 年 12 月
三、正在進行談判之國家或區域組織	
加拿大	2008 年 3 月
墨西哥	2008 年 6 月
海灣合作理事會 (GCC)	2009 年 7 月
紐西蘭	2010 年 5 月
澳　洲	2011 年 9 月
印　尼	2011 年 7 月
日本、中國之東北亞自貿區	2011 年 12 月
越　南	2012 年 4 月
四、尚在研究或準備諮商自由貿易協定之國家或區域組織	
以色列	2010 年 8 月
南錐共同市場 (MERCOSUR)	2009 年 7 月
馬來西亞	2011 年 5 月
中美洲國家	2011 年 5 月

資料來源：整理自南韓外交部。 http://www.mofa.go.kr/ENG/policy/fta/
status/overview/index.jsp?menu=m_20_80_10。

　　東南亞國協於 1967 年成立時，5 個會員國（印尼、馬來西亞、菲
律賓、新加坡及泰國）以反共產主義、互不干涉內政為共同關切點，
消極地進行區域合作。汶萊、越南、寮國、緬甸、柬埔寨率續加入成
為東協 10 國。1997 年金融風暴之後，東南亞國協會員國才積極進行
更為緊密的區域整合，建構自由貿易區，成果碩然，彼此承諾開放市
場、資金貨物自由化，貿易交流飛快成長。東南亞這群往昔弱小被殖
民的國家，團結強化共同回應全球政治經貿議題的能力，成為舉世矚
目焦點。2012 年金邊召開的東協高峰會上，會員國政府最高領導人決

議將以 2015 年建立東協共同體為目標，追求更緊密的區域整合。

東南亞國協近 20 年來已經不只是經貿組織，還產生許多外政治輻射效果。例如成立東協區域論壇 (ASEAN Regional Forum，ARF)，1994 於泰國曼谷首度召開，目標在提供場域討論亞太地區政治及安全的共同利益、推動具有建設性的多邊對話與協商，進行預防性外交。目前參與東協區域論壇國家，除了東協 10 國之外，還包括：澳洲、孟加拉、加拿大、中國、印度、日本、南韓、蒙古、紐西蘭、巴基斯坦、俄羅斯、美國、歐盟。

另一個東協所產生的政治輻射性是東亞高峰會 (East Asia Summit，EAS)，自 2005 年起，東南亞國協的最高領導人與中國、日本、南韓、印度、澳洲、紐西蘭、俄羅斯、美國的領袖元首們，齊聚一堂。討論議題涵蓋當今所有外交關切事項，無論是經貿、環保、能源、安全、反恐、北韓飛彈等，媒體聚焦，國際宣傳性十足。對大國而言可能是錦上添花或例行公事，但對東南亞國家而言，卻具有歷史與政治意義。東南亞在歷史上一直是弱小國家的集結塊，伴隨經濟成長而來，與大國平等交流聚會並舉辦外交盛宴，撐起了東南亞國家的自信。

另一個與東亞有關的區域組織是亞太經濟暨合作會議 (Asia-Pacific Economic Cooperation, APEC)，APEC 成立於 1989 年，臺灣也是其會員國，以中華臺北 (Chinese Taipei) 名義參加，是少數臺灣加入的國際官方組織。APEC 涵蓋東亞與環太平洋美洲國家，共 21 個會員國，以開放性區域主義作為其本質，其決策採共識決及自願性，決議不具拘束力，屬於鬆散的區域組織，作為會員國交流、政策導向與對話的論壇。APEC 雖然不像北美自由貿易區及東南亞國協有具體經貿成果，但具高度象徵意義，它是美國與東亞集體國家的正式連結，主導 APEC 議程，並凝聚「亞太社區」此一新概念。

自 2010 年底，美國政府倡議成立（排除中國的）跨太平洋夥伴關係協議 (Trans-Pacific Partnership, TPP)，一方面由於東南亞國協與中國在經貿合作取得實質進展，為制衡中國在東亞政治經濟的影響力，另一方面也是美國強調「重返亞洲」、主導東亞經貿的具體作為。TPP

依然是降低各會員國關稅壁壘促進投資及貿易等綜合性自由貿易內容，由美國與其他跨太平洋國家談判組成，臺灣及南韓目前仍未加入。

2012 年開始，東南亞國協與其夥伴國另起爐灶，展開新一波自由貿易協定的談判，稱之為區域全面經濟夥伴協定 (Regional Comprehensive Economic Partnership，RCEP)。RCEP 也是綜合性的區域自由貿易區，但美國並未加入。

從東亞動態多變的區域組織態勢可以看出，美國、中國、東南亞國協三極權力在經貿關係結構上是動態多變又複雜的，是不穩定的平衡卻又持續發展。無論是 TPP 或 RCEP，其貿易開放內容及參與國家大多與 APEC 重疊，其實，若真要純粹完成大自由貿易區，只要強化 APEC 即可。然而，國際經貿及區域整合不只是經濟利益，更是強國劃分勢力範圍、擴大影響圈的角力較勁，許多小國被迫選擇屈從。強國交集下的臺灣，卻不只是選擇屈從這個無奈命題，而是擔心加入 APEC 及 WTO 之後，再一次被邊緣化這個恆常詛咒。亞洲重疊又無謂的經貿架構，進一步突顯國際政治的現實面。

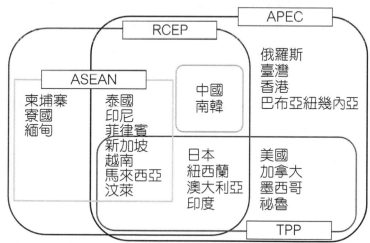

註：中日韓政府及產官學界已進行三國經貿協定討論研究。其中，南韓與世界主要經濟體已於 2014 年底與中國簽署自由貿易區，也與美國簽訂自貿區。

資料來源：作者自製。

圖 11–1　亞洲區域整合態勢

在歐洲則是以歐洲聯盟為主要區域政治經濟組織。歐盟（當時稱為歐洲共同體，媒體稱為歐洲共同市場）早在 1956 年便實現自由貿易區，60 年來，無論廣化或深化，是當今世界一體化程度最高的區域政治經濟組織。歐盟的中央部會設在比利時首都布魯塞爾，現有 28 個成員國。

美國中央情報局在 2007 年 1 月所發表的年度《世界局勢》(*World Factbook*) 報告中，特別將臺灣與歐洲聯盟兩個特殊政治實體放在各國情報總覽的最後，列為「類國家」(nation-like)。報告這樣形容歐盟：「歐盟發展成超國家組織是個史無前例的現象，28 個成員將部分主權讓渡給一個『太上實體』(overarching entity) 的確非常獨特。雖然就嚴謹定義而言，歐盟仍不是聯邦，但早已超越東南亞國協及北美自由貿易區，擁有許多像是獨立國家的特性，而且這些『類國家』的特性將來可能會持續擴張……。」❶

The evolution of the European Union (EU) from a regional economic agreement among six neighboring states in 1951 to today's supranational organization of 27 countries across the European continent stands as an unprecedented phenomenon in the annals of history. Dynastic unions for territorial consolidation were long the norm in Europe. On a few occasions even country-level unions were arranged - the Polish-Lithuanian Commonwealth and the Austro-Hungarian Empire were examples - but for such a large number of nation-states to cede some of their sovereignty to an overarching entity is truly unique. Although the EU is not a federation in the strict sense, it is far more than a free-trade association such as ASEAN, NAFTA, or Mercosur, and it has many of the attributes associated with independent nations: its own flag, anthem, founding date, and currency, as well as an incipient common foreign and security policy in its dealings with other nations. In the

---

❶ https://www.cia.gov/library/publications/the-world-factbook/index.html, prelimanary statement.

future, many of these nation-like characteristics are likely to be expanded. Thus, inclusion of basic intelligence on the EU has been deemed appropriate as a new, separate entity in The World Factbook. However, because of the EU's special status, this description is placed after the regular country entries.

　　的確，歐盟制度架構有著諸多類聯邦的設計，一般以三大支柱分析。第一支柱為經貿面，歐盟順利從自由貿易區、關稅同盟、單一內部市場到經濟暨貨幣聯盟，發行單一貨幣，完成貨物、資金、服務、人員的四大流通。第二支柱在於對外的外交共同安全政策，盡可能採取單一聲音、單一行動。第三支柱是內政合作，伴隨人員自由流通而來的警政法律合作。

　　在機構設計上，也有著類聯邦設計。由各國掌實權的政府首長組成的歐盟高峰會集體領導，統籌執行共同政策，像是行政院的歐盟執委會、由全歐盟公民共同選出已具若干立法實權的歐洲議會、判決具有拘束力的歐盟法院、發行單一貨幣決定歐元匯率與利率的歐洲中央銀行。

　　歐盟整合不只如上述高度法制化，而且，所有共同政策及決定皆以法律及條約形式完成之。從三大基礎條約、單一歐洲法到《里斯本條約》(Treaty of Lisbon)，加上執委會的規範及指令，及具拘束力的歐洲法院的判決及解釋，皆綿密繁複地規範成員行為。歐盟夥伴們在制訂共同政策的同時，付出必要的代價便是交出部分主權。

1. 在經貿方面：決策機制絕大多數是以「多數決」決定，一旦決定則對「全體」產生拘束力；
2. 歐元區永久拋棄重要的貨幣主權；
3. 共同貿易政策的單一對外代表，不見本國代表捍衛「個別」利益，而是由歐盟代表捍衛「共同」利益；
4. 歐盟法律之優越性：歐盟法的效力高於各會員國的國內法，國內法不得牴觸歐盟法，牴觸者無效，無論是在歐盟法之前或之後制訂的國內法，或是憲法。

在對內進行高度一致性趨近的同時，歐盟在對外場域上也逐漸從單一立場、單一政策到單一代表，是國際政經的行為者。

1. 歐盟在聯合國有代表，法律上屬觀察員身分，可參與所有聯合國的議事討論；
2. 在 WTO 更是正式成員，與美、日、中談判較勁，經常是 WTO 解決爭端機制的控訴國與被告當事國；
3. 歐盟在全世界各國設有逾 130 個代表處；
4. 歐盟作為單一代表，積極參與地球暖化的環保重要議題，是《京都議定書》的主要參與者、簽署者、推動者。請參圖 11–2。

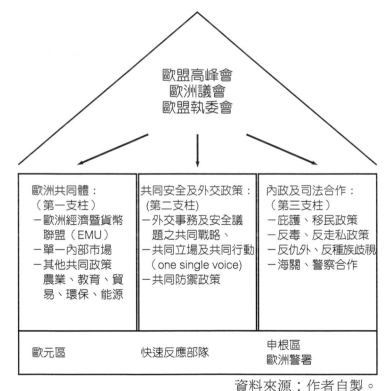

資料來源：作者自製。

圖 11–2　歐洲聯盟三大支柱架構

從上列觀察，不只是美國中央情報局，許多學者也都用特殊形容詞來界定歐盟，如哈佛大學歐洲研究專家莫拉維奇 (A. Moravsic) 認為

歐盟是個「獨特的準憲政政體」(unique quasi-constitutional polity)；英國倫敦政經學院教授華勒絲 (W. Wallace) 形容歐盟是個「後主權政治實驗室」(Laboratory of post-sovereign politics)；德國柏林自由大學教授哈伯瑪斯 (J. Habermas) 則形容歐盟是 「後民族政治實驗室」(Laboratory of post-nation politics)；美國約翰霍普金斯大學高級國際關係學院院長福山，直言他「相信歐盟精確地反映歷史終結時的世界樣貌」。

歐盟整合究其根本，是廢墟中的集體建設 (construction)。逾半世紀以來，在二戰悲劇及冷戰對抗的大環境中，歐盟的法、政、經菁英喊出 「命運共同體」(Community of fate)，在基督文化的基底上，從和解、合作，到整合、統合，以法律制度落實建構。最主要的考量，是記取戰爭教訓、避免敵意累積而導致衝突爭戰，為下一代創建永久和平。

在 2010 年南歐諸國，尤其是希臘，爆發債信危機之前，歐盟一直是區域政經整合的成功典範，順利從自由貿易區、關稅同盟、單一內部市場，到經濟暨貨幣聯盟，發行單一貨幣。歐盟模式也被臺灣一些學者專家認為可以套用在兩岸關係上，組成類似中華聯邦、中華聯盟或中華共同市場 。 但受希臘債務危機之拖累 ，歐盟因為過度制度化、單一貨幣的連動性過高，拖累其他夥伴國的經濟發展，其高度整合模式引發各方疑慮。

第三節　當代需要全球治理的重要議題

除了在國際經貿面，由世界貿易組織、東南亞國協、歐洲聯盟等國際或區域組織共同制訂嚴謹或鬆散規範，繼 G8 之後新成立的 G20 集團共同協商全球經貿方向，以防止保護主義風潮氾濫；國際貨幣基金及世界銀行負責會員國短期或長期之緊急金融貸款及結構性改革之配套措施。在人權維護方面有國際特赦組織、樂施會等；在環境生態保護方面有綠色和平組織、《京都議定書》及其後續協議等；石油

輸出組織幾乎決定石油的生產與價格；在食品安全方面有世界衛生組織、美國食品安全局、歐盟規章作為指標；聯合國更是在實然面負責世界穩定與和平之維持、脫貧與人道救助。

　　當代許多人類共同面臨的問題或挑戰，已非傳統國家所能單獨解決，需要全球性治理機制，無論是國際組織、非政府組織、跨國公司，乃至社會運動，在各層面協議出共同價值與規範，以維持國際政治經濟秩序及人類社會永續發展。當代全球社會共同面對跨國界的問題至少有如下數端：

一、永遠的能源危機

　　能源，尤其是石油乃二十一世紀經濟發展與人類現代化生活的最關鍵物資，無論質與量均是挑戰，牽涉政治、經濟、科技、環保、戰略的整體綜合利益。人類生存發展已進入現代化物質不可逆轉的生存狀態，絕大部分的國家、社會、公司、家庭、個人的現代化設施，石油等相關能源都是不可或缺的基本需求，替代能源的研發仍緩不濟急。石油的探勘及開採具急迫性與困難度（越來越在極地與深海），涉及能源公司的技術與產油國政治狀態，開採數量又涉及石油的穩定提供與否及價格高低。提煉及運送（以及廢棄設備）涉及環境汙染問題及交通安全問題，無論是陸上管線的鋪設及海上海盜的攔截。最末端的銷售價格直接關係到國家、企業及個人的經濟狀況，石油的儲存則涉及一國的國家戰略。以上數端皆需要石油輸出國家組織的協調、產油國與該區域之地緣政治及外交取向、煉油公司與產油國政府的交涉、大國如美國、俄羅斯、中國的能源戰略。相較之下，歐洲國家及日本等已開發國家，由於對石油及能源的極高度對外依賴，框限了這些國家的整體對外政策。

二、永遠的經濟危機

　　後冷戰自揭開序幕至今日，大型經濟危機已經在全球繞一圈。後冷戰主要標誌之一，便是全世界大多數經濟體之間貿易、投資和資本

流動的自由化。一方面互通有無創造富裕社會，但一方面資本流動的
自由化，使得國際間行動自如的龐大資金在彈指之間頃刻流動，再加
上若國內經濟及財政體質不良，容易造成經濟及金融風暴。

　　從 1992 年索羅斯等國際金融投機基金狙擊英鎊，令英磅驟貶，
退出歐洲匯率機制。墨西哥在 1994 年底至 1995 年爆發第一次新興國
家金融危機，墨西哥比索匯率及股市雙雙暴跌。原因在於墨西哥取消
資本管制後，大量投機性短期外資湧入；加上銀行私有化，政府卻沒
有信貸監督機制等配套措施，造成銀行壞賬比重不斷攀升。

　　墨西哥金融危機直接衝擊其他拉丁美洲國家，諸如阿根廷、巴
西、智利經濟結構與墨西哥相似，也都債務高築、貿易逆差嚴重。

　　1997 至 1998 年的東南亞及南韓貨幣競相貶值引發金融風暴，一
樣也是因為外資大量湧入追求高報酬率及高利率。亞洲國家普遍受
害，尤其是泰國、馬來西亞、印尼及南韓這幾個資本自由化開放程度
高的國家。

　　阿根廷則是前前後後爆發拖延數年的經濟危機，從 1995 年到
2005 年。阿根廷危機屬綜合性危機，涵蓋金融危機、財政債務危機、
社會動亂及政府更迭頻仍。國家級的倒債風暴，希臘不是第一個。

　　直至 2008 年美國本土的金融風暴引發全球性金融海嘯，爆發次
級房貸風暴，加上金融監理規範缺失，美國巨型金融機構雷曼兄弟宣
布破產、美林投資銀行被美國銀行併購、美國國際集團 (AIG) 向聯準
會申請緊急融資。金融風暴演變成全球流動性混亂危機，被稱為金融
海嘯，全球主要國家股市巨幅下跌。

　　在遭遇 2008 至 2009 年美國所引發的全球金融海嘯後，歐盟 2010
年乃至 2012 年更面臨內部成員險峻的巨大財經債務危機，危機嚴重
程度甚至直接挑戰歐元的存續。原本來自美國銀行管理基金不當管理
操作而引發的金融海嘯，衍生成歐元區的信貸財政危機，不再是短期
外部挑戰，而是長期累積歐盟各國內部政策及結構問題。2008 年金融
海嘯危機加速暴露許多結構性沉痾，進而引發希臘等南歐諸國嚴重的
債務危機，拖至 2015 年仍未解決。

本世紀普受重視的金磚五國，俄羅斯、印度、巴西、南非都面臨嚴重財政危機。中國雖然以宏觀調控穩定大局，但各省地方政府赤字惡化，凡此皆暗藏風險，為該國及全球經濟的未爆彈。

三、恐怖主義

恐怖主義是人類古老的政治行為，荊軻刺秦王、布魯特斯刺凱薩，都是因政治因素而起的恐怖暗殺。法國大革命時期曾實行恐怖統治，雅各賓革命黨各個都是恐怖分子，動輒送貴族及反動分子上斷頭臺。二戰時，日本的神風特攻隊以必死決心自殺式奇襲美國太平洋艦隊，也是恐怖攻擊。恐怖主義並沒有隨著人類物質進步而消失，甚至隨著人類武器、科技、通訊進步，自我主張高漲且堅持，而更加蔓延。

當今恐怖主義的界定有很多，其成因涉及宗教派系爭執、意識型態、民族或族群歧異、領土及歷史紛爭等，錯綜複雜。無論恐怖集團的政治訴求為何，「暴力行為傷及無辜」是其最不見容於國際社會的行為。從聯合國安全理事會的決議，到區域組織及跨國間合作，互通情報資訊，在尊重人權的原則下，制訂共同戰略及機制，預防及解決恐怖主義濫殺無辜、製造恐慌的行徑。其中，以伊斯蘭名義的極端恐怖主義行為尤其威脅中東、歐美及全球人民生命。從 2001 年基地組織對美國本土的九一一恐怖攻擊，瞬間造成 2 千多人死亡，到 2014 至 2015 年，所謂的伊斯蘭國殘暴處決西方與日本人質及阿拉伯婦女、兒童，及在歐洲進行恐怖攻擊，皆令反恐戰爭及全球跨國合作，成為二十一世紀國際議程的當務之急。

四、貧富不均

有比恐怖主義更恐怖的人類共同挑戰，就是貧窮。一方面，經濟全球化的確在一些發展中國家，尤其是東亞，創造出一大批的中產階級。例如國際貨幣基金 2016 年公布，中國 2015 年人均 GDP 為 7,990 美元，已經步入小康社會，生活在貧窮線以下的老百姓不到 5 千萬，

成功脫離百年來的貧窮社會。臺灣人均 GDP 為 20,930 美元，沒有生活在國際貧窮線下的人口，亦堪稱富裕社會。

但同時，在相對的概念與數據下，以全球各國而言，結構性高失業和嚴重所得不均，貧富差距 (inequality) 正在惡化當中。聯合國在 2006 年時分析指出，全世界六分之一的有錢人囊括 80% 的資源。2014 年，全球財富加速流向百分之一的極富裕階級，估計到 2016 年，這百分之一就能掌握全球過半資產。

另一方面，世界銀行在 2012 年便指出，全球有 12.9 億人每日平均所得低於貧窮線，不到 1.25 美元（約新臺幣 40 元）。例如印度仍有約 5 萬個貧民窟，有 1.3 億個家庭沒有廁所。而南部非洲遍地是珍貴礦產（如黃金、白金、鑽石、石油、咖啡、稀有金屬等），同時也是世界最貧窮破落的區域。

大前研一描繪當代的「M 型社會」趨勢，中產階級萎縮、社會所得階層的兩極化趨勢，富豪階級點石成金，貧窮階級人數越來越多。富豪與赤貧兩個光譜無疑是經貿全球化的諷刺，全球更應該在政府賦稅政策及銀行體系合作上，避免企業及富豪的逃稅巧門及投資掠奪，進行反恐戰爭之外的反貧窮戰爭。

五、環境保護

環境生態的變遷、破壞與保護，是最能凸顯全球治理必要性的議題。人類其實是生活在單一的生態圈，國家再怎麼聲張主權及領土，環境的破壞與保護，都是跨越國家疆界的。環境的破壞是天災，更是人禍。無論是空氣及水資源（湖泊、河川及大海）、工業排放汙染源、溫室氣體排放效應、地球暖化、氣候變遷、生物多樣性的流失、對石化原料的依賴，都是國際、各國中央、地方政府以及企業，多方面對共同處理的大問題。無論是工廠與汽車排放、農業農藥過度使用、工業廢棄物（從垃圾袋、輪胎到電子產品廢棄物 E-waste）之處置、雨林及森林之濫墾開發，都需要擬定普遍適用的產業發展策略及具拘束力的預防與監督機制。

對環境保護的忽略與破壞，似乎是工商業社會發展的必要之惡。全球許多非政府組織、科學界與民間團體積極倡議「我們只有一個地球」的價值與重要性。若單論環境保護，各國中央與地方政府以及企業都能接受，但若要因而犧牲經濟發展、企業獲利及生活品質，許多國家，尤其是發展中國家視為自綁手腳、代價過高而較難承擔。目前環境破壞的程度尚未達到地球所能承受的臨界點，人類似乎很難真正將環境永續列為最優先政策考量，經濟成長才是最優先議程。

聯合國在協同許多相關非政府組織主導下，簽訂一些與環境保護相關的國際公約，作為各國國內環保政策的指導綱領。如 1992 年巴西里約熱內盧 「地球高峰會議」 簽署的 《生物多樣性公約》(Convention on Biological Diversity)、具拘束力的 《京都議定書》，以及在瑞士完成主要談判，並於 2015 年 12 月在巴黎簽署的《聯合國氣候變遷框架公約》（UNFCCC，簡稱《巴黎協定》）。

《京都議定書》的課責對象指向約 40 個工業化先進國家，將於 2020 年到期。《巴黎協定》則在全球層次上，課責 190 多個國家，尤其是已開發工業化大國如美國、歐盟、日本，以及開發中的工業化大國，諸如印度、中國、俄羅斯、巴西。《巴黎協定》具體要求這些環境汙染國大幅減少溫室氣體排放，目標是以工業革命（1750 年）為基準，確保二十一世紀結束前，全球均溫上升不超過攝氏 2 度，最好不超過 1.5 度，以避免氣候巨變釀成全球大災難，許多海島國家及極地生物都是氣候變遷下的第一波受害者。

六、食品安全

後冷戰以來，隨著個人生命品質的提升與重視、物質進步以及自由貿易下各國商品大舉進入各地商場，人類對「生命安全」有著更多面向的解釋，而衍生出「新安全觀」。新安全觀不再只著重傳統國家間戰爭與衝突的避免，更多是經濟及金融危機、恐怖主義威脅、能源供應與價格高漲、氣候暖化與異常變化，以及糧食短缺（量），還有食品安全（質）。

　　食品安全是全人類日常生活中每個人都會面臨的問題，隨著食品的全球販售以及食品加工技術的發達，各種微量毒素累積，造成生命及健康的嚴重威脅，諸如：基因改造食品（如玉米及黃豆等）、賀爾蒙牛肉、瘦肉精豬肉、口蹄疫、禽流感、塑化劑，以及各種農畜使用的抗生素與防腐劑、農藥安全劑量與檢疫以及食物鏈汙染等。食品安全之貿易與防範，涉及各國衛生部門的容忍指標及貿易進出口國的認知與利益差異，故常衍生成國際經貿與外交問題，國際間如何建議有效的食品安全體系與防範及控制機制，是當代全球治理的新課題。

　　若單純是一國國內發生食品安全問題，美國的食品藥物管理局 (Food and Drug Administration, FDA)、食品安全檢驗署 (Food Safety and Inspection Service, FSIS)、疾病管制局 (Center for Disease Control, CDC)，以及歐盟健康與消費者保護部門 (Directorate General for Health and Consumers, DG SANCO) 及歐盟食品安全局 (European Food Safety Authority, EFSA) 的《基本食品法》，在食品源頭與生產製造的可塑性方面綿密的安全規範，都是許多國家國內發生食安問題時的參考依據。在國際層次上，有世界衛生組織轄下的食品法典委員會 (Codex Alimentarius Commission, Codex) 的標準作為國際依據。世界衛生組織進一步與聯合國糧食暨農業組織 (FAO) 合作制訂國際食品安全當局網絡 (INFOSAN)，擬定全球食品安全戰略，尤其是針對開發中與低度開發國家的人畜共患病與食源性疾病等公共衛生問題，進行改善與管理監控。

七、青貧族現象

　　另一個全球性趨勢，各國極思對策的年輕世代的貧窮化，時下稱為青貧族。青貧族現象除了前述社會貧富差距之外，年輕一代，尤其是已開發國家，包括臺灣，都面臨的社會乃至政治問題，微弱的經濟成長無法根本改善青貧族趨勢。美國占領華爾街運動、臺灣太陽花學運、希臘及泛歐新興極左派，甚至中東茉莉花革命，都凸顯青貧族問題。除了失業之外，即使有工作，也可能面臨工作脆弱化問題，諸

如：工廠外移或無預警倒閉、解僱；工作貧窮化；薪資持續降低，卻面對物價不斷上漲；工時延長卻無加班費。

　　新自由主義鼓吹的就業市場彈性化，成為年輕世代工作脆弱化的主要原因，不確定性增加，成為非正式僱員、契約外包的打工族或短期約聘僱員，而僱主就可能規避勞健保、工時、婦育、工殤、退休等權益保障。青貧族普遍不滿慍怒，對微弱的經濟成長無感。經貿自由化、全球化的最佳受益者是極少數，經濟成長果實不成比例地流向富豪財團及權貴階級。加上資訊快速串聯、個人權利意識高漲，青貧族很容易衍生成社會及政治問題，是另一個全球經濟發展下未能解決的難題。

第十二章

結論：重新定義，還是還原政
治該有的面貌？

　　當今的民主政治在自由主義與資本主義擅場時代下成果豐碩但也弊端叢生，德國哲學家黑格爾 (George Wilhelm Friedrich Hegel) 嘗言：「國家和政府從來沒有自歷史上學到任何東西。」真的是這樣嗎？其實是有學到教訓，只是習氣難改，追求權力並濫用權力是絕大多數政府與政治人物與生俱來的習氣。真可謂江山代有蠢才出，各苦生民數十年，綜觀當代及可見的未來，民主政治有以下幾個特色與發展趨勢：

一、「天下為私」的二十一世紀

　　二十一世紀的生活其實尚未能實現〈禮運大同篇〉「大道之行也，天下為公」的理想，二十一世紀是天下為私的年代，不論是企業還是國家，經營的本質都是行銷，最高領導人成為國家的首席執行長，而不是最高權力者。這是個所有人事物都可以「商品化」的年代，馬克思的幽靈仍在地球上空飄盪，因為，當道的資本主義就是有資源行為者的遊戲，資本主義經貿全球化相互依存的主要結果之一，便是各國經貿關係緊密相連，沒有任何國家能獨善其身。《道德經》形容的「鄰國相望，雞犬相聞，民安於居，樂其業，老死不相往來」，跟「天下為公」一樣不復可見。

　　全球化下主權被穿透或被切割，這一基本命題變得不是重點，國家承接更重要的「剩餘功能」：保護全球化下受害者、被遺忘者、失敗者（通稱所謂的魯蛇 "loser"），在有資源行為者大玩資本流動、跨國投資的同時，國家被迫提供規範性公共財，重新調整社會安全網絡福利制度之資源配置。

二、平民政治，常常是平庸政治及民粹政治

　　民主時代，個人權利意識大覺醒，手邊可使用的論政空間大開放，人人都是政治名嘴。自由主義大行其道的年代，個人選擇權快速增加。從正面來看，普遍參與公共政策討論與形塑，是民主的基本精神，但同時，部分民粹政客們天線敏感，恣意挑起群眾與政府對抗的

議題，以人民之名，打著公平、正義、民主、人權等口號，無視法律、制度與程序，撈取本身政經利益。2015 年希臘國會選舉激進左翼聯盟政黨獲勝，由民粹主義的奇普拉絲 (Alexis Tsipras) 擔任總理，面對瀕臨破產的國家債務危機，以聳動言語譁眾取寵獲取選票，對德國、歐盟、國際貨幣基金耍賴，玩弄國際紓困協議，拖累全球經濟，是最近民粹主義的典型例子。

三、深化民主與民主倒退交錯現象

民主不僅僅是一套特定的政府制度，它蘊含一整套的價值觀與原則。後冷戰時期，許多國家從極權或威權中釋放出來，社會劇烈變遷，在內外情勢呼應下採取所謂的民主制度，而且有效解決各類問題。然而，從民主制度的設計落實、法制面的支撐，到一連串整體政治生活的民主運作，都遠非一套固定形式的制度所能完整涵蓋，隨時都有可能倒退。無論是最具體的普遍公平選舉、或舞弊、司法獨立或偏頗、政黨政治及金錢關係、國會與行政之間的權力制衡機制、媒體自由自律或擷射、言論自由或濫用、人民訊息及表意自由、集會與結社自由、信仰與宗教自由等，都鉅細靡遺地在深化與倒退之間擺盪。即使是民主成熟政體如美國，都以反恐之名對全球行監聽之實；或是法國排拒以伊斯蘭為名的政黨；而東南亞最為民主的泰國，軍方公然政變，軟禁民主選出的總理。如何鞏固民主成為當代政治另一個深層課題。

四、政府失能的年代：公民不高興與公民不服從

公民不服從 (Civil Disobedience) 也是當代另一個湧現的政治趨勢。無論再怎麼民主，政府始終是權威與資源的分配者及執行者。紅燈不能右轉、右轉會被開罰單，就是最淺顯的證明。開罰單的警察就是政府的化身。在公民權利意識大開、反制權力大增的情況下，對政府濫權或偏頗政策的容忍度隨之降低，不願再當順民。尤其是當政府權威披著合法的外衣，卻沒有相對提供人民所需要的公共服務或機會

時，正當性就會受到質疑，公民不服從成為另一種選票抵制、媒體發
聲、示威抗議之外，遊走在法律邊緣的非暴力反制手段，主動拒絕遵
守政府某些政策、法律或行政命令，介於革命與無政府狀態之間。它
可以是個人行為，也可以是社會運動，其背後邏輯是政府只是人民選
擇來行使人民意志的形式及工具，政府即使合法產生、合法執行，但
一旦政策被視為不正當，出於對公共利益的認知與堅持，不滿的人民
認為可以不守法作為抗爭手段。公民不服從在公民意識高漲的社會越
發盛行，在在都考驗著被衝撞的政府之因應對策，可以以法治原則懲
處違法行為，也可以政治妥協而調整相關政策。

五、勞工被整合進入資本主義體系

孔子在《論語・季氏》感慨的「不患寡而患不均」一直是個千古
難題，甚至是失去政權的主要因素。社會民生問題不在於不足，而在
於資源沒有平均合理地分配，造成社會不滿甚至動亂，政府處理失當
就有可能喪失政權。當代出現的弔詭現象是，絕大部分國家的政府及
人民都選擇市場經濟、自負盈虧的資本主義模式，排拒高課稅、政府
掌控主要經濟的社會主義模式。出現分配不均、人民覺得相對被剝奪
時，懲罰的是政府，而不是資本主義最大受益者——財團與大企業。
換了政府，廣大的勞工困境相同，早已被資本主義所帶來的物質些微
好處給收編，財團與大企業享有不成比例的財富，不滿就換政府。表
象是政黨民主輪替，實質是困境不斷輪迴。

施行民主社會主義福利國家模式的北歐算是異數，生產採資本主
義、分配採社會主義。歐陸長期根植於社會主義經濟思想，奉行福利
國家制度：政府管控保障勞工、國有化、高稅收、平均主義下的全階
級社會福利。但面對資本主義自由化浪潮，許多歐陸國家政府也不得
不做調整及必要改革：國家企業民營化以增加效率、基本部門市場化
（諸如電信、交通、教育、醫療）、降低稅收以鼓勵資方投資及中產
階級消費來刺激景氣、刪減社會福利支出以平衡預算赤字，減低財政
負擔、減少對經濟活動及勞動條件之規定、就業市場「彈性化」，不

過度保護勞工工作條件，以提升就業率。增加就業率、改革效率、提升消費、刺激景氣都是勞工愛聽的字眼。

六、全球資訊網貫穿人際關係與國際關係

　　另一個當代現象與趨勢便是網路根本改變現代人類社會活動，深刻影響集體生活。社群媒體已迅速發展成無法駕馭的強大社會工具，網路、手機、微信、Facebook、Twitter、Line 等無所不在，人類取得資訊的管道更為即時、多元，處於永遠上線的狀態。二十世紀末全球化當道時，人類被統稱為地球村村民，現在，伴隨全球性網路而生的是大量被資訊包圍、甚至出現資訊焦慮症的「網民」。自拍流行，意味著自戀，也意味著自我主張、以我為主的心理狀態。以年輕一代為主的網民們在網路社群上彰顯自我、也失去自我，堪稱是當代最重要的變革。資訊可能更為紛雜碎片，但也可能更為系統整理。傳統的媒體新聞、社會聯繫、政府宣傳、政黨動員方式都顯得落伍，人際及國際疆界消失，在虛擬網際上又再築起另一道疆界。

　　政治學有一個千古大哉問──人類行為理性或不理性？理性是政治學的基本假設，人類會選擇最適切的方式做出一系列行為。二十一世紀無疑是自由主義大獲全勝的年代，「自由」像空氣一般重要。孔子講「隨心所欲，不逾矩」是非常高的智慧，世人強調的重點是「隨心所欲」式的自由，但其實這句話的精髓是「不逾矩」。自由不只是任意而為不妨礙他人，而是理性的不逾矩。

　　自由不只是外在行為層次，內在向度是深刻覺知「我」與外在的關係，進而認知到我要什麼、我不要什麼、我想做什麼、我可以「是」什麼，而得到真正的自由。在民主能量旺盛、自由主義高漲的時代，個人自主性高於官樣權威，國族認同、保守秩序之類的集體主義思考已經失去最高價值，公平、正義、人權等訴求才具有強效內聚力。甚且，個人透過參與公共事務活動，不但理性地形塑其所期望的政治體系與公共政策，同時也發展其自身實踐與生命存在感，人類已從「爭自由」進入到「真自由」的世紀。

　　孔子的另一個高妙智慧是「敬鬼神而遠之」、「敬神，如神在」。就像「隨心所欲，不逾矩」一樣，玄機藏在後半句，「遠鬼神」、「如神在」（神到底在不在？）這兩句話充滿理性光輝，消除宗教非理性的投入與狂熱。在當今文明衝突主要以宗教區分敵我而產生政治紛擾的時刻，儒家文化圈卻無須面對這樣的命題與困境，誠屬難得。

　　最後，《易經》乾卦認為「群龍無首」是「吉」卦。現今群龍無首已經轉義，將這詞重點放在「無首」：意指群體沒有領導下的張惶失措。但其實，《易經》明喻的是「群龍」：每個人都是一條龍，優質自律，理性作為。知道怎麼做對自己有好處、對群體有好處，所以，根本不需要誰來領導，這是真正的吉兆。然而，政治民主時代加上自由主義時代，人人都爭做首領或不服首領，但不是每個人都具有龍的理性品質，於是，所有的政治問題，就都從這裡產生了。

國家圖書館出版品預行編目資料

政治學概論：全球化下的政治發展／藍玉春著.——
初版二刷.——臺北市：三民，2024
　　面；　公分
　　參考書目：面
　　ISBN 978-957-14-6124-3　（平裝）
　　1.政治學

570　　　　　　　　　　　　　　　105001308

政治學概論──全球化下的政治發展

作　　者｜藍玉春
創 辦 人｜劉振強
發 行 人｜劉仲傑
出 版 者｜三民書局股份有限公司(成立於 1953 年)

三民網路書店
https://www.sanmin.com.tw

地　　址｜臺北市復興北路 386 號　（復北門市）　(02)2500–6600
　　　　　臺北市重慶南路一段 61 號(重南門市)　(02)2361–7511

出版日期｜初版一刷 2017 年 1 月
　　　　　初版二刷 2024 年 5 月
書籍編號｜S571440
I S B N｜978-957-14-6124-3

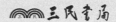